国家"211工程"三期重点学科建设项目
"中国—东盟经贸合作与发展研究"资助
国家社会科学基金重大项目阶段性研究成果
广西高校人才小高地"泛北部湾区域经济合作研究创新团队"系列成果

广西大学中国—东盟研究院文库

陈喜强 ◎ 著

产业结构调整与就业结构协调研究

人民出版社

总　序

阳国亮

　　正当中国与东盟各国形成稳定健康的战略伙伴关系之际,我校以经济学、经济管理、国际贸易等经济学科为基础,整合法学、政治学、公共管理学、文学、新闻学、外语、教育学、艺术等学科力量于2005年经广西壮族自治区政府批准成立了广西大学中国—东盟研究院。与此同时,又将"中国—东盟经贸合作与发展研究"作为"十一五"时期学校"211工程"的重点学科来进行建设。这两项行动所要实现的目标,就是要加强中国与东盟合作研究,发挥广西大学智库的作用,为国家和地方的经济、政治、文化、社会建设服务并逐步形成具有鲜明区域特色的高水平的文科科研团队。几年来,围绕中国与东盟的合作关系及东盟各国的国别研究,研究院的学者和专家们投入了大量的精力并取得了丰硕的成果。为了使学者、专家们的智慧结晶得以在更广的范围展示并服务于社会,发挥其更大的作用,我们决定将其中的一些研究成果结集以《广西大学中国—东盟研究院文库》的形式出版。同时,这也是我院中国—东盟关系研究和"211工程"建设成果的一种汇报和检阅的形式。

　　中国与东盟各国的关系研究是国际关系中区域国别关系的研究。这一研究无论对于国际经济与政治还是对我国对外开放和现代化建设都非常重要。广西在中国与东盟的关系中处于非常特殊的位置。特别是在广西的社会经济跨越发展中,中国与东盟关系的发展状况会给广西带来极大的影响。因此,中国与东盟及各国的关系是非常值得重视的研究课题。

　　中国与东盟各国的关系具有深厚的历史基础。古代中国与东南亚各国的经贸往来自春秋时期始已有两千多年的历史。由于中国与东南亚经贸关系的繁荣,秦汉时期的番禺(今广州)就已成为"珠玑、犀、玳瑁"等海外产品聚集的"都会"(《史记》卷69《货殖列传》)。自汉代以来,中经三国、两晋、南北朝至隋唐,中国与东南亚各国的商贸迅速发展。大约在开元初,唐朝在广州创设了"市舶使",作为专门负责管理对外贸易的官员;宋元时期鼓励海外贸易的政策促使中国与东南亚各国经贸往来出现了前所未有的繁荣;至明朝,郑和下西洋,加强了中国与东南亚各国的联系,把双方的商贸往来推向了新的高潮;自明代始,大批华人移居东南亚,带去了中国先进的生产工具和生产技术。尽管自明末清初,西方殖民者东来,中国几番海禁,16世纪开始,东南亚各国和地区相继沦为殖民地,至1840年中国也沦为半殖民地半封建社会,使中国与东南亚各国的经贸往来呈现复杂局面,但双方的贸易仍然在发展。二战以后,由于受世界格局的影响以及各国不同条件的制约,中国与东南亚各国的经济关系经历了曲折的历程。直到20世纪70年代,国际形势变化,东南亚各国开始调整其对华政策,中国与东南亚各国的国家关系逐渐实现正常化,经济关系得以迅速恢复和发展。20世纪80年代末期冷战结束至90年代初,国际和区域格局发生重大变化,中国与东南亚各国的关系出现了新的转折,双边经济关系进入全面合作与发展的新阶段。总之,中国与东盟各国合作关系历史由来已久,渊源深厚。

总序发展中国家区域经济合作浪潮的兴起和亚洲的觉醒是东盟得以建立起来的主要背景。20世纪60年代至70年代,发展中国家区域经济一体化第一次浪潮兴起,拉美和非洲国家涌现出中美共同市场、安第斯集团、加勒比共同市场等众多的区域经济一体化组织。20世纪90年代,发展中国家区域经济一体化浪潮再次兴起。在两次浪潮的推动下,发展中国家普遍意识到加强区域经济合作的必要性和紧迫性,只有实现区域经济一体化才能顺应经济全球化的世界趋势并减缓经济全球化带来的负面影响。亚洲各国正是在这一背景下觉醒并形成了亚洲意识。战前,亚洲是欧美的殖民地。战后,亚洲各国尽管已经独立但仍未能摆脱大国对亚洲地区事务的干涉和控制。20世纪50年代至60年代,亚洲各国民族主义的意识增强,已经显示出较强烈的政治自主意愿,要求自主处理地区事务,不受大国支配,努力维护本国的独立和主权。亚洲各国都意识到,要实现这种意愿,弱小国家必须组织起来协同合作,由此"亚洲主义"得以产生,东盟就是在东南亚国家这种意愿的推动下,经过艰难曲折的过程而建立起来的。

东盟是东南亚国家联盟的简称,在国际关系格局中具有重要的战略地位。东盟的战略地位首先是由其所具有的两大地理区位优势决定的:一是两洋的咽喉门户。东南亚处于太平洋与印度洋间的"十字路口",既是通向亚、非、欧三洲及大洋洲之间的必经之航道,又是南美洲与东亚国家之间物资、文化交流的海上门户。其中,每年世界上50%的船只通过马六甲海峡,这使得东南亚成为远东制海权的战略要地。二是欧亚大陆"岛链"重要组成部分。欧亚大陆有一条战略家非常重视的扼制亚欧国家进入太平洋的新月形的"岛链",北起朝鲜半岛,经日本列岛、琉球群岛、我国的台湾岛,连接菲律宾群岛、印度尼西亚群岛。东南亚是这条"岛链"的重要组成部分,是防卫东亚、南亚大陆的战略要地。其次,东盟的经济实力也决定了其战略地位。1999年4月30日,以柬埔寨加入东盟为标志,东盟已成为代表全部东南亚国家的区域经济合作组织。至此,东盟已拥有10个国家、448万平方公里土地、5亿人口、7370亿美元国内生产总值、7200亿美元外贸总额,其经济实力在国际上已是一支重要的战略力量。再次,东盟在国际关系中还具有重要的政治战略地位,东盟所处的亚太地区是世界大国多方力量交汇之处,中国、美国、俄罗斯、日本、印度等大国有着不同的政治、经济和安全利益追求。东盟的构建在亚太地区的国际政治关系中加入了新的因素,对于促进亚太地区国家特别是大国之间的磋商,制衡大国之间的关系,促进大国之间的合作具有极其重要的作用。

在保证了地区安全稳定、推进国家间的合作、增强了国际影响力的同时,东盟也面临一些问题。东盟各国在政治制度等方面存在较大差异,政治多元的状况会严重地影响到合作组织的凝聚力;大多数成员国经济结构相似,各国间的经济利益竞争也会直接影响到东盟纵向的发展进程。长期以来,东盟缺乏代表自身利益的大国核心,不但影响政治经济合作的基础,特别是在发生区域性危机时无法整合内部力量来抵御和克服,在外来不良势力来袭时会呈现群龙无首的状态,对于区域合作组织的抗风险能力的提高极为不利。因此,到区域外寻求稳定的、友好的战略合作伙伴是东盟推进发展要解决的必要而紧迫的问题。中国改革开放以来的发展及其所实行的外交政策,在1992年东亚金融危机中的表现,以及中国加入 WTO,使东盟不断加深了对中国的认识。随着中国与东盟各国的关系的不断改善和发展,进入新世纪后,中国与东盟进入区域经济合作的新阶段。

发展与东盟的战略伙伴关系是中国外交政策的重要组成部分。从地缘上看,东南亚是中国的南大门,是中国通向外部世界的海上通道;从国际政治上看,亚太地区是中、美、日三国的战略均衡区域,而东南亚是亚太地区的"大国",对中、美、日都具有极其重要的战略地位,是中国极为重要的地缘战略区域;从中国的发展战略要求看,东南亚作为中国的重要邻居是中国周边发展环境的一个重要组成部分,推进中国与东盟的关系,还可以有效防止该地区针对中国的军事同盟,是中国稳定周边战略不可缺少的一环;从经济发展的角度看,中国与东盟的合作对促进双方的贸易和投资,促进地区之间的协调发展具有极大的推动作用,同时,这一合作还是以区域经济一体化融入经济全球化的重要步骤。从中国的国际经济战略要求看,加强与东盟的联系直接关系到我国对外贸易世界通道的问题,预计在今后 15 年内,中国制造加工业产值将提高到世界第二位,中国与海外的交流日益增多,东南亚水域尤其是马六甲海峡是中国海上运输的生命线,因此,与东盟的合作具有保护中国与海外联系通道畅通的重要意义。总之,中国与东盟各国山水相连的地理纽带、源远流长的历史交往、共同发展的利益需求,形成了互相合作的坚实基础。经过时代风云变幻的考验,中国与东盟区域合作的关系不断走向成熟。东盟已成为中国外交的重要战略依托,中国也成为与东盟合作关系发展最快、最具活力的国家。

中国—东盟自由贸易区的建立是中国与东盟各国关系发展的里程碑。中国—东盟自由贸易区是一个具有较为严密的制度安排的区域一体化的经济合作形式,这些制度安排、涵盖面广、优惠度高。它涵盖了货物贸易、服务贸易和投资的自由化及知识产权等领域,在贸易与投资等方面实施便利化措施,在农业、信息及通信技术、人力资源开发、投资以及湄公河流域开发等五个方面开展优先合作。同时,中国与东盟的合作还要扩展到金融、旅游、工业、交通、电信、知识产权、中小企业、环境、生物技术、渔业、林业及林产品、矿业、能源及次区域开发等众多的经济领域。中国—东盟自由贸易区的建立既有助于东盟克服自身经济的脆弱性,提高其国际竞争力,又为我国对外经贸提供新的发展空间,对于双边经贸合作向深度和广度发展都具有重要的推动作用。中国—东盟自由贸易区拥有近18亿消费者,人口覆盖全球近30%;GDP近4万亿美元,占世界总额的10%;贸易总量2万亿美元,占世界总额的10%,还拥有全球约40%的外汇;这不仅大大提高了中国和东盟国家的国际地位,而且将对世界经济产生重大影响。

广西在中国—东盟合作关系中具有特殊的地位。广西和云南一样都处于中国与东盟国家的结合部,具有面向东盟开放合作的良好的区位条件。从面向东盟的地理位置看,桂越边界1020公里,海岸线1595公里,与东盟有一片海连接;从背靠国内的区域来看,广西位于西南和华南之间,东邻珠江三角洲和港澳地区,西毗西南经济圈,北靠中南经济腹地。这一独特的地理位置使广西成为我国陆地和海上连接东盟各国的一个"桥头堡",是我国内陆走向东盟的重要交通枢纽。广西与东盟各国在经济结构和出口商品结构上具有互补性。广西从东盟国家进口的商品以木材、矿产品、农副产品等初级产品为主,而出口到东盟国家的主要为建材、轻纺产品、家用电器、生活日用品和成套机械设备等工业制成品。广西与东盟各国的经济技术合作具有很好的前景和很大的空间。广西南宁成为中国—东盟博览会永久承办地,泛北部湾经济合作与中国东盟"一轴两翼"区域经济新格局的构建为广西与东盟各国的合作提供了很好的平台。还有,广西与东南亚各国有很深的历史人文关系,广西的许多民族与东南亚多个民族有亲缘关系,如越南的主体民族越族与广西的京族是同一民族,越南的岱族、侬族与广西壮族是同一民族,泰国的主体民族泰族与广西的壮族有很深的历史文化的渊源关系,这些都是广西与东盟接轨的重要的人文优势。本世纪之初以来,广西成功地承办了自2004年以来每年一届的中国—东盟博览会和商务与投资峰会以及泛北部湾经济合作论坛、中国—东盟自由贸易区论坛、中越青年大联欢等活动,形成了中国—东盟合作"南宁渠道",已经显示了广西在中国—东盟合作中的重要作用。总之,广西在中国—东盟关系发展中占有重要地位。在中国—东盟关系发展中发挥广西的作用,既是双边合作共进的迫切需要,对于推动广西的开放开发,加快广西的发展也具有十分重要的意义。

中国—东盟自由贸易区一建立就取得显著的效果。据统计,2010年

1～8月份,中国对东盟出口同比增幅达40%,对这一地区的出口额占我国出口总值的比重达8.9%。当然,这仅仅是一个良好的开端。要继续深化中国与东盟的合作,使这一合作更为成熟并达到全方位合作的实质性目标,还需要从战略上继续推进,在具体措施上继续努力。无论是总体战略推进还是具体措施的落实都需要理论思考、理论研究作底蕴进行运筹和决策。因此,不断深化中国与东盟及各国关系的研究就显得更加必要了。

加强对东盟及东盟各国的研究是国际区域经济和政治、文化研究学者的一项重要任务。东盟各国及其区域经济一体化的稳定和发展是我国构建良好的周边国际环境和关系的关键。东盟区域经济一体化的发展受到很多因素的制约。东盟各国经济贸易结构的雷同和产品的竞争,在意识形态、宗教历史、文化习俗、发展水平等方面的差异性,合作组织内部缺乏核心力量和危机共同应对机制等因素都会对区域经济一体化的进一步发展带来不利影响。要把握东盟各国及其区域经济一体化的走向,就要加强对东盟各国国别历史、现状、走向的研究,同时也要加强东盟区域经济一体化有利因素和制约因素的走向和趋势的研究。

如何处理我国与东盟各国关系的策略、战略也是需不断思考的重要问题。要从战略上发挥我国在与东盟关系的良性发展中的作用,形成中国—东盟双方共同努力的发展格局;要创新促进双边关系发展的机制体系;要进一步深化和完善作为中国—东盟合作主要平台和机制的中国—东盟自由贸易区,进一步分析中国—东盟自由贸易区的下一步发展趋势和内在要求,从地缘关系、产业特征、经济状况、相互优势等方面充实合作内容,创新合作形式,完善合作机制,拓展合作领域,全面地发挥其积极的作用。所有这些问题都要从战略思想到实施措施上展开全面的研究。

广西在中国—东盟关系发展中如何利用机遇、发挥作用需要从理论和实践的结合上不断深入研究。要在中国—东盟次区域合作中进一步明确广西的战略地位,在对接中国—东盟关系发展中特别是在中国—东盟自由贸易区的建设发展进程中,发挥广西的优势进一步打造好中国—东盟合作的“南宁渠道”。如何使“一轴两翼”的泛北部湾次区域合作的机制创新成为东盟各国的共识和行动,不仅要为中国—东盟关系发展创新形式,拓展领域,也要为广西的开放开发,抓住中国—东盟区域合作的机遇实现自身发展创造条件。如何在中国—东盟区域合作中不断推动北部湾的开放开发，形成热潮滚滚的态势，这些问题都需要不断地深化研究。

综上所述，中国与东盟各国的关系无论从历史现状还是发展趋势都是需要认真研究的重大课题。广西大学作为地处中国与东盟开放合作的前沿区域的"211工程"高校应当以这些研究为己任，应当在这些重大问题的研究上产生丰富的创新成果，为我国与东盟各国关系的发展，为广西在中国—东盟经济合作中发挥作用并使广西跨越发展作出贡献。

在中国与东盟各国关系不断发展的过程中，广西大学中国—东盟研究院的学者、专家们在中国—东盟各项双边关系的研究中进行了不懈地探索。学者、专家们背负着民族、国家的责任，怀揣着对中国—东盟合作发展的热情，积极投入到与中国—东盟各国合作发展相关的各种问题的研究中来。"梅花香自苦寒来，十年一剑宝鞘出。"历经多年的积淀与发展，研究院的组织构架日臻完善，团队建设渐趋成熟，形成了立足本土兼具国际视野的学术队伍。在学术上获得了一些喜人的成果，比较突出的有：取得了"CAFTA进程中我国周边省区产业政策协调与区域分工研究"与"中国—东盟区域经济一体化"两项国家级重大课题；围绕中国与东盟各国关系的历史、现状及其发展从经济、政治、文化、外交等各方面的合作以及广西和北部湾的开放开发等方面开展了大量的研究，形成了一大批研究论文和论著。这些成果为政府及各界了解中国—东盟关系的发展历史，了解东盟各国的文化，把握中国—东盟关系的发展进程提供了极好参考材料，为政府及各界在处理与东盟各国关系中的各项决策中发挥了咨询服务的作用。

这次以《广西大学中国—东盟研究院文库》的形式出版的论著仅仅是学者、专家们的研究成果中的一部分。《文库》的顺利出版，是广西大学中国—东盟研究院的学者们在国家"211工程"建设背景下，通过日夜的不辞辛苦、锲而不舍的研究共同努力所取得的一项重大的成果。《文库》的作者中有一批青年学者，是中国—东盟关系研究的新兴力量，尤为引人注目。青年学者群体是广西大学中国—东盟研究院未来发展的重要战略资源。青年兴则学术兴，青年强则研究强。多年来，广西大学中国—东盟研究院着力于培养优秀拔尖人才和中青年骨干学者，从学习、工作、政策、环境等各方面创造条件，为青年学者的健康成长搭建舞台。同时，众多青年学者们也树立了追求卓越的信念,他们在实践中学会成长,正确对待成长中的困难,不断走向成熟。"多情唯有是春草,年年新绿满芳洲。"学术生涯是一条平凡而又艰难、寂寞而又崎岖的道路,没有鲜花,没有掌声,更多的倒是崇山峻岭、荆棘丛生。但学术又是每一个国家发展建设中不可缺少的,正如水与空气之于人类。整个人类历史文化长河源远流长,其中也包括一代又一代学者薪火相传的辛勤劳绩。愿研究院的青年学者们,以及所有真正有志献身于学术的人们,都能像春草那样年复一年以自己的新绿铺满大地、装点国家壮丽锦绣的河山。

当前,国际政治经济格局加速调整,亚洲发展孕育着重大机遇。中国同东盟国家的前途命运日益紧密地联系在一起。在新形势下,巩固和加强中国—东盟战略伙伴关系,不断地推进和发展中国—东盟自由贸易区的健康发展是中国与东盟国家的共同要求和共同愿望。广西大学中国—东盟研究院将会继续组织和推进中国与东盟各国关系的研究,从区域经济学的视角出发,采取基础研究与应用研究相结合、专题研究与整体研究相结合的方法,紧密结合当前实际,对中国—东盟自由贸易区建设这一重大战略问题进行全面、深入、系统的思考。在深入研究的基础上提出具有前瞻性、科学性、可行性的对策建议,为政府提供决策咨询,为相关企业提供贸易投资参考。随着研究的深入,我们会陆续将研究成果分批结集出版,以便使《广西大学中国—东盟研究院文库》成为反映我院中国—东盟各国及其关系研究成果的一个重要窗口,同时也希望能为了解东盟、认识东盟、研究东盟、走进东盟的人们提供有益的参考与借鉴。由于时间太紧,本文库错误之处在所难免,敬请各位学者、专家及广大读者不吝赐教,批评指正。

是为序。

(作者系广西大学中国—东盟研究院院长)

2011 年 1 月 11 日

目 录

图表目录

产业结构与就业结构之间是相互作用、相互影响,产业结构调整需要有良好的就业结构支撑,就业结构的不合理必将给产业结构的优化带来不利的影响。"十二五"规划明确提出,我国的产业结构不合理,就业总量压力和结构性矛盾并存,为推动我国经济的持续快速健康发展,必须把经济结构调整和产业结构升级作为今后五年的主要目标。这体现对产业结构与就业结构协调问题研究的重要性和紧迫性。而粤桂滇琼四省与东盟十个国家相邻,具有得天独厚的地理优势,因此,研究 CAFTA 框架下区域产业结构调整与就业结构协调问题具有一定的现实意义,体现了新时期我国经济发展的内在要求,体现了我国国家战略的内在要求。在本章中,笔者首先阐述了本课题的研究背景和研究意义,接着,在此基础之上进行更深入的研究。

第 1 章
导 论

目前,我国经济已经进入一个关键时期——全面建设小康社会,加快经济增长方式转变,调整产业结构的关键时期。当今世界是经济实力的竞争,我国经济能否持续、快速、健康发展,关系到我国人民生活水平的提高,国家综合国力的增强,我国在世界各个国家中的地位和话语权等方面的问题。随着我国经济的发展,我国经济发展中的主要矛盾也日益突出。值得注意的是,产业结构与就业结构的协调性是突出的问题之一。"十二五"规划明确提出,我国的产业结构不合理,就业总量压力和结构性矛盾并存,为推动我国经济的持续快速健康发展,必须把经济结构调整和产业结构升级作为今后五年的主要目标。产业结构与就业结构是相互联系、互相作用的,就业结构的不合理势必将影响到我国产业结构的优化升级,而产业结构不合理又将阻碍我国经济向更高层次的发展。由于我国当前的就业结构严重滞后于产业结构,劳动力的供给不能满足产业结构调整的需要,这将对我国产业结构的升级和产业结构调整造成不利的影响,进而影响到我国经济的发展。推进产业结构调整,实现产业结构升级,促进就业结构优化已经势在必行,在此过程中实施怎样的政策和措施实现产业结构升级、就业结构优化、产业结构与就业结构协调、解决就业等问题显得尤为重要,是我们亟待解决的问题。

1.1　研究背景与意义

随着经济全球化、区域一体化进程的不断深入,世界各国经济进入了一个新的发展阶段,为了推动本国经济向更高层次的发展,各个国家正在紧锣密鼓为此做好充分准备。中国—东盟自由贸易区的建立能够很好地印证这一点,然而,伴随着经济的发展,产业结构与就业结构之间不协调也日渐突出,这不仅阻碍了经济的发展,而且不利于社会的稳定。因此,研究产业结构与就业结构之间的协调问题显得至关重要。

1.1.1　研究背景

一、新的经济发展环境对产业结构优化调整提出了更高的要求进入 21 世纪,人类社会进入了一个新的时代——知识经济时代,在这个新时代,各种科技日新月异,农业和工业也由于知识经济的作用而取得了新的发展,农业和工业要适应这个时代的需要,就必须不断提高自身的科技含量,抛弃传统的高投入、低产出的发展模式,走一条科技含量高、节约资源、保护环境的新兴工业和农业道路。为了适应新的形势的发展需要,世界各国都在紧锣密鼓地为其经济结构的调整做准备。很多发达国家都加快向高科技、新能源产业转移的进程,以此来推动本国产业结构的升级。这导致了一些劳动密集型和资源密集型产业由发达国家向发展中国家转移,发展中国家也逐渐变为世界工厂。虽然世界工厂给发展中国家带来了一定的好处,如增加了就业的机会、促进 GDP 增长等。但是,随着时间的推移,这种传统的比较优势就会逐渐消失。对发展中国家而言,若不加快本国产业结构调整的步伐,势必会失去竞争优势,再次落后于发达国家。据此,发展中国家必须牢牢把握这个机遇,不断调整本国的经济结构,把自身的潜力和优势充分发挥出来,以此来应对时代的挑战。

改革开放以来,我国经济呈现迅猛增长的趋势,综合国力不断提高,但是,我国在享受经济快速增长带来丰硕果实的同时,我国的区域经济的发展出现了不平衡的现象。东西部的经济的差距尤其是产业发展的差距进一步扩大,产业结构与就业结构的矛盾也日益突出,如人才的供给量较大,但是,人才的专业技能、知识水平不能满足用人单位的需要。为了缩小东西部之间的差距,我国政府采取一系列积极措施,出台了很多针对性的政策。如西部大开发战略的实施,中国—东盟自由贸易区的建立。但是,这仅仅是从宏观战略的角度出发,若想从根本上解决我国区域经济发展不平衡的问题,从而实现我国经济的和谐发展、科学发展、持续健康发展,就必须解决产业结构与就业结构的矛盾。

二、CAFTA 的建成为我国周边四省区产业结构优化调整赋予了新的机遇

2000 年 9 月,我国国务院总理朱镕基出席了东盟与中国"10+1"领导人会议第四次会议。朱镕基在本次会议上发表重要讲话,提出建立中国—东盟自由贸易区的建议得到东盟有关国家的认可,这意味着中国—东盟自由贸易区构想的形成。2002 年 11 月,第六次东盟—中国领导人会议在柬埔寨隆重举行,朱镕基和东盟十国领导人在会议上签署了《中国

与东盟全面经济合作框架协议》，决定到2010年建成中国—东盟自由贸易区（CAFTA），这具有一定里程碑的意义，标志着中国—东盟自由贸易区进程的正式启动。

中国—东盟自由贸易区是继北美自由贸易区、欧盟之后形成的世界性的第三大经济体。据中国—东盟经济合作专家组的研究分析表明，中国—东盟自由贸易区建成后，将是世界上人口最多的由发展中国家组成的自由贸易区，总人口将达到18亿，东盟的GDP总量将增加63亿美元，增幅为0.9%，中国的GDP将增长35亿美元，增幅为0.3%。从贸易角度来看，东盟对中国的出口将增加130亿美元，增幅高达55.1%，中国对东盟的出口也将增加106亿美元，增幅达到48%。这为我国和东盟创造了无限的商机。

中国—东盟自由贸易区建成后，将为我国周边四省提供无限的发展空间和机会。我国周边四省与东盟国家在陆地上直接或间接相邻，具有优越的地理优势，其中云南与越南、缅甸在陆地上接壤，此外，澜沧江和湄公河把云南与东盟五国越南、缅甸、老挝、泰国、柬埔寨紧密连接在一起，广西与越南在陆地上接壤，北部湾经济区的形成使广西的地理优势更加突出。广东和海南位于北部湾的东部，与越南隔湾相望。因此，这四省在CAFTA建设进程中起到桥头堡的重要作用，其产业结构能否顺利调整，产业结构能否优化升级、产业分工能否实现合理化，产业结构与就业结构能否协调都将影响到这四省的经济发展水平和竞争力。

三、就业问题决定产业结构优化调整能否成功的关键

经济增长与充分就业是相互联系、互相作用的，产业发展是经济发展的核心，而经济增长表现为各个产业的发展，就业问题则体现在就业结构上。随着经济的发展，大批的生产要素将由生产初级产品的部门流向制造部门，然后，向服务部门流动，从而使各个产业部门间的生产率达到基本均衡状态。与产业结构类似，就业机构也呈现出第一产业就业比例不断减少，第二产业、第三产业就业比例不断上升的趋势。值得注意的是，经济发展水平将对我国沿海沿江的经济布局产生一定的影响，从而影响到我国经济的发展。而我国周边四省的就业结构能否与产业结构调整保持一致步伐，又将对其产业结构的升级产生影响，进而影响到经济的发展。

1.1.2 研究意义

CAFTA 的建成,为我国周边四省的经济发展提供了良好的机遇,但这四省在经济发展的过程中,存在很多利益冲突及矛盾,各省并没有按照区域协同的思路发展经济,各省产业之间出现了无序竞争,产业之间尚未形成优势互补,产业结构与就业结构的矛盾也日渐突出。若不从根本上解决这些问题,势必不利于我国经济的发展。本课题以中国—东盟自由贸易区作为大背景,立足现实,重点研究广东、广西、云南、海南四省的产业结构与就业结构协调性问题,力图给出一些关于产业结构升级,就业结构优化的策略和建议,从而实现我国区域产业结构与就业结构之间的相互协调,进而实现我国经济的和谐发展。本课题不仅具有一定的理论意义,而且具有一定的实践意义。一方面,我国沿江沿边经济发展的内在要求;另一方面,产业结构与就业结构协调将有助于产业结构优化。

一、我国沿江沿边区域经济发展的内在要求

随着我国经济的发展,经济较发达地区的劳动力、土地等生产要素的价格将不断上涨,这将不利于某些相关地区比较优势的发挥。就这点来讲,各省可以在产业内相互投资,选择在一些具有突破性的领域加强合作,如在农业、工业和高新技术产业方面等。优化产品的出口分工,把恶性竞争抑制在萌芽状态。目前,我国周边四省的无序竞争主要体现在以下几个方面:第一,四省区利益难以实现协调,地方保护主义色彩较严重。第二,四省区经济实力相差悬殊,地区差距呈现出进一步扩大的趋势。第三,四省区产业结构呈现出盲目追求高新技术产业的趋势,这导致了资源的浪费,从而无法实现资源的优化配置,效率低下。第四,四省区都想自己在市场中拥有一个大蛋糕,各自从自己的利益出发,而不是从全局的利益出发,这很容易导致恶性竞争,影响我国经济布局,进而影响到我国经济的发展。

二、产业结构与就业结构协调将有助于产业结构的优化

改革开放以来,我国经济取得了突飞猛进的发展,产业结构与就业结构也不断随之演进,产业结构与就业结构是相互作用、互相联系的,这主要体现在以下两个方面:一方面,产业结构是就业结构的基础,产业结构

的调整势必会增加产业的收益,从而促进就业人数的增加,引起就业结构的变化。另一方面,产业中的劳动力素质、专业知识、年龄、文化程度等不同,又对产业结构的变动产生影响,而就业结构体现在劳动力的技能、知识、经验等方面,若劳动力的供给不能满足产业的调整的需要,势必会影响到产业结构调整的进度,不利于产业结构的优化升级。因此,产业结构与就业结构必须保持一致的步伐,只有这样才能促进产业结构的升级,从而促进我国经济持续、快速、健康发展。

1.2　研究框架和主要内容

1.2.1　研究框架

本课题以现有的就业结构理论、产业结构与就业结构理论作为理论支撑,主要包括古典政治经济学的观点、马克思主义的观点、拉尼斯—费景汉模型、拖拉罗劳动力流动模型、钱纳里—塞尔奎因就业结构、刘易斯的二元经济理论等。基于以上理论,对我国周边四省的产业结构、CAFTA与其中国周边四省区就业结构的基本现状进行了详细分析,然后,以广东和广西为例,对产业结构调整与就业结构协调变动的外资效应,产业结构与就业结构协调发展的制度保障,产业结构调整对就业渠道拓展的影响进行详细研究。最后,基于劳动力需求模型对相关省区就业策略进行了论述,并给出一些建设性的建议。本课题研究框架如图1-1所示。

1.2.2　主要研究内容

本课题结合产业经济学、区域经济学、政治经济学等学科的理论知识,深入探讨了在CAFTA背景下我国周边四省产业结构与就业结构协调问题。本课题主要从以下八个部分展开论述:

第一章导论,包括本课题的选题背景及意义,研究背景为本课题提供了大的前提条件,研究意义体现了本课题的研究的理论意义和实践意义。此外,阐述了本课题的研究方法、技术路线、研究框架、主要内容、研究重

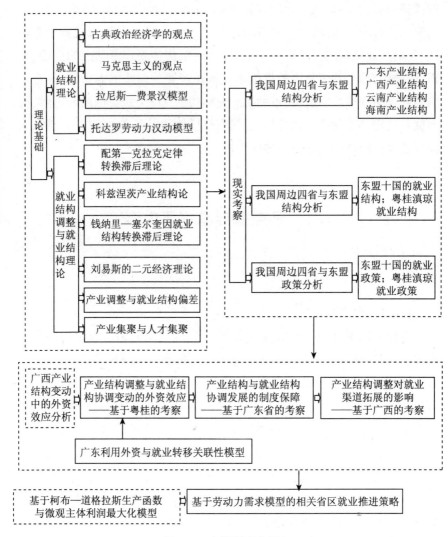

图1-1 本课题研究框架

点、难点和创新点。研究方法主要包括文献参考法、统计分析法、定性与定量分析法。这为本课题提供了科学的方法和严谨的逻辑性。

　第二章对已有的研究成果进行了梳理,并对其不足及本课题拟展开的方向进行了论述。现有研究成果主要体现在以下几个方面:关于就业结构演进过程的研究、产业结构调整与就业结构研究、产业结构调整与劳动力配置、产业结构调整与失业问题、产业转移与劳动力转移的研究。本课题希望在已有的研究成果的基础上取得新的突破。

第三章对产业调整与就业协调理论进行了详细研究,为本课题提供了理论支持,总体来看,包括就业结构理论和产业结构调整与就业结构理论两大类,具体来讲,主要的理论包括古典政治经济学的观点、马克思主义的观点、拉尼斯—费景汉模型、托达罗劳动力流动模式、配第—克拉克定律、钱纳里——塞尔奎因就业结构转换滞后理论、刘易斯二元经济理论等。

第四章基于以上理论作为支撑,详细探讨了 CAFTA 框架下我国周边四省区产业结构与就业结构协调的关系。从现实的角度出发,首先,考察我国周边四省产业结构的现状;其次,就 CAFTA 与中国周边四省区产业结构与就业结构的基本情况进行了详细探讨。最后,对我国周边四省区产业结构与就业结构进行定量分析。

第五章以粤桂作为考察对象,对产业结构调整与就业结构协调的外资效应进行了实证分析。首先,介绍了本章的研究背景及意义,同时对相关文献进行了整理;其次,分析了利用外资与产业结构变动之间的关系;第三,详细阐述了广西产业结构调整与变动中的外资效应;最后,对广东省利用外资对产业间就业转移的影响进行了实证研究。

第六章以广东省作为考察对象,研究产业结构与就业结构协调发展的制度保障问题。首先,分析了本章的研究背景及意义;其次,对产业结构与就业结构发展的制度保障理论进行详细探讨;第三,基于就业结构协调的视角,论述了广东省的产业结构调整;第四,从广东失业保险制度的角度出发,论述了产业结构与就业结构非协调发展相关问题;最后,提出一些相关建议和措施。

第七章以广西作为考察对象,分析了产业结构调整对就业拓展的影响。首先,探讨了 CAFTA 框架下广西产业结构调整与就业渠道的关系;其次,论述了 CAFTA 框架下广西产业结构调整对就业渠道产生的影响;第三,对广西第一产业、第二产业、第三产业的吸纳就业能力进行了阐述;最后,在 CAFTA 大背景下,探讨了拓展广西就业渠道的措施。

第八章基于劳动力需求模型,研究我国周边四省区的就业策略。首先,以广东和广西为例,采用柯布——道格拉斯函数对广东和广西的就业需求实证分析;其次,阐述了我国周边四省区与东盟十国的就业政策基本现状;最后,基于劳动力需求模型和就业现状,对我国周边四省就业策略分析。

1.3 研究方法和技术路线

1.3.1 研究方法

本课题的研究方法包括文献参考法、统计分析法、定性分析与定量分析相结合的方法。

一、文献参考法

本课题在文献综述部分,主要采用了梳理文献的参考方法。通过查找产业结构与就业结构的国内外相关文献,对现有的研究成果进行总结归纳,以一般的理论作为基础,联系实际,以广东、广西为例来验证理论的可行性。

二、统计分析法

本研究搜集了广东、广西、云南、海南的相关产业数据和就业统计数据,并运用图表分析,同时采用就业弹性、就业贡献率、结构偏离度等工具来研究我国周边四省产业结构与就业结构的协调问题,从而找出其规律及未来发展趋势。

三、定性分析与定量分析相结合的方法

本课题在对我国周边四省产业结构与就业结构协调研究时,首先,根据规范分析法进行定性分析,以此来研究产业结构与就业结构之间的互动关系;其次,根据实证分析法进行定量分析,以此来描述产业结构调整与就业结构协调的运动规律。

1.3.2 技术路线

本课题拟采用的技术路线图如图1-2所示。

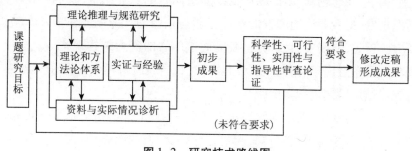

图 1-2　研究技术路线图

1.4　研究的重点、难点及主要创新点

1.4.1　本课题研究的重点、难点

本课题拟解决的主要问题:以产业结构理论、产业结构与就业结构理论为基础,同时立足中国—东盟自由贸易区框架下我国周边四省的产业结构基本现状,东盟与其周边省区的就业结构现状,采用比较劳动生产率、结构偏离度、就业弹性以及产业对 GDP 和对就业的贡献率等工具对我国周边四省的产业结构与就业结构进行了定量分析。同时,基于粤桂的角度,研究发达地区和欠发达地区利用外资与产业结构调整之间的关系,产业结构与就业结构协调发展的制度保障以及产业结构调整对就业渠道拓展的影响。此外,基于劳动力需求模型给出相关省区就业推进策略和建议。

本课题的难点:在对 CAFTA 框架下我国周边四省区产业结构与就业结构的现实考察中,数据尤其是东盟十国就业政策数据的搜集存在一定的难度。同时,在对我国周边四省产业结构与就业结构协调性实证分析以及采用劳动力需求模型对我国相关省区的就业需求进行实证论述时,在模型的参数选择上存在一定困难。

1.4.2　本课题的主要创新点

本课题的创新点包括以下几个方面:

第一,观念创新,本课题从我国周边四省的产业结构、就业结构实际情况出发,把我国周边四省的产业就业与东盟的产业就业作为一个整体研究。首先,从现实出发,分析我国周边四省的产业结构现状、就业发展现状以及东盟国家的就业现状;其次,对我国周边四省与东盟的产业结构与就业结构协调进行实证研究。

第二,方法创新,本课题采用统计分析法、定性分析与定量分析相结合的方法,与现有的研究模式相比,这是一个新的突破,对区域产业结构与就业结构的协调将有很大的理论意义和实践意义。

第三,本课题在开展实证研究时,运用就业弹性、结构偏离度、就业贡献率、比较劳动生产率等工具对我国周边四省的产业结构与就业结构的协调进行了定量分析。同时,分析了发达地区(以广东为例)和欠发达地区(以广西为例)利用外资与产业结构之间的关系,以及从就业制度保障的角度入手探讨产业结构与就业结构协调发展。此外,构建劳动力需求模型对我国相关省区的就业需求情况进行实证分析,这为我国周边四省区的产业结构与就业结构协调提供了实证依据,进一步丰富了已有的产业结构理论和就业结构理论。

本章小结

本章在选题的基础之上,对在 CAFTA 框架下我国周边四省产业结构与就业结构协调的选题背景、选题意义进行了详细分析。改革开放 30 年来,我国经济取得了辉煌的成就,人民生活水平迈上了一个新的台阶,综合国力显著增强。同时,我国产业结构与就业结构不协调问题、区域发展不平衡问题、就业问题也日渐突出,这不利于我国经济的健康发展。为推动我国经济向更高层次的发展,我国政府出台了一系列措施和政策,如西部大开发战略的实施、中国—东盟自由贸易区的建成。此外,"十二五"规划把产业结构调整、就业结构优化问题作为今后工作的重点。在此背景下,本课题拟研究在 CAFTA 框架下我国周边四省产业结构与就业结构协调问题,进一步丰富了产业结构和就业结构相关理论,并以实际案例来验证理论,具有一定的理论意义和实践意义。在研究过程中,本课题拟采用文献参考法、定性分析与定量分析等方法对在 CAFTA 框架下我国周边四省产业结构与就业结构的协调问题进行了详细的研究,确保了本课题研究的科学性和严谨性,也为本课题研究提供了有力的技术支持。

研究 CAFTA 背景下区域产业结构调整与就业结构协调问题,不仅需要弄清研究背景、研究意义和研究目的,还需要对国内外专家学者在这一领域的研究状况有所了解。也就是弄清楚国内外相关人员对该领域的研究达到何种程度,研究的内容有哪些。之所以这样做,一是为了避免研究的内容出现重复,做一些无用功;二是已有研究成果能够为课题的研究提供一定的参考价值;三是使本课题的研究更加具有说服力,突出其与已有研究成果的不同之处。因此,笔者对国内外已有研究进行梳理,主要包括就业结构演进过程、产业结构调整与就业结构、产业结构调整与劳动力配置、产业结构调整与失业问题、产业转移和劳动力转移。

第 2 章
文献综述

2.1　关于就业结构演进过程的研究

2.1.1　关于某个省或地区就业结构演进过程的研究

关于某个省或地区就业结构演进问题的研究,目前,我国已有较多的研究成果,其中比较有代表性的有马斌等(2007)[①]在《广东省就业结构的特征分析》一文中指出广东省的劳动力就业结构主要表现在以下两个方面:一方面,信息产业的发展、技术进步以及企业创新是促进广东整体就业结构不断软化,核心就业率不断提高的根本动力;另一方面,经济发展的非均衡性、产业构成的地域差异是导致就业的行业结构、所有制结构存在地域差异的经济因素。刘望保等(2008)[②]采用因子分析对广东省就业结构的区域差异进行了详细分析,得出结论:生产性服务业和以房地产为主的第三产业是影响广东就业结构区域差异的主要因子。而李雁玲(2008)[③]在对澳门就业结构研究后,认为在转口贸易阶段,就业结构呈现出以下的特点:劳动力逐渐从第一产业向第二产业、第三产业转移,第二产业劳动力的就业比例略有上升,总体来看,澳门的就业结构呈现就业流动单向化趋势。何筠(2004)[④]在对江西的就业结构进行深入探讨后,认为江西的就业结构从总体上看,是符合就业结构的演进规律,但是,其各类从业人员的分布格局不合理,且就业结构转换阶段出现错位。桑玲玲(2005)[⑤]也对我国产业结构演进与就业结构变迁进行了实证分析,她认为全国劳动者就业的所有制结构呈现如下趋势:国有企业和集体企业就业的人数经历了先上升后下降的过程,而城乡个体和私营经济在就业中

---

① 马斌、张杰:《广东省就业结构的特征分析》,《广东经济》2007 年第 5 期。
② 刘望保、翁计传、陈永欣:《广东省就业结构的区域差异研究》,《世界地理研究》2008 年第 2 期。
③ 李雁玲:《澳门产业结构与就业结构变动研究》,暨南大学出版社 2010 年版。
④ 何筠:《区域就业结构的演进和转换》,《南昌大学学报》2004 年第 2 期。
⑤ 桑玲玲:《我国产业结构演进与就业结构变迁的实证分析》,武汉大学硕士毕业论文,2005 年。

的作用日益突出,是新增就业机会的主要来源,个体、私营经济的发展成为安置国有企业下岗职工的重要途径。

2.1.2 针对就业结构演进与其他人群的研究

张雅琦等(2010)①分析了宁夏农村妇女的就业现状及存在的问题,他们认为随着经济的发展、产业结构的优化升级,妇女劳动力的就业也随之发生改变,宁夏妇女劳动力就业呈现出多元化的趋势,为了给宁夏农村妇女提供更多的就业机会,作者认为应加快推进地区非农化进程,重视第三产业的发展,降低宁夏农村妇女劳动力转移成本和就业风险。而张艳华等(2010)②通过分析北京农村常住人口就业结构的演变状况,认为北京农村常住人口就业结构发生了较大的改变,呈现出以下趋势:第一,农村劳动力逐渐由第一、二产业向第三产业转移;第二,城市功能拓展区和城市发展新区逐渐演变成农村劳动力就业的主要区域;第三,就农村劳动力文化素质而言,由城市中心区向远郊区县逐渐递减。由此,作者认为农村劳动力就业的聚集区将是新城及其周边地区。从就业领域角度出发,农村劳动力的就业领域将逐渐扩大到生态涵养发展区的观光旅游业,而房屋租赁、"次生经济圈"的发展将带来一些新的自主就业机会,新区和城市中心区的农村劳动力素质之间的差距将逐步缩小。杨云(2007)③对少数民族村寨产业结构与就业结构变迁状况及特点进行了分析,发现种植业在第一产业所占比重变化不大,而第二产业发展较滞后,其从业人数比例较低,甚至出现一些反常现象——从业人数由第二产业向第一产业转移。最后,给出一些推动少数民族村寨产业结构与就业结构调整的建议。

① 张雅琦等:《民族地区农村妇女就业结构的思考——以宁夏为例》,《社科纵横》2010 年第 9 期。
② 张艳华等:《北京市农村常住人口就业结构演变及趋势判断》,《中国经贸导刊》2010 年第 3 期。
③ 杨云:《我国少数民族地区农村产业结构与人口就业结构变迁状况和作用因素分析》,《经济问题探索》2007 年第 6 期。

2.1.3 关于就业结构演进影响因素的研究

张二震等(2005)①研究外商在华投资(FDI)对就业结构演进的影响,他们认为外商在华投资(FDI)对农业劳动力向非农业产业转移和提高劳动者素质,具有积极的推动作用,进而促进中国就业结构的演进。而AYING LIU等(1999)②从国家和地区的角度入手,他们采用份额分析法对就业和投资的构成要素和结构变化进行了量化分析。研究结果表明,我国经济快速增长导致了国家经济结构的重大变化,而国家经济结构与就业和投资结构的变化密切相关。这些结构性的变化有着明显的地域性,并反映出了很强的政策性影响,这些影响使经济增长和收入的地域差异很大。Manuel Castells(1994)等③认为在技术革命和世界范围内的经济重建的共同影响下,社会改革的进程大大加快。就业结构和职业结构的转变是社会结构变化的一个主要指标。此外,"信息化"是促使商品向服务业的转移,职业经理人的兴起,以及农业和制造业的衰落的重要因素。

2.2 关于产业结构调整与就业结构研究

2.2.1 从全国来分析产业结构调整与就业结构

桑玲玲(2005)④对我国产业结构和就业结构的关系进行了实证分析,指出二者在演进中是相互影响的,产业结构决定了劳动者的就业规模、就业结构及其演变,而产业结构的变化又反过来对就业结构产生影响,如结构性失业以及对劳动者提出许多新的要求以适应产业结构的转

① 张二震、任志成:《FDI与中国就业结构的演进》,《经济理论与经济管理》2005年第5期。

② Aying Liu, Shujie Yao, Zongyi Zhang. *Economic Growth and Structural Changes in Employment and Investments in China*, Economics of Planning, 1999(32)P171-190.

③ Manuel Castells and Yuko Aoyama. *Paths towards the Informational society: Employment structure in G-7 countries*, International Labour Review, 1994,(133).

④ 桑玲玲:《我国产业结构演进与就业结构变迁的实证分析》,武汉大学硕士毕业论文,2005年。

换。陈桢(2007)①认为中国就业结构的变化主要发生在第一产业与第三产业之间,产业结构的调整明显快于就业结构的调整,产业结构与就业结构的变动失调,他的这一研究结果与经验研究的结果及产业结构演进的一般规律不相符。并且他通过对产业结构与就业结构变动的偏离度分析,证明了中国的产业结构与就业结构的变动关系已经显著失衡,就业结构的变动明显比产业结构的变动滞后,劳动力的转移已经越过第二产业而向第三产业直接转移。最后,他提出产业结构与就业结构主要是依靠市场机制的自我调节,并且在调节的过程中政府应减少对其的干预。

2.2.2 从地区或省的角度分析产业结构调整与就业结构

就地区而言,刘文等(2009)[②]对长三角、珠三角和环渤海区域的三次产业结构及就业结构总体状况、三次产业就业弹性变化及三次产业结构偏离度的波动进行详细分析,认为三大区域三次产业就业弹性波动较大,第三产业的地位和重要性在国民经济发展过程中均呈上升趋势,产业结构与就业结构互相依赖。而王亮等(2010)[③]对海南省产业结构与就业结构的演变趋势,产业结构与就业结构的变动进行了深入的研究,认为海南省的第二产业比第一、第三产业发展缓慢,此外,海南也比较缺乏高素质的劳动力,这限制了第二产业的发展,而第三产业对劳动力的吸纳能力呈不断上升的趋势。最后,他们认为应充分调动和利用第一产业的剩余劳动力,开发一些特色产业,如热带水果和蔬菜加工,从而推动第一产业的发展。同时,要加大对第三产业的投入力度,把第三产业作为主要产业,以此带动第一、第二产业的发展。而刘祝兰(2007)[④]基于发达国家产业结构与就业结构关系的经验,研究广东省的产业结构与就业结构之间的关系。首先,研究了广东省三次产业结构与就业结构的发展状况,认为广

---

① 陈桢:《产业结构与就业结构关系失衡的实证分析》,《山西财经大学学报》2007 年第 10 期。

② 刘文、田利珍:《三大经济区域的产业结构和就业结构比较研究》,《社会科学论坛》2009 年第 10 期。

③ 王亮、姚大鹏:《从海南省就业结构变动研究产业结构变动趋向》,《经济研究导刊》2010 年第 10 期。

④ 刘祝兰:《广东产业结构与就业结构的关系分析》,《科技情报开发与经济》2007 年第 30 期。

东省第三产业的就业状况不稳定,且缺口弹性较大,与发达国家之间的差距较大。其次,随着产业结构的调整,其与就业结构之间的差距在不断缩小,这表明产业结构与就业结构是相互促进、相互制约的。最后,提出广东应优先发展第三产业,继而发展第二产业,要把产业结构升级、就业结构优化和增加就业岗位结合起来,通过不断开拓新的就业局面和提高就业质量,来推动产业结构的优化。

2.3 关于产业结构调整与劳动力配置的研究综述

2.3.1 对产业结构调整与劳动力配置进行的实证研究

在我国关于产业结构调整与劳动力配置的研究中,比较有代表性的有黄颐琳等(2001)[①]、石磊(1999)[②],他们以产业结构作为理论基础,根据搜集到历年的统计数据,建立了劳动力模型,对我国的劳动力资源在第一产业、第二产业、第三产业的配置状况进行了深入分析,并预测了我国劳动力的发展趋势。而杨德礼等(1995)[③]利用 DEA 模型对我国产业结构调整对劳动力配置的影响进行了实证分析,并对我国近期和未来的产业结构变动趋势进行了分析,这对我国的经济发展具有一定的理论意义和实践意义。

2.3.2 通过产业结构的变动来分析劳动力配置

除了运用模型进行实证研究之外,也有通过产业结构的变动来分析劳动力配置。如欧祥超(2004)[④]从产业结构变动的角度出发,分析产业

---

① 黄颐琳、龚德恩:《基于产业结构的劳动力模型构建》,《华侨大学学报(人文社科版)》2002 年第 12 期。

② 石磊:《城镇劳动就业需求预测计量经济模型》,《郑州工业大学学报》1999 年 6 月第 20 卷第 2 期。

③ 杨德礼、迟旭:《产业结构调整对劳动力转移影响的结构分析》,《管理工程学报》1995 年第 12 期。

④ 欧祥超:《我国产业结构变化对劳动力配置影响研究》,河海大学硕士毕业论文,2004 年。

结构变动对劳动力配置的影响,并把我国产业结构变化对劳动力配置的影响与其他国家进行了比较分析,根据我国实际情况,调整产业结构来达到劳动力资源的优化配置。而刘桂芝等(2004)①认为人力资本是推动某个地区经济由落后走向发达的动力,是推动产业结构优化和产业发展的关键因素。要振兴东北经济,就必须加大人力资本的积聚。只有培养出专门的人才,才能提高劳动生产率,降低生产成本,从而推动产业结构优化和产业发展。李玲(2002)②对我国目前人力资本在三次产业间的流动与配置状况及形成的原因进行了详细分析,她认为人力资本在产业间流动及配置规律与产业发展规律之间是密切联系的,当二者一致时,就会促进产业结构的优化升级,提高经济效益;反之,当二者不一致时,将可能导致产业结构的不合理,这势必对经济的发展产生负面影响。而张欣蕾等(2010)③从理论和实践两个角度论述了我国目前发挥劳动力比较优势的重要性和必要性,他们认为我国是一个劳动力资源比较充足的国家,从比较优势理论出发,我国应专门生产劳动密集型产品,并随后提出了动态比较优势理论,指出我国应该努力实现比较优势的动态转换,从而最终实现产业结构的优化升级。

2.4 关于产业结构调整与失业问题的研究

历史经验表明,产业结构与就业结构之间是相互联系、相互作用的,产业结构的调整将引起就业结构的变化,而就业结构变化可能产生失业问题,因此,对产业结构调整与失业问题的研究变得很有必要。我国关于产业结构调整与失业问题的研究主要集中在以下两个方面。

---

① 刘桂芝、张肃:《东北地区产业结构演进中的人力资本效应》,《经济问题探索》2004 年第6 期。

② 李玲:《中国人力资本产业间流动与配置状况分析》,《经济纵横》2002 年第 5 期。

③ 张欣蕾、王红双、丁春玲:《我国劳动力比较优势与产业结构优化升级研究》,《现代商贸工业》2010 年第 12 期。

2.4.1 关于我国产业结构调整与失业问题的研究

目前,我国研究产业结构调整与失业问题颇多,取得了显著的研究成果,较典型的如程红莉(2006)[①]通过分析我国产业结构与就业结构的偏离度以及各个产业劳动生产率内在的联系,采用线性回归方程来研究我国的失业问题,她认为与发达国家相比,我国产业结构与就业结构之间存在比较严重的偏离,第一产业和第二产业偏离度相反,前者长期为高正偏离,而后者却表现为高负偏离。虽然第三产业的偏离度为负,但是明显低于第二产业的水平。这表明我国各个产业的劳动生产率并没有达到协调,劳动力资源未能得到有效的配置,很有可能造成失业人数的增加。据此,作者认为应提高第一产业和第二产业的劳动生产率,同时,作者认为应降低第三产业的劳动生产率,从而降低失业率。而熊文才(2003)[②]认为产业结构与就业结构的变动呈正相关关系,但是,由于就业结构还受到体制、教育等各种因素的影响,所以其变化并不与产业结构保持完全一致,且产业结构没有按正常方式升级时,就业结构也会与产业结构发生偏差,从而造成大量失业,由此得出结论:我国失业的根本原因在于产业结构与就业结构之间的矛盾。最后他提出若解决失业问题首先要调整不合理的产业结构;其次要解决就业结构对产业结构变动的适应性问题,使劳动者在改变职业后能够很快完成对自身知识结构的调整,进而适应新的工作;最后要扫除就业结构与产业结构之间的体制障碍,培育及发展好劳动力市场,促进人力资源的市场化配置。郑少伟(2006)[③]认为要推动我国经济发展,就应对产业结构进行调整,而产业结构的调整将导致结构性失业,仅仅靠经济增长是不能解决这种结构性失业的。他认为解决此矛盾的方法除了大力发展第三产业外,关键在于协调创新和发展劳动密集型产业的关系,在发展传统劳动密集型产业的同时应注重科技创新,开发核心技术,并且扩大产业链吸收更多的劳动力,从而降低失业率。

---

① 程红莉:《我国产业结构与就业结构的偏离及对失业影响》,《统计与决策》2006 年第 2 期。

② 熊文才:《产业结构与失业》,《重庆师院学报》2003 年第 2 期。

③ 郑少伟:《论产业结构调整与结构性失业矛盾》,《发展》2006 年第 11 期。

2.4.2 关于外国产业结构调整与失业问题的研究

对外国产业结构调整与失业问题的研究,如李天国(2005)[1]对日本中长期失业与产业结构变动关系进行了详细分析,首先,他研究了日本产业结构与就业结构的关系,从总体上来讲,日本的制造业和建筑业、农业等产业的就业人数不断下降,而服务业的就业人数在不断增加。虽然日本的三次产业总体结构向更高层次演变,但失业人口在不断增加,这表明日本的各个产业的结构存在一些缺陷。其次,他认为日本产业结构滞后是导致中长期失业的根源,产业结构的滞后主要表现为日本传统制造业的衰退,第三产业就业空间有限且信息产业滞后,要解决日本的失业问题,关键在于产业结构升级,最后他认为日本应继续加大对信息产业尤其是信息服务业的投资,加快对传统产业的信息化改造速度,从而促进日本的经济增长,提供更多的就业机会。

2.5 关于产业转移与劳动力转移的研究

2008年我国颁布了《中共广东省委、广东省人民政府关于推进产业转移和劳动力转移的决定》,这一决定对于促进广东省产业发展、提高其产业竞争力、推动产业优化升级起到重大的作用,目前我国关于产业转移和劳动力转移的研究有许多,但主要还是集中于对广东和珠三角地区产业转移和劳动力转移的研究。

2.5.1 以广东和珠三角地区产业转移和劳动力转移为研究方向

一、关于产业转移和劳动力转移的效应分析

我国目前关于产业和劳动力双转移的效应分析的文献较少,如许桂灵等(2010)[2],认为通过产业和劳动力双转移将产生一系列诸如经济效

---

① 李天国:《日本中长期失业与产业结构变动关系》,《经济论坛》2005年第9期。

② 许桂灵等:《广东产业和劳动力双转移的效应与对策分析》,《热带地理》2010年第5期。

应、社会效应、生态效应和空间效应。而吴迎新(2009)①对广东省的产业转移与劳动力转移之间的关系进行了研究,他认为双转移将产生"点、线、面、圈、群"效应。其中,"点"效应是指培育出若干个新的发展极,把一些具有优势的产业和地区培育成新的增长极,这可以与珠三角的差距逐渐缩小,开拓优中、振东、拓西、扶北的新格局;"线"效应是指在已有的发展轴基础之上形成一个新的发展轴。随着公路、通信等基础设施的不断完善,产业和人口将向交通干线汇聚和集中,有利于形成优越的区位条件和良好的投资环境,从而形成新的经济发展轴,推动沿海、沿江、沿边、沿线的经济渗透到腹地;"面"效应是指"双转移"在发达地区形成经济发展网络;"圈"效应即形成多层次的圈层区域结构,也就是以第三产业为主的中心城区内圈层、第二产业为主中圈层和第一产业为主外圈层;"双转移"中的"群"效应是指广东应形成一些新的城市群,如广佛经济圈、深东经济圈、粤东、粤西、粤北城镇群,以及发展壮大一批比较有影响力的产业集群。

二、关于产业转移与劳动力转移的战略分析

就产业转移与劳动力转移的战略分析而言,如陈筱芳(2008)②是以珠三角为例,认为应把劳动密集型的产业向东西两翼、粤北山区转移,其东西两翼、粤北山区的劳动力则可以向当地的第二产业、第三产业转移,或把那些素质较高的劳动力向经济较发达的珠三角地区转移。此外,作者认为面对当今国际国内经济发展的趋势,产业转移应由经济发达地区向经济较落后的地区梯度转移,并在产业转移的同时实行相应的劳动力大转移,在这样的"双转移"的过程中,不仅需要原来企业的合格员工转移至新地区,落后地区的合格人才也要有效地转移到承接过来的产业部门以及发达地区的高新技术产业部门,并且她还提出这样的"双转移"需要建立健全应有的规章制度,企业和政府要加快完善劳动力转移的相关政策和规章制度。而李增等(2010)③基于动态效率模型,对广东各地区的经济动态效率进行实证分析,研究结果表明:广东各地区动态差距较

① 吴迎新:《"双转移"的效应及启示》,《特区经济》2009 年第 1 期。
② 陈筱芳:《"双转移"及其劳动力转移的若干问题探讨——以广东地区"双转移"策略为例》,《消费导刊》2008 年第 11 期。
③ 李增等:《基于动态效率的广东"双转移"研究》,《市场经济与价格》2010 年第 1 期。

大,通过实施产业和劳动力"双转移"政策,可以提高广东省经济动态效率,增加资本边际报酬和经济实力,改善环境、增强产业竞争力,缩小地区间的差距。也有通过借鉴日本空间政策干预其产业和人口的配置,来实现区域经济协调发展,如郑京淑(2010)①根据广东省的实际情况,制定科学合理的政策措施,为广东的"双转移"有效实施提供了可靠的保障。她认为我们应该在把握好企业对转入地区区位条件的评价以及企业对转入地的区位动机的基础上,制定和实施具有针对性的有效的政策;且提出在推行产业转移时,我们要不要优先考虑建设沿海经济带,对于一些经济较落后地区,应该积极探索出符合其发展状况的道路。

2.5.2 关于农村产业转移和劳动力转移

胡顺祥(2010)②以高邮市电线电缆制造业为例,论述如何将农村人口压力转化为人才优势,作者认为只有不断提高劳动力综合素质和职业技能,才能加快高邮的电线电缆制造业的技术创新,推动产品结构的升级,培养出一批具有相当科技实力的带头人和农民企业家。而李谷成(2004)③通过分析中国农村剩余劳动力存量及就业形势时,提出了农村剩余劳动力进行跨国转移的理论模型和思路,并提出相关的建议。

2.5.3 关于服务外包对就业结构的影响

陈银娥、魏君英(2010)④是通过建立包括服务外包、劳动力需求、平均工资及产值等变量的计量模型,分析对外服务承接和对外服务发包对于我国就业结构及工资水平的影响,得出只有消除劳动力产业间自由流动的制约因素,才能更好发挥国际服务外包的就业扩展效应,并说明对于发包国家而言服务外包有利于就业向高价值产业转移,从而有利于产业

---

① 郑京淑:《"日本的空间政策对广东'双转移'战略的借鉴"——基于日本全国综合开发规划的研究》,《国际经贸》2010年第1期。
② 胡顺祥:《农村劳动力转移与特色产业转型升级——以高邮市电线电缆制造业为例》,《中国农村小康科技》2010年第10期。
③ 李谷成等:《农村剩余劳动力转移的新思路——跨国转移》,《农业现代化研究》2004年第5期。
④ 陈银娥、魏君英:《国际服务外包对中国就业结构的影响分析——基于1997—2007年时间序列数据的计量检验》,《中国人口科学》2010年第2期。

结构的优化,国际服务外包具有双向性,服务外包对就业的影响取决于服务发包与接包对就业的净效应。总体上来说,国际服务外包对产业就业结构变化及总就业结构变化的净效应为正,且它对与产业平均工资变动和平均工资的总变动也具有正向作用。李娟(2010)①通过运用服务外包就业效应模型分析承接跨国公司服务外包对我国就业的影响,研究表明承接跨国公司服务外包将扩大我国服务业就业数量,对于我国就业结构的改善起到很大作用。

2.6　现有研究成果评述

2.6.1　已有的研究贡献对于本课题研究的指导意义

纵观已有的研究成果,主要集中在以下几个方面。第一,关于就业结构演进的研究;第二,关于产业结构调整与就业结构关系的研究;第三,关于产业结构调整与劳动力配置的研究;第四,产业结构调整与失业问题的研究;第五,产业转移与劳动力转移的研究。这些研究成果为本课题的开展提供了理论支撑和实践案例,也为本课题研究提供了科学的方法和严谨的思路。通过研究就业结构的演进过程,让我们更加清楚地了解就业结构的发展历程,进而采取有效的措施来应对就业结构的变化,从而促进就业结构的优化。通过研究产业结构与就业结构之间的关系,我们可以得出如下结论:产业结构与就业结构是相互作用、互相影响的,这为本课题的实证研究提供有力的理论依据。

2.6.2　现有研究的不足及本研究拟开展的研究方向

关于就业结构的问题我国研究的领域比较广泛,其中多数是针对某个省或者地区来进行研究的,还有一些针对就业结构演进与其他人群及其影响因素等的研究,或研究外商在华投资(FDI)对就业结构的演进的

---

① 李娟:《承接跨国公司服务外包对我国就业影响分析》,《哈尔滨商业大学学报》2010年第4期。

影响,或采用份额分析法对就业和投资这两个方面的经济增长的各组成部分和结构变化进行量化分析。但是,在 CAFTA 背景下研究区域产业结构调整与就业结构协调问题的文献较少。产业结构与就业结构是密切相连的,研究就业结构就需要联系产业结构进行分析,大部分已有的研究成果都是认为应提高第一产业发展水平、第二产业的技术水平和产品附加值;优先发展第三产业,并加大对第三产业的投入力度,推动产业结构优化。而本课题则旨在研究适合本研究区域内发展的模式,关于产业结构调整与劳动力配置的研究,我们既运用模型对产业结构调整与劳动力配置进行研究,也通过产业结构的变动来分析劳动力配置。由于产业结构与就业结构之间关系密切,产业结构的调整将必然引起就业结构的变化,而就业结构变化可能会产生失业问题,本课题拟研究若本区域内产业结构发生调整则就业结构将会发生怎样的变化。最后,关于产业转移与劳动力转移的研究,目前我国关于产业转移和劳动力转移的研究主要集中于对广东和珠三角地区产业转移和劳动力转移的研究。具体来讲,关于产业转移和劳动力转移的效应分析的研究,关于产业转移与劳动力转移的战略分析的研究,关于农村产业转移和劳动力转移的研究以及关于服务外包对就业结构的影响的研究。这些分析与归纳为本课题的研究提供了参考及对比。本课题拟在 CAFTA 的背景下运用定性分析和定量分析的方法,来分析产业结构与就业结构的协调。

基于国内外学者对产业结构与就业结构所作的相关研究基础之上,本章将从就业结构理论、产业结构调整与就业结构理论入手进行分析,具体来讲,主要对古典政治经济学的观点、马克思主义的观点、拉尼斯—费景汉模型、托达罗劳动力流动模式、配第—克拉克定律、库茨涅茨产业结构论、钱纳里—塞尔奎因就业结构转换滞后理论、刘易斯的二元经济理论、产业调整与就业结构偏差、产业集聚与人才集聚等进行分析,为本课题的研究提供了理论支撑。

第 3 章
产业调整与就业协调的相关理论

3.1　关于就业结构的理论基础

3.1.1　古典政治经济学的观点

在以萨伊、马歇尔为代表的古典经济学家眼中,劳动力市场是完全竞争的,劳动力的供求取决于实际工资水平,当实际工资水平上升时,劳动力的供给增加,当实际工资水平下降时,劳动力的需求增加。在市场上货币工资可以根据市场供求状况自发调整,不存在工资刚性,一方面,当劳动力的需求小于供给(存在失业)时,实际工资水平会下降,这样会使劳动力的需求增加,降低失业率;另一方面,如果劳动力的需求大于供给,实际工资水平会上升,这样劳动力的需求会减少,使劳动力的供求趋向平衡。

古典经济学家认为,通过市场机制的自发调节,可以使一切可供使用的劳动力资源都被用于生产, 劳动力处于供求平衡状态,实现充分就业,长期的持续的失业是不会出现的,即使出现失业,也只会出现"自愿失业"或"摩擦性失业"。所谓"自愿失业"是指工人不愿意接受现行工资水平而形成的失业,"摩擦性失业"是指在生产过程中由于难以避免的摩擦造成的短期、局部性失业,如劳动力流动性不足、工种转换的困难等所引致的失业。总的来说,在自由竞争的前提条件下,古典学派主张市场调节平衡就业,否定了失业问题的普遍性。

3.1.2　马克思主义的观点

马克思把社会生产领域划分为两大部类,分别是生产生产资料的第一部类和生产生活资料的第二部类,他认为要使社会再生产顺利进行,就必须把社会劳动按照一定的比例,合理分配到社会生产的各个部门中去。对于劳动力的配置问题,马克思根据所处的时代条件,认为有两种形式:一是资本主义下的市场配置形式;二是无产阶级夺取政权,建立社会主义社会后的计划配置形式。

马克思立足于资本主义生产领域研究失业问题,他认为,在资本主义制度下的配置劳动力,必然会产生失业。马克思的失业理论以劳动力商品学说为基础。所谓就业就是劳动者将自己的劳动力作为商品出卖,不仅实现自身价值,同时其使用价值在生产活动中发挥了作用,而失业是劳动力只停留在流通领域,并没有在生产活动中发挥作用,也没有实现自身价值。

在资本主义条件下,资本处于主导地位,劳动隶属于资本,可以说是资本雇佣劳动力。随着资本主义的发展,资本家为了获取更多的超额剩余价值,同时为了在竞争中获得有利地位,会不断提高生产率,结果资本有机构成不断提高,即资本有机构成中的不变资本的比例越来越大,而可变资本的比例相对减少,从而制约了可变资本的增长,出现资本对劳动力的需求不能满足求职者的需要,导致失业的发生。这种失业又叫做相对过剩人口,因为它完全是相对于资本对剩余价值的追求而产生的。

马克思进一步地分析了相对过剩人口的表现形式,过剩人口经常表现为三种形式:流动的形式、潜在的形式和停滞的形式。流动的过剩人口是指暂时找不到工作的临时失业工人;潜在的过剩人口,主要是指农村的过剩人口,因为农村的许多劳动者占有一部分土地,这部分过剩人口是潜在的;停滞的过剩人口,是指没有固定的职业,只依靠从事家内劳动和打零工等勉强维持生活的劳动者,他们的特点是劳动时间最长而工资最低。

3.1.3 拉尼斯—费景汉模型

针对刘易斯模式存在的缺陷,美国学者费景汉和拉尼斯进行了研究,他们认为刘易斯模式存在两个方面的缺陷:首先,他们认为刘易斯模式没有足够重视农业在促进工业增长中的作用,而只是单纯地描述了现代部门的发展壮大过程;其次,他们认为刘易斯模式没有注意到传统部门中的劳动力持续流入现代部门的一个前提条件,那就是农业生产率的提高而出现剩余产品。

1961年,拉尼斯和费景汉在一篇题为《经济发展理论》的重要论文中,首次提出了拉尼斯—费景汉模型(Ranis-Fei model)。接着,在1964年,他们俩又发表了《劳动剩余经济的发展》,在文中,他们进一步阐释了他们的理论,扩展了他们的模型。拉尼斯—费景汉模型以刘易斯模型为出发点,是在刘易斯二元经济结构之上的创新和发展。他们仍然采用了二元结构的分析方法,只是与刘易斯不同的是,他们说明了农业在经济发展中的重要作用,认为农业劳动生产率的提高和农业剩余的增加是直接决定经济能否顺利发展的内生变量。为此,他们引入了农业产量剩余的概念,并把农业劳动力转移和农业、工业两个部门的进步联系起来分析,把农业部门与工业部门的联系清楚地表达了出来,最终得出了拉尼斯—费景汉模型。

　　拉尼斯—费景汉模型被认为是一种从动态角度研究农业和工业均衡增长的二元结构理论。在模型中,拉尼斯和费景汉把经济的发展分为三个阶段:在第一阶段,农业部门的劳动边际生产率为零,这一阶段类似于刘易斯模式,此时农业部门存在大量的剩余劳动,劳动的供给弹性无限大。尽管在这一阶段,有部分的农村剩余劳动力流向工业部门,但农业总产量不变。在这一阶段,农业部门实行的是不变的制度工资,又由于有部分的剩余劳动力从农村中外流了,而总产量又不变,这样,势必会使农业部门内部出现一些剩余产品,拉尼斯和费景汉把这部分剩余叫做总农业剩余,即农业的总产品减去农民所消费掉的产品。在第二阶段,农业中的边际劳动生产率大于零,但是仍小于制度工资,即小于农村劳动者的平均收入,这样,在农村中仍然存在一些剩余劳动力。这部分农业剩余劳动力转移时,农村劳动者的收入虽然不会受到影响,但是农业的总产量会下降,这时,粮价会开始上涨,由农业部门提供给工业部门的农产品价格上升,相应的,这会引起工业部门工资水平的上升,因为,工人的工资应维持工人的生存水平,但是,工人上涨了的工资也只能购买到原先数量的农产品。工资的上涨,就意味着工业部门成本的上升,利润的下降,这样资本的积累速度和工业部门的扩张速度就会减缓,农村剩余劳动力的转移在此时也并不那么容易了。在第三阶段,农业中的边际劳动生产率大于制度工资,农村中的剩余劳动力已经全部被工业部门所吸收,如果工业部门要吸引更多的劳动力,就必须提高工资,使工资至少等于农业部门的边际劳动生产率。拉尼斯和费景汉认为,在这一阶段,农业部门将按照商业化原则来经营,农业部门和工业部门劳动者的工资将由边际劳动生产率来确定,农业部门劳动者的收入也不再取决于不变制度工资,实际工资上升。拉尼斯和费景汉把第三个阶段的起点叫做商业化点,此时,农业部门的剩余劳动力消失,经济发展将进入稳定增长的发达经济时期。

关于这三个阶段的转换,拉尼斯和费景汉认为,工业化的困难在第二阶段,因为在这一阶段,随着农业部门劳动力的转移,粮价会上涨,工业部门的工资水平也会上升,这样资本积累减少,工业部门的扩张速度会下降,而此时,在农业部门中还存在着相当多的剩余劳动力,农业部门还没有实现商业化经营。同时,他们认为,要解决上述问题,就必须采取措施提高农业部门的劳动生产率,这样农业部门劳动力的转移对农业总产量的影响就会减少,甚至消除。在农业生产率提高的同时,应同时提高工业部门的劳动生产率,使工业部门和农业部门劳动生产率的变化保持同步,这样,就相当于第二阶段消失,第一阶段直接与第三阶段相连,上述问题也就不存在了。

拉尼斯—费景汉模型是在刘易斯模型的假设基础上的进一步发展,但这一模型更加准确地表明了在二元经济发展中,工业和农业平衡增长的重要性。拉尼斯—费景汉模型为后人提供了一些可以借鉴的东西,同时,也为我们提供了一些可以思考的问题,比如剩余劳动力的转移与城市发展的问题,在经济的发展过程中,剩余劳动力既要有出路,但同时,又要防止城市人口的超前发展,要探索出适合本国国情的工业化与城市化道路。虽然,拉尼斯—费景汉模型具有巨大的价值,比刘易斯模型更加严谨,但同时也存在缺陷,这一模型仍然难以解释发展中国家经济发展的实际,把经济发展仍然仅仅归结为农业部门的剩余劳动力向工业部门转移的过程。

3.1.4 托达罗劳动力流动模式

自从刘易斯模型问世,后人对它的修正和发展就一直没有间断过,经过修正和发展的模型虽然在很大程度上能反映发展中国家的实际情况,但一直没能重视现实中存在的城市失业问题。在六十年代的许多发展中国家中,当大量农村的剩余劳动力流向城市的同时,城市中的失业和就业不足问题也在不断加剧,在这种情况下,托达罗劳动力流动模式应运而生。

托达罗是美国著名的发展经济学家,他在 1969 年发表的一篇题为《欠发达国家中劳动力流动和城市失业的模型》的论文中提出了他的模型,这一模型被称为托达罗劳动力流动模型。在刘易斯、费景汉、拉尼斯等人的研究基础之上，托达罗针对发展中国家的实际情况，提出了如果要建立一种符合发展中国家现实的人口流动理论，就必须对许多发展中国家都存在的一个矛盾现象作出合理而令人信服的解释，这一矛盾现象就是在发展中国家，在农村人口流入城市的同时，城市的失业却在不断增长。刘易斯—费景汉—拉尼斯模型，难以对这一矛盾现象作出解释，因而其实用性是有限的，托达罗劳动力流动模型是在这一模型基础上的进一步发展，更加贴近发展中国家当时的现实状况。

托达罗劳动力流动模型是关于农村劳动力向城市迁移决策和就业概率的劳动力流动行为模型。托达罗认为，预期收入是城乡人口迁移的决定因素，农村人口流向城市所关心的是城乡之间的预期收入差异，在城市失业已经非常严重的情况下，农村人口仍然可能流入城市，只要那些准备流动的人口觉得进入城市后找到工作的预期收入的现值大于未来的农村预期收入的现值。

托达罗劳动力流动模型有几个较为重要的假设条件：

一是，发展中国家的经济中存在着两个部门，即农村部门和现代部门；二是，农村部门不存在剩余劳动力，没有失业现象，实行的是不变的制度工资；三是，在城市的现代部门，由于受到政治因素的影响，工资水平高于市场出清的水平；四是，就业概率的计算方法是城市现代部门中已就业劳动力数量除以城市劳动力的总供给量。

动力流动模型可以用以下方程式来表达：第一个是 $M = f(d)$，$f > 0$，其中，M 是指从农村迁入城市的人口数目，d 是指城乡之间的预期收入差异，$f > 0$ 则表示人口流动是预期收入差异的增函数，即城乡预期收入的差异越大，由农村流入城市的人口就越多；第二个方程式是 $d = w\pi - r$，其中 w 是城市的实际工资率，π 是就业概率，r 是农村市场的平均实际收入，这一方程式表明了预期城乡收入差距的衡量，它是按照在城乡工作的实际收入差异和一个新流动人口获得一份城市工作的可能性来衡量的；第三个方程式是 $\pi = \dfrac{rN}{S - N}$，其中，r 表示城市现代部门新职业的创造率，N 表示城市的就业人数，S 表示城市劳动力的总量，那么 $S - N$ 就表示城市中的失业人数，这一方程式表示，就业概率与就业机会创造成正比例变化，与城市失业成反比例变化；第四个方程式是 $r = \lambda - \rho$，其中，λ 表示工业的产出增长率，ρ 表示现代部门的劳动生产增长率，这一方程式表明城市现代部门新职业的创造率等于工业产出增长率与现代部门的劳动生产增长率之差。以上三个方程式，表示一个阶段简单的城乡劳动力总供求动态平衡模型，但托达罗考虑到大多数流动人口往往要较长时间后才能在城市现代部门找到工作，于是，他针对更长的时间范围，建立了人口流动模型，这可以用以下一个方程式来表示，$V(0) = \int_{t=0}^{n} [P(t)Y_u(t) - Y_r(t)] e^{-rt} dt - C(0)$，其中，$V(0)$ 表示流动人口在他预期的时间范围内城乡净收入的现值，$P(t)$ 表示流动人口 t 期在内城市平均收入水平上找到工作的累加概率，$Y_u(t)$、$Y_r(t)$ 分别表示城市现代部门劳动力的平均收入和农村部门劳动力的平均收入，$C(0)$ 表示迁移成本，n 表示流动人口计划待业的时间长度，r 表示迁移者选择的在待业时间长度内的贴现率，反映了移民的时间偏好水平。在此基础上，得出了 $M = f(V(0))$，$f > 0$。如果 $V(0) > 0$，则表示农村人口将迁移到城市，反之，如果 $V(0) < 0$，则表示迁移者不愿意进入城市，甚至会从城市回到农村。在 t 期内，农村流动人口在城市现代部门找到工作的累加概率 $P(t)$，与 $\pi(t)$ 不同，$\pi(t)$ 指的是某一时期的农村流动者被雇佣的概率，而不是累加概率，它们两者之间的关系可以用下面的式子来表示：

$P(1) = \pi(1)$

$P(2) = \pi(1) + [1 - \pi(1)]\pi(2)$

$P(3) = \pi(1) + [1 - \pi(1)]\pi(2) + [1 - \pi(2)]\pi(3)$

通过观察，我们可以发现其中的一些规律，进而概括出 $P(t)$ 的求法，用数学公式表示就是：$P(X) = \pi(1) + \sum_{t=2}^{n} \pi(t) \prod_{s=1}^{t-1} [1 - \pi(s)]$

通过这些公式，我们发现，第一期的 P 与 π 相等，第二期的 P 等于第一期的就业概率加上在第一期没有找到工作，但在第二期就业的概率，依此类推，我们就可以计算出任何一个时期的 P。

对于托达罗劳动力流动模型的理解，我们可以从以下方面着手：一是为什么会出现人口转移的现象，这是移动人口比较利益与成本的理性考虑，这种考虑内含心理因素，是对预期城乡收入差异比较的结果；二是当农村劳动力要流入城市时，考虑的是预期因素，其中包括预期工资水平和预期就业概率,是预期的而并非现实的城乡收入差异,让农村劳动力源源不断地流入城市中;三是关于农村劳动力在城市获得就业机会的概率与城市失业率的关系,两者是反比的关系,城市失业率越高,农村劳动力在城市就业的机会就越低;四是在城乡预期收入差异很大的情况下,出现人口流动率超过城市工作机会增长率的现象不仅是可能的,而且是合理的,在发展中国家,城市高失业率的出现是城乡经济发展不平衡必然出现的结果。

托达罗劳动力流动模型不仅在理论上具有重要的意义,而且在政策的制定方面也给了我们很多的启示。托达罗模型具有如下的政策含义:

第一,增加城市中的就业机会对解决城市失业的问题并没有帮助,这是因为城市就业机会的增加会使城市预期工资水平上升,导致城乡预期收入差异增大,从而促使更多的农村剩余劳动力流入城市,如果新增加的就业岗位还没有流入城市的人口多,那么城市的失业问题非但没有减弱,反而会更加严重。

第二,应该注重缩小城乡就业机会之间的不平衡,如果偏重于城市的发展,使城乡的收入存在一定的差距,那么大批的农村剩余劳动力就会涌入城市中,这不仅会加重城市的失业问题,而且还会使农村在农忙时节由于缺少劳动力而使农业减产。

第三,要解决城市的失业问题,就应大力发展农业经济,提高农民的收入水平,应当制定一体化的农村发展战略,促进农村就业机会的扩大,同时,保证农村基础设施的建设,改善农村教育,提供医疗服务,这样才能减少城乡预期收入差异,减少城乡人口的流动,使城乡经济协调发展。

在托达罗看来,发展中国家关于人口流动的政策涉及很多方面,应该注重农村和城市的协调发展,这不能不说是发展经济学上的一大进步。以前的发展经济学家,对人口流动这一问题的研究也一直非常重视,其中,最著名的是"刘易斯—费景汉—拉尼斯人口流动模型",但"托达罗人口流动模型"应该是在这之上的进一步发展,因为托达罗看到了农村剩余劳动力流入城市对经济发展的消极作用,并在此基础上提出了一系列的政策措施,比如农村剩余劳动力的盲目流动加剧了城市的失业问题,相对应的政策措施就是缩小城乡收入差距,注重农村发展等。

3.2　关于产业结构调整与就业结构的理论基础

3.2.1　配第—克拉克定律

早在17世纪末,英国的古典经济学家威廉·配第就已经注意到不同产业之间的收入差异以及由此而引起的劳动力就业结构的变动。他根据当时英国的实际情况,在著名的《政治算术》一书中写到,从事商业比从事制造业得到更多的收入,从事制造业比从事农业能取得更多的收入,因此劳动力必然由农转工,而后再由工转商。之后,在1940年,英国的经济学家柯林·克拉克在威廉·配第的研究成果之上,出版了著名的《经济进步的条件》,他采用三次产业分类法,把国民经济结构分为了三大产业,分别是农业——第一产业,制造业——第二产业,服务业——第三产业,并在此基础上,计量和比较了不同收入水平下,就业人口在各产业中分布结构的变动趋势。克拉克的发现印证了配第在1691年提出的观点,他也认为,在经济发展过程中,由于各产业间的收入差异,劳动力就业结构会趋向于非农化倾向。后来,人们就把他们的这一发现称之为"配第—克拉克定律"。

"配第—克拉克定律"的主要内容为:由于不同产业间的相对收入存在差异,劳动力会向能够获得更高收入的产业转移。随着经济的发展和人均国民收入水平的提高,第一产业(农业)的劳动力比例下降,第二产业(工业)和第三产业(服务业)的劳动力比例会上升。而且,随着经济的发展劳动力首先由第一产业向第二产业转移;当经济发展到更高水平,人均国民收入进一步提高时,劳动力又出现从第二产业向第三产业转移的趋势。劳动力就业结构所呈现出的这种变化也被称为是劳动力就业结构的"高度化",因为劳动力就业结构的变动是从第一产业向第二产业转移,再由第二产业向第三产业转移,是呈梯度逐步"升高"变动的。

"配第—克拉克定律"表明,在经济越是发展,人均收入水平越高的国家,农业劳动力在总劳动力中的比重相对就越小,在工业和服务业中的比重相对来说就越大;反之,在人均收入水平越低的国家,农业劳动力的比重就相对越大,而在第二和第三产业中的比重就相对越小。

由"配第一克拉克定律"的结论我们能看出,这一定律有三个重要的前提:第一,该定律涉及了三次产业分类法,在此基本框架下,将一个国家的全部经济活动划分为第一产业、第二产业和第三产业,在这一划分方法下,不仅可以比较一个国家中,劳动力在各产业中的分配情况,同时也可以分别比较各个经济发展水平不同的国家之间的劳动力在各产业中的相对比重;第二,这一定律采用了动态分析法,是以所考察国家随着时间的推移所发生的变化为依据的,比较了不同人均国民收入水平下的劳动力分布情况;第三,该定律是以劳动力这一指标来分析产业结构演变的,定律所考察的对象是劳动力在各产业中的分布情况。

"配第一克拉克定律"的形成机制主要有两个:一是收入弹性的差异,收入弹性是需求量变动的百分比除以收入变动的百分比,表示在一定时期内,当消费者的收入变化百分之一时所引起的商品需求量变化的百分比。对于农业部门生产的农产品,需求的收入弹性较小,小于工业品和服务的收入弹性。在一定程度内,当人们的收入水平提高时,人们会增加对农产品的需求,但是增加的需求量小于收入的变化量,而人们对于第二产业以及第三产业产品的收入弹性要比农产品大得多,这样势必会使第二和第三产业的比重增大,进而引起劳动力的转移。二是投资报酬(技术进步)的差异,农业由于生产周期长,生产技术的进步比较困难,而相对而言,工业技术的进步就容易得多。当农业的生产技术不变时,对于农业的投资当达到某个点上时,会出现"报酬递减"的情况,即要素投入增加的倍数多于产出增加的倍数,而工业技术的创新和进步,会使对工业的投资出现"报酬递增"的情况。这样,由于投资报酬的差异也会使农业的比重不断减小,工业的比重不断增大,进而引起劳动力的转移趋势。

"配第一克拉克定律"的出现表明经济分析已经深入到产业结构层次,并且在一定程度上说明了产业结构与就业结构之间的关系。

3.2.2　库兹涅茨产业结构论

库兹涅茨曾担任过纽约国民经济研究所研究员、宾夕法尼亚大学教授、约翰·霍布金斯大学教授,在西方经济学界有"国民生产总值之父"的美名。他在担任国民经济研究所研究员时,在国民收入方面作出了巨大的贡献,他仔细研究了国民收入的推算方法,并根据实际情况,推算了美国的国民收入,在这一方面,他发表的书籍有《国民收入及其构成:1919—1938》和《1870年以后美国国民收入的长期变动》等。在关于经济周期的研究方面,他提出了为期20年的经济周期,被称为"库兹涅茨周期"。1955年,他提出了发展经济学中的一个重要概念——"倒U曲线"(Inverted U Curve),又称为"库兹涅茨曲线",这是一条表明收入分配状况随经济发展过程而变化的曲线。1971年,因其在各国经济增长的长期趋势的结构分析方面所作出的杰出贡献,库兹涅茨获得了诺贝尔经济学奖。对产业结构方面的研究,他对许多国家的旧资料进行了统一的国际比较和推算,其研究成果主要反映在《现代经济增长分析》和《各国的经济增长》等巨著中。

库兹涅茨对大量的历史经济资料进行了分析,从统计分析的角度研究了就业结构的变动规律,得出了库兹涅茨产业结构论,这是关于国民收入和劳动力在各产业间分布结构的演变趋势及其原因的学说,他的研究成果验证了配第—克拉克的就业结构变动规律。库兹涅茨得出了如下结论:

一是,随着经济的增长和发展,农业部门所实现的国民收入在整个国民收入中的比重和农业劳动力在全部劳动力中的比重都处在不断下降之中。

二是,工业部门所实现的国民收入在整个国民收入中的比重呈上升趋势,然而工业部门劳动力在全部劳动力中的比重则基本保持不变或略有上升。

三是,几乎在所有国家中,服务部门劳动力的相对比重都是上升的,但其所实现的国民收入却未必和劳动力的相对比重同步上升,国民收入的相对比重大体不变或略有上升。

库兹涅茨在进行产业结构研究时,采用的一个重要方法就是在克拉克的研究成果的基础上,把第一次、第二次、第三次产业分别称为"农业部门"、"工业部门"、"服务部门"。库兹涅茨的产业分类法是在前人的研究基础之上不断完善并创新的,这其中包括费希尔和克拉克的努力。

1935年,费希尔在其《安全与进步的冲突》一书中,首先提出了三次产业分类法的概念,并且从世界经济史的角度对三次产业分类方法进行了理论分析。费希尔根据实际,把人类的经济活动分成了三个阶段,根据三个阶段的划分,得出了三次产业的划分。这三个阶段分别是:第一阶段是初级生产阶段,生产活动以农业和畜牧业为主,与此相对应,第一产业就是农业和畜牧业,同时,劳动对象为自然界天然物品的采掘业也被包括在第一产业之中;第二阶段的经济活动中工业生产获得了大规模的发展,纺织、钢铁和其他制造业发展迅速,与此相对应,第二产业就是以制造业为核心,对投入的原材料进行加工,生产出物质资料的生产部门;人类经济活动的第三个阶段,大量的劳动和资本流向旅游、保健、娱乐等服务领域,与此相对应,第三产业就是服务业,是向社会提供物质产品以外的服务需求的部门。

虽然,费希尔第一个提出了三次产业的分类方法,但他并没有总结出一些有规律性的东西,真正将其运用于实践,并使其得到普及的是克拉克,因此,人们更多的是把克拉克的名字同三次产业分类法联系在一起,这一分类方法又被称为克拉克产业分类法。

克拉克把整个国民经济划分为三次产业:第一产业—农业,第二产业—制造业,第三产业—服务业。其中,农业包括种植业、林业、畜牧业、渔业、狩猎业,对于采矿业,克拉克在《经济进步的条件》一书中,将其划入了第二产业,虽然采矿业是取自于自然的产业,但它更多的属性近乎于制造业;第二产业主要是制造业,一个不直接使用自然资源,大批量、连续生产可运输产品的部门;第三产业包括饮食、住宿、旅游、仓储、寄存、租赁、广告等服务业。

上述是库兹涅茨的研究成果以及研究方法,那么为什么会引起国民收入和劳动力在各产业间发生如此变动呢? 库兹涅茨的解释如下:

第一,随着经济的发展,农业部门的国民收入和劳动力的相对比重下降的原因主要有三个方面:

首先,农产品的需求收入弹性相对于其他非农产品普遍较低,当生活水平提高到一定程度后,人们对农产品的市场需求量并没有随着收入的增加而同步增加,此时农产品的需求收入弹性下降。因为农产品的主体是食品,是人类必需的生活消费品,虽然人类的生存必须依靠一定数量和种类的食品,但是,这种需要是有一定的限度的,一旦达到这个限度,农产品的市场需求量就不会再增加了。这样,农产品的价格就处于不利地位,农业实现的国民收入势必处于下降地位,同时,这也会使农业部门的劳动者转向其他部门,使劳动力比重下降。

其次,农业的生产周期长,相对而言,技术进步要困难得多,当到达某个点后对农业的投资会出现"报酬递减",而对工业的投资却因为技术的进步而呈现"报酬递增"的趋势。因此,产业间技术进步的差异,会使人们对农业的投资减少,对工业的投资增加,这又使农业部门国民收入和劳动力下降。

最后,随着经济的发展,农业部门的劳动生产率会逐步提高,此时,所需的劳动力势必会减少。另外,国民收入相对比重的下降,势必使劳动力发生转移。

第二,随着经济的发展,工业部门国民收入的相对比重上升,而劳动力比重基本保持不变或者略有上升的原因:

一是,随着人均收入水平的提高,人们的消费结构也在发生变化,从最初的满足生理需求到满足更高级的需求,这样工业品的需求收入弹性就处于比较有利的地位,使工业品的市场需求量大,这必定会使工业部门国民收入增加。

二是,不但消费结构在发生变化,同时支出结构也在发生变化,国民收入中用于投资的增长,使工业部门不断扩大,其所实现的国民收入自然增加。

三是,虽然,扩大的工业部门会吸纳更多的劳动力,但同时由于工业技术的进步,劳动生产率提高,工业部门资本有机构成提高,这在另一方面会排斥工业部门劳动力的增加,结果,两个相反方向的作用,使工业部门劳动力的相对比重基本保持不变或者略有上升。

第三,随着经济的发展,服务部门劳动力的相对比重上升,国民收入的相对比重大体不变或者略有上升的原因:

首先,服务部门的许多行业,资本比较容易进入,即进入壁垒较低,这使得这一部门的竞争较为激烈,虽然"服务"这种商品比农产品具有更高的收入弹性,但由于激烈的竞争,使得这一商品的价格处于劣势,国民收入的相对比重大体不变或者略有上升。

其次,服务部门的许多行业,对劳动力的要求不高,劳动力也比较容易进入,有助于吸纳剩余劳动力,这样就会使劳动力的相对比重上升。

总的来说,库兹涅茨认为影响产业结构变动的因素可以从需求方面以及供给方面来理解。从需求方面看,主要是因为农产品的需求收入弹性比某些工业品以及服务业的产品低得多,当人均收入增加的时候,对工业品以及服务业产品的市场需求会比农产品大得多,这样人均收入的增加引起了消费结构的变化,进而引起产业结构的变化;从供给方面看,主要是生产技术的进步会影响生产的成本以及产品的相对价格,这样由于技术进步的差异会引起资源分配的差异,进而引起产业结构的变化。并且,库兹涅茨认为在影响产业结构变动时,这两方面的因素是交织在一起发生作用的。

3.2.3 钱纳里—塞尔奎因就业结构转换滞后理论

在 1975 年出版的《发展模式,1950—1970》一书中,钱纳里与塞尔奎因研究了在不同经济发展阶段上,劳动力转移与经济发展水平之间的关系,为发展中国家经济结构的转变提供了一个可参考的体系。他们选择了 27 个变量所定义的 10 个基本过程来描述经济发展中结构转换的一般过程,进行了大量的数据分析与处理,得出了"多国模式"。

对于劳动力就业结构的转变,"多国模式"表明,劳动力在农业中所占份额随着人均国民收入水平的提高而快速下降,而在工业和服务业中所占的比重会明显上升。这是各个国家在经济发展过程中出现的一种共同趋势。另一方面,"多国模式"也表明了就业结构转换滞后理论,即发达国家在经济发展过程中,农业产值和劳动力就业向工业的转换基本上是同步的,但是,在发展中国家的经济发展过程中,产值结构转换普遍先于就业结构转换。这就是说,在发达国家中,随着农业和工业产值份额的此消彼长,农业人口相应的向工业转移,但在发展中国家,出现了产业结构与就业结构的不对称。

至于就业结构转换滞后现象出现的原因,可以这样理解:在发展中国家中,现代部门对劳动力的需求弹性较低,农业的剩余劳动力首先吸收到的是那些劳动比较密集、技术不太先进的工业部门,而不可能一开始就被吸收到采用最新技术的现代工业部门,当达到刘易斯转折点时,即当劳动供给不再是无限的,工资开始上涨,人均收入开始实质性地增长时,虽然现代部门的比重已经占据主导地位,但是农业的劳动生产率和技术水平并没有达到相当的水平,从而出现产业结构与就业结构的不协调。

对于这一问题的研究,我国的学者们有的利用结构偏离度的方法,这是一种量化的指标,他们认为结构偏离度的绝对值越小,结构越均衡。但对于这一方法,学者们存在着不同的看法。还有的学者采用定性分析的方法,他们根据结构偏离度历年的变化情况,进行国际横向比较,但这涉及的因素较多,往往因为某个因素的差异而无法准确测度滞后的程度,如可能因为统计体系不健全,而使结果产生偏差。

钱纳里—塞尔奎因的就业结构转换滞后理论表明,投资和技术进步主要集中于工业和服务业部门,而剩余劳动力则主要集中在农业部门。这一理论的提出也具有重要的现实意义,因为如果就业结构滞后的时间过长,不但会造成比较严重的失业,也不利于产业结构新一轮的调整和升级。这说明准确测算就业结构滞后时间对于解决产业结构与就业结构之间的协调性问题具有重要的意义。

3.2.4 刘易斯的二元经济理论

1954 年,美国经济学家刘易斯发表了著名的《劳动力无限供给条件下的经济发展》一文,在文中,他提出了发展中国家经济二元结构的理论,探讨了一个国家从二元经济结构转变为一元经济结构的问题。

刘易斯认为,在经济发展的早期阶段,大多数国家的经济不是一元的,而是二元的。发展中国家并存着农村中以传统生产方式为主,劳动生产率较低的农业部门和城市中以制造业为主,生产率较高的现代化部门。其中,农业部门是发展中国家生产部门的代表,而现代部门所占的比重不大。而且,农业部门劳动者的收入水平很低,只能维持自己和家庭最低限度的生活需要,现代化部门技术比较先进,生产率较高,劳动者工资略高于农业部门劳动者的工资。

在有些国家的农业部门中,相对于资本和自然资源来说,人口过多,以至于这一部门的劳动边际生产率很小或等于零,甚至为负数。在这样的国家里,传统部门中存在着大量"隐性失业"的问题,劳动力的供给是无限的。

刘易斯认为,要解决"隐性失业"的问题,就必须通过资本积累,使现代部门不断发展,这样,传统部门的剩余劳动力就会不断地被吸引到现代部门。在最初的阶段,现代部门十分弱小,资本也比较少,劳动力的边际生产率也较低,只能吸收传统部门少量的剩余劳动力,此时,经济剩余或者资本家的利润也比较低;逐渐地,资本家会把利润转化为资本,劳动力的边际生产率也相应提高,雇佣的劳动力数量也相应的增加,传统部门又有一些剩余劳动力被吸引到现代部门中;刘易斯认为,只要传统部门中存在着剩余劳动力,这一过程就会一直持续下去。

当到达某一个点上时,传统部门的剩余劳动力消失,其边际生产率就会提高,这时传统部门劳动者的收入水平也就相应的提高了。此时,如果现代部门要雇佣更多的劳动力,就必须提高工资水平,劳动力的供给也趋于正常,工农业就均衡发展了。这个点被称为刘易斯转折点。总之,传统部门劳动力的非农转化,使二元经济结构逐步消减,推动和促进了不发达经济转变为发达经济。

刘易斯的研究成果是建立在古典经济学的基础之上的,是较为典型的古典经济学模型。他通过深刻观察分析发展中国家的现实,提出了二元经济理论。很显然,刘易斯的二元经济结构理论有几个假设前提:一是不发达经济的典型特征,就是它可以分为两个部门,即城市中以制造业为主,生产效率较高,工资率较高的现代部门和农村中以农业、手工业为主,生产效率较低,其收入仅能维持生计的传统部门;二是传统部门边际劳动生产率为零的假设,他通过观察发现,在不发达经济里,每个家庭所拥有的土地是很少的,原来由一个家庭的劳动力所经营而得出的产量,在其中部分家庭成员离开土地去找其他工作时,也能达到,只要剩下的家庭成员多贡献一点劳动力,于是他得出的结论是在不发达国家,传统部门的边际劳动生产率很小或者为零,有时甚至可能是负数;三是工资水平不变的假设,他认为只要农村的剩余劳动力没有完全转移到城市的现代部门,现代部门和传统部门的工资水平就是不变的,在传统部门的工资水平是维系家庭成员生存的最低标准,现代部门的工资略高于传统部门;四是工资不变条件下的劳动力无限供给假设,刘易斯认为在工资不变时,城市现代部门的劳动供给曲线是一条水平线,具有无穷大的劳动供给弹性,即劳动力的供给远远大于劳动力的需求,这一假设是他构建二元经济结构理论的必要条件。

刘易斯的二元经济结构理论的提出在发展经济学的历史上画上了浓

墨重彩的一笔,具有重要的意义。刘易斯分析了发展中国家二元经济结构的表现形式和特征,并根据实际情况,提出了消除二元经济结构的途径和思路。自从刘易斯的二元经济结构理论诞生以来,后人对他的研究和创新就层出不穷。无可否认,刘易斯二元经济结构具有巨大的价值,它不但确立了二元结构的分析模式,创立了一个经济发展的结构主义分析框架和理论体系,而且解答了发展经济学中一个必须回答的问题——资本形成的源泉问题。

当然,在看到刘易斯的巨大贡献时,我们也要发现他理论中的不足。其不足主要表现在以下几个方面:

第一,它忽视了农业与资本形成之间的紧密关系,农业在工业的增长中发挥着巨大的作用,在经济发展的早期,农业是经济增长的主导部门,奠定了整个经济发展的基础。随着经济的发展,农业部门的作用还是不可忽视的,它为迅速增加的人口提供粮食,为工业部门提供市场,为其他新兴的主导部门提供资本和劳动力。而在刘易斯的二元经济模型中,农业部门的作用被过于简单化了。

第二,它采用古典经济学的分析方法,在分析技术、逻辑上不够严谨,他把工业部门的资本积累看成经济增长和劳动力转移的唯一动力,这是不严谨的。他认为,限制现代部门发展的唯一条件是投资(储蓄),只要劳动力的供给是无限的,现代部门有足够的资本投资,它就可以不断地壮大,进而吸纳传统部门的剩余劳动力。刘易斯这一模型的背后其实隐藏了萨伊定理,忽略了需求方面的因素在经济增长中的作用,其实,有效需求不足也是限制经济发展的原因。

第三,它没有细分不发达经济的类型,而是从总体上把它归为一类,其实,各个国家由于政治、文化、制度等方面的差异,肯定会存在或多或少的不同,因此,当把这一理论运用到具体的国家中时,可能就会出现偏差。

第四,它的很多假设与现实不符,在实际生活中,企业家并不一定会把所得的利润都用于生产的扩大,可能会把一部分用于一些非必要的消费,也可能会把一部分存入银行。因此,现代部门吸纳传统部门剩余劳动力的能力将大大减弱。

3.2.5 产业调整与就业结构偏差

随着经济的发展,在经济生活中,出现了分工和专业化生产,越来越多的生产部门在分工的基础上产生了。不同的部门对国民经济的推动作用存在差异,在经济总量中所占的比重也不相同。国民经济的部门结构也被称为产业结构,它是指各产业的构成以及各产业之间的联系,反映了一个经济实体中产业间的比例关系及其变化趋势。与产业结构相对应的是就业结构,它是指在一定的时期内,一国全部的就业人员在各部门、各行业、各地区分配的比例及相互关系,反映了一个国家或地区对人力资源的利用情况。

产业结构与就业结构存在着紧密的关系,两者互相影响,同时又互相依存。产业结构的变动会影响到就业结构,就业结构的变动也会影响产业结构。在一定的程度上,产业结构决定了就业结构的状况,同时,就业结构又会反作用于产业结构,就业结构合理才能使产业结构良性发展。一个国家或地区的国民经济是否健康发展,通常用就业结构与产业结构的关系协调与否来衡量。

事实证明,如果要使一个国家的国民经济协调、健康地发展,就要适时地对不合理的产业结构进行调整与优化,使产业结构与就业结构协调发展。产业结构调整的理论依据是马克思的再生产理论,这一理论揭示了社会化大生产下再生产的一般规律,也被称为是两大部类理论。马克思把社会总生产划分为两大部类,分别是生产资料的第一部类和生产消费资料的第二部类,第一部类的产品提供生产消费,第二部类的产品提供个人生活消费。在此基础上,马克思通过具体分析得出,如果要使社会再生产顺利进行,两大部类要保持合适的比例,要保持平衡,而如果对两大部类顾此失彼的话,就会使国民经济的结构失衡,当然也就不可能健康发展。因此,当国民经济中各部门以及各部门内部的比例不协调时,就要对不合理的产业结构进行调整和优化,但是在产业结构调整时,不能不考虑就业结构,因为随着产业结构的调整可能会出现就业结构的偏差,造成劳动力市场的失衡。

一直以来,增加就业是我国宏观调控的目标之一,因为就业关系到改革、发展、稳定的大局,是改善人民生活的基本途径。经济和社会的发展实践证明,产业结构是决定就业规模的重要参数,产业结构的合理化可以扩大就业的规模,帮助解决失业问题。失业是劳动市场的失衡,而跟产业结构有关的失业就是结构性失业,即动力的供给和需求不匹配所造成的失业,既有失业,也有职位空缺。

对于产业结构与就业结构的关系,许多学者都进行了研究。当前,部分学者认为,在我国,两者存在一定的偏差。有学者认为,产业结构与就业结构是正相关的变动关系,当某一产业的产值比例下降时,该产业所雇的劳动力会减少,使劳动力比例也下降,反之,如果产值比例上升,则会使相对应的劳动力比例也上升。但是,就业结构与产业结构的变化,并不是同步的,因为很多因素都会影响就业结构的变化,比如教育,体制等,而且当产业结构非正常升级时,两者可能产生偏差,从而产生失业。另外,也有学者认为,失业产生的原因,在一定程度上,可以认为是就业结构滞后于产业结构的变化,两者出现了一定的偏差。

目前,很多学者进行了进一步的研究,他们研究了产业结构与就业结构产生偏差的原因。蔡昉认为其中的一个原因是在重工业优先发展的经济战略下,在工业增长中排斥了劳动力的就业,而使用过多的资金;另外一个原因是存在一些阻碍劳动力就业的制度。喻桂华和张春煌通过分析我国劳动力在各产业中配置的情况,分别从第二产业角度和第三产业角度解释了偏差产生的原因。第二产业由于其增加值和固定资产投资的就业弹性都较小,即产值增长过慢,影响了劳动力的吸纳能力;另一方面,第二产业的劳动生产率和人均资本都不断上升,这也会使劳动者就业难。从第三产业角度看,主要是因为增长缓慢以及结构失调。

产业结构与就业结构的偏差,不但会产生失业问题,由此问题,还会引发一系列的社会问题,因此,应量化产业结构与就业结构的偏差,加快经济结构的调整,在经济增长的基础上保持结构的平衡。

3.2.6 产业集聚与人才集聚

所谓产业集聚,是指在某个特定的地理区域内,同一产业的不同企业以及为这些企业配套的上下游企业、相关服务业高度集中的状况,是产业资本要素在空间范围内的不断汇聚。所谓人才集聚,是指人才由于某种因素的影响,从不同的地区或者不同的企业流向某一特定地区或者特定企业的过程，但人才集聚并不是指简单的集中，而是在专业化分工与社会化协作的基础上，各类人才共生互补的过程。产业集聚与人才集聚之间存在着紧密的关系，在现实中，我们经常发现在产业集聚的区域，会聚集一些优秀的人才，同时，由于有人才集聚的优势，在产业集聚地会保持该产业的领先优势，进一步地，会集聚相关的产业以及人才。

那么产业集聚是如何形成的呢？产业集聚可分为市场创造模式以及资本转移模式，市场创造模式是在产业集聚的范围内，首先出现了专业化市场，由于有比较优越的市场交易条件和信息条件，会使产业的生产过程也聚集在市场的附近，这就形成了产业集聚现象；资本转移模式的产业集聚是资本迁移和流动而形成的，当某个较大规模的企业出于某种因素的考虑而投资于一个新地区的时候，引发同类和相关企业也朝这一新地区汇集时产生的。

产业集聚会带来集聚效应，不仅对整个社会的经济发展有巨大的作用，而且会促进人才集聚的形成和发展。对社会的经济发展而言，一方面，产业集聚可以提高劳动生产率，降低生产成本以及交易费用，促进行业在区域内的分工与合作，会产生外部规模经济；另一方面，产业集聚可以促进创新，由于不同企业员工的交流机会较多，新思维的产生比较容易，并且，新技术能迅速传播；同时，由于产业集聚，不同企业之间的竞争就更加激烈，这会使这些企业不断改进生产技术，降低生产成本，与外部的企业相比就更具有竞争优势。对人才集聚而言，产业集聚地有巨大的人才需求，一个地区有什么样的产业就会集聚什么样的人才。这可以从几个方面去理解：一是产业集聚有利于低成本劳动力市场的形成，劳动者在搜寻工作时，相应的就有搜寻成本，而搜寻成本又随着搜寻密度和广度的增加而上升，而产业集聚会促使集聚地内部专门劳动力市场的形成，就业信息丰富而可靠，这大大降低了搜寻成本，就业机会多，这势必会吸引各类人才的带来；二是由于产业集聚具有种种优势，会使集聚地内的企业具有竞争优势，这会使企业具有良好的发展情景，一些人才会因为发展空间、高工资等因素而被吸引；三是在产业集聚地的工作人员，由于能跟各种不同类型的人才打交道，有利于边学边干，这会吸引那些学习欲望很强的人才到产业集聚地。

当我们从另外一个角度去理解时，也可以发现，人才集聚会进一步提升产业集聚的水平。人才集聚使集聚地的企业有很多优秀的人才可供选择,同时,人才间的沟通、交流会激发他们的进取欲,也有助于知识的扩散,这样就会使集聚地的企业高效率、低成本地运行,集聚区外的企业会因为集聚地的优势而被吸引,于是集聚区的企业不断扩大,产业集聚进一步提升。

综上所述,我们可以发现,产业集聚和人才集聚是互相补充、互相促进的。产业集聚会引起人才集聚,同时,人才集聚又会进一步提升产业集聚的水平。

本章小结

就业结构与产业结构有着密切的联系,本章主要介绍了就业结构与产业结构相关的理论,这在一定程度上对产业结构调整与就业结构协调的问题起了一定的借鉴作用。

产业结构与就业结构是相互联系、互相制约的,产业结构调整与优化升级、产业的转移与承接、区域产业分工与布局等等都与人力资源的区域与产业配置密切联系。20世纪50年代,科林·克拉克提出了著名的配第一克拉克定律:即随着人均国民收入的提高,劳动力首先由第一产业向第二产业转移,当人均国民收入进一步提高时,劳动力由第一产业和第二产业向第三产业转移。劳动力就业结构的变化,各产业在国民经济中的地位也随之发生变化,产业结构也由低级化向高级化、合理化方向转换。刘易斯从二元经济的角度指出,就业就是劳动力获得报酬的使用,是一个剩余劳动力逐步转移的过程。由于受到工业部门较高工资率的吸引和工业资本积累的增长,农业部门的剩余劳动力会源源不断地向工业部门转移,直至所有的剩余劳动力都被工业部门吸收。一旦工业部门的工资水平和农业部门的收入接近,二元经济结构现象将逐步消失。钱纳里一塞尔奎因提出的就业结构转换滞后理论认为,现代工业对劳动力的需求弹性较低,因此,农业剩余劳动力不可能一开始就被吸收到采用最新技术的现代工业部门,而是首先吸收到劳动比较密集、技术不太先进的工业部门。当达到刘易斯转折点时,虽然工业比重已经占据主导地位,但是农业的劳动生产率和技术水平并没有达到相当的水平,从而出现产业结构与就业结构的不对称。表3-1为钱纳里—塞尔奎因结构偏离模式,偏离度越高,说明两者越是处在不同步变化和不对称状态;反之,越接近同步变化状态。

表3-1　钱纳里—塞尔奎因结构偏离模式[①]　　　　单位:%

人均 GDP(美元)	300 以下	300	500	1000	2000	4000
第一产业结构偏离度	34.7	38.9	34.7	25	16.3	5.6
第二产业结构偏离度	-6.5	-10.6	-9.9	-6.3	-3.4	1.2
第三产业结构偏离度	-28.2	-28.5	-24.8	-18.7	-12.9	-6.8
总偏离	69.4	78	69.4	50	32.6	13.6

　　目前,国内学者对这一问题的认识主要采取两种方法:一是定性分析。张建武等[②]在总结各国经济发展规律的基础上,指出我国目前的产业结构呈现出第一产业比重快速下降、第二产业比重居高不下、第三产业发展缓慢的特点。相应的就业结构也表现为:劳动力逐步地由第一产业向第二、三产业转移。同时,他分析指出,劳动力就业结构的变化对产业结构升级具有能动反作用,主要表现为:劳动力素质的高低,直接影响着产业结构的演进速度和高级化的实现。倘若一个社会低素质的劳动者所占比重较大,则实现产业结构优化升级的难度也将相应增加,速度也会减慢。二是定量分析。梁向东等[③]根据1978—2002年中国各产业所占GDP份额及其就业人数,选用结构偏离系数和结构变化的协同系数两个指标,分析说明:第一产业就业严重过剩,即存在较多的剩余劳动力;第二

　　①　资料来源:根据钱纳里—塞尔奎因产业结构和就业结构模式计算而得。Syrquin and Chenery (1989): Three Decades of Industrialization, The World Bank Economic Reviews, Vol. 3, pp. 152-153. 注:各产业结构偏离度=各产业就业比重-各产业产值比重,总偏离度=各产业结构偏离度绝对值之和。

　　②　张建武、宋国庆、邓江年:《产业结构与就业结构的互动关系及其政策含义》,《经济与管理研究》2005 年第 1 期。

　　③　梁向东、殷允杰:《对我国产业结构变化之就业效应的分析》,《生产力研究》2005 年第 9 期。

产业的就业不足,还没有发挥其所应有的吸纳就业的潜力;第三产业的就业潜力有待开发。这一就业结构又与我国产业结构的现状相符——第一产业下降过快,第二产业上升过快,第三产业发展长期滞后。

纵观对产业结构和就业结构协调发展问题的国内外研究中,大部分学者是从宏观即一个国家的角度去研究两者的关系;本章将从 CAFTA 的角度对广东、广西、云南、海南的产业结构与就业结构协调问题进行实证研究。试图从四省区的产业结构与就业结构的非协调性分析出发,探讨四省区产业结构与就业结构协调发展的路径及其政策意义。

中国—东盟自由贸易区的建立,推动了我国区域经济向更高层次的发展,同时也为我国区域产业合作以及就业结构优化提供了一个平台。由于广东、广西、海南和云南四省区与东盟十国接壤,在地里位置上具有优势,因此,这四个省区的产业结构的顺利调整、就业结构的协调显得至关重要,关系到我国沿海地区经济布局的合理性,进而对我国的经济发展产生影响。本章首先分析了粤、桂、滇、琼四省区的产业结构现状;其次,对东盟国家的就业状况、我国周边四省的就业结构现状进行考察;最后,运用比较劳动生产率、产业结构偏离度、就业弹性和就业贡献率四个指标对我国周边四省区的产业结构与就业结构的关系进行定量分析。

第 *4* 章
CAFTA 相关省区产业结构与就业结构协调分析

产业发展是经济发展的核心,产业的转型与产业结构调整决定着经济的发展方向,产业竞争力决定着经济竞争力。面对全球日益激烈的经济竞争,全球范围内掀起了多层次的区域经济合作与一体化的浪潮,通过整合区域内的资源与市场,形成新的产业分工与协调发展,提高了区域经济的整体竞争力,实现区域经济发展的共赢。2002年11月4日,《中国—东盟全面经济合作框架协议货物贸易协议》正式签署,标志着中国—东盟自由贸易区(China-ASEAN Free Trade Area,以下简称CAFTA)的经贸合作进入了一个新的历史阶段。CAFTA的建立为我国区域经济合作与产业整合提供了一个新的平台,并将对区域经济发展起到非常大的推动作用。但要建好并发挥这个自由贸易区的积极作用,仅靠中央政府的力量是不够的,必须有与东盟直接和间接接壤的省区的密切配合,形成一个前沿阵地,由于云南与越南、缅甸在陆上相连,并通过澜沧江及其中下游湄公河与缅甸、老挝、泰国、柬埔寨、越南相接,广西与越南有陆地和北部湾海域形成紧邻,广东、海南则位于北部湾东侧,与越南隔湾相对,因此,该四省在CAFTA建设进程中首当其冲,其产业的转型与结构调整能否顺利进行、产业分工是否合理、产业结构是否协调都将影响到这些省份的经济发展水平与竞争力,影响到我国沿海沿边地区的经济布局,从而影响到国家的经济发展。

表4-1　2006年中国与东盟各国的人均GNI①

单位:美元

国家	中国	新加坡	文莱	马来西亚	泰国	菲律宾	印尼	越南	老挝	柬埔寨	缅甸
人均GNI	1740	27580	25754	4970	2720	1320	1280	620	430	430	270

在东盟十国内部,各国的经济发展水平差距很大,产业结构也存在着较大的差异。最富裕的国家是新加坡和文莱,2006年两国的人均国民收入均在25000美元以上,其中新加坡的炼油业产值接近工业产值的一半,运输业和造船业发达,金融、旅游等服务业已成为国民经济的支柱产业,

---

①　张彬、蒋旭华:《中国与东盟贸易关系的比较分析》,http://www.sinoss.net/zh-cn/word/8822.pdf.

而文莱则主要靠石油、天然气出口致富,经济结构单一。马来西亚和泰国是东盟中较富裕的国家,其中马来西亚是世界上最大的产锡国,其石油产量居东南亚第一位,橡胶、木材均在世界上占有重要地位,泰国则农业发达,在世界市场五大宗农产品中就占了四个(木棉、玉米、天然橡胶、大米),两国的石化、电器等产业发展迅速,旅游、房地产和金融等服务业也已具有一定规模,但产业结构仍以橡胶、木材加工、纺织、采矿等劳动和资源密集型产业为主。菲律宾主要以椰子加工、金属矿产的开采和冶炼等劳动密集型产业为主,印尼则以木材、石油、燃料等资源密集型产业为主。越南、老挝、缅甸和柬埔寨是最后加入东盟的,也是最落后的国家,2006年人均 GNI 都远低于 1000 美元,它们都是初级产品生产国。中国的产业结构层次复杂,既有劳动密集型产业,也有迅速发展的资本、技术密集型产业,拥有多层次的产业和科技结构。

此外,我们还可以从对外贸易结构的角度来间接分析中国与东盟的产业结构状况。英国经济学家大卫·李嘉图早在 19 世纪初就指出国家应出口劳动生产率相对较高的产品。因此,一国的进出口结构在一定程度上反映了一国的相对劳动生产率优势,能较真实地反映一国产业的竞争力水平,因为国际市场这只"看不见的手"比政府干预下的国内市场更能发挥其资源配置的力量,尽管国际市场上存在着关税等贸易壁垒。以 2006 年为例,东盟前十大进出口商品的情况如下表 4-2 所示:

从 2006 年中国与东盟的进出口商品结构来看,中国的前十大出口商品分别为 85、84、62、61、90、94、95、64、73、79 大类[1],与东盟十国在 85、84、90 等大类产品的出口方面有非常大的重合程度,且都以美日欧为主要出口市场,竞争非常激烈。究其原因,中国与东盟经济发展水平相近,且都有丰富的劳动力资源,在出口劳动密集型产品方面具有比较优势,因此,双方不可避免地在行业设置和产品生产上出现一些相似,并导致贸易结构的相似。

---

① 周开山:《中国与东盟的经济一体化前景分析》,《世界经济情况》2008 年第 1 期。

表4-2　2006年东盟前十大进出口商品情况

商品类别		进出口额			占东盟对外贸易量的比重		
HS 编码	商品描述	出口	进口	进出口总额	出口	进口	进出口总额
85	电机、电气、音像设备及其零附件	206841.9	180657.7	387499.7	27.6	27.6	27.6
27	矿物燃料、矿物油及其产品；沥青等	107023.4	117054.4	224077.7	14.3	17.9	16.0
84	核反应堆、锅炉、机械器具及零件	117666.8	94076.9	211743.7	15.7	14.4	15.1
39	塑料及其制品	20611.6	17709.3	38320.9	2.7	2.7	2.7
29	有机化学品	20942.0	15185.9	36127.9	2.8	2.3	2.6
87	车辆及其零附件,但铁道车辆除外	17045.6	16235.3	33280.9	2.3	2.5	2.4
90	光学、照相、医疗等设备及零附件	14319.3	15873.4	30192.7	1.9	2.4	2.1
72	钢铁	6199.3	20141.2	26340.6	0.8	3.1	1.9
40	橡胶及其制品	21194.7	5125.4	26320.1	2.8	0.8	1.9
71	珠宝、贵金属及制品；仿首饰；硬币	9566.5	10266.3	19832.8	1.3	1.6	1.4
小计		541411.1	492325.8	1033737.0	72.1	75.3	73.6
其他		209296.7	161772.0	371068.7	27.9	24.7	26.4
总计		750707.8	654097.8	1404805.7	100.0	100.0	100.0

资料来源:ASEAN Trade Database.

构建中国—东盟自由贸易区,推动"泛珠三角"区域合作,是适应经济全球化、区域化发展的必然选择。广东、广西、云南、海南是面向东盟的最前沿地区,也都是泛珠三角经济区成员。我国目前和今后将面临产业结构较大的调整,必须在认识产业结构与就业结构相互作用机理的基础上,采取一系列有效的劳动力市场政策等措施以实现产业优化和增加就业的两重目标。当前,广东面临"双转移"的产业结构发展升级瓶颈,应抓住 CAFTA 的机遇,与泛珠三角经济区成员广西、云南、海南合作。本章主要以钱纳里—塞尔奎因的标准结构模式为参考,比较和分析四省区的产业结构与就业结构发展情况,探寻有利于产业转移升级与就业结构协调的关系机理,并为四省区的经济合作提出对策建议。

4.1 四省区的产业结构分析

由于广东、广西、海南和云南四省区与东盟直接或间接接壤,它们在 CAFTA 进程中充当桥头堡的作用,其产业结构是否合理、与东盟产业结构的相似程度如何将影响这四省区乃至中国的经济发展。

4.1.1 广东省

广东作为中国经济改革的试验区,利用港澳等地的侨资及"三来一补"加工贸易快速崛起,目前已经形成电子信息、电器机械、石油化工、纺织服装、食品饮料、建筑材料、汽车、医药、造纸九大支柱产业,涌现出 200 多个经济规模从几十亿元到几百亿元的专业镇,初步形成了现代的新兴电子企业群和家电企业群,其中电子信息、电器机械、石油化工三大支柱产业产值所占比重已达 50% 左右,成为广东省产业结构优化的一大亮点。但从目前广东的产值结构来看,结构比重还是"二三一"(图 4-1 中的图 1),处于工业化阶段的中期阶段,就业结构更是处于工业化的初级阶段。两类结构的显著偏差,就业结构的变动明显滞后于产值结构的优化升级,一方面表明广东产业的结构效益低下,另一方面表明广东的发展面临工业化升级与城市化推进的双重压力。

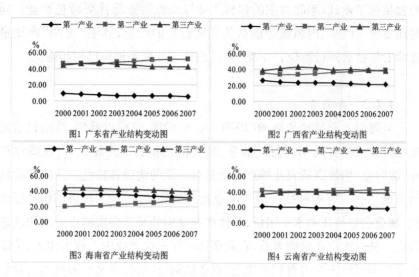

图1 广东省产业结构变动图   图2 广西省产业结构变动图

图3 海南省产业结构变动图   图4 云南省产业结构变动图

图4-1 四省区产业结构变动图

4.1.2 广西壮族自治区

广西的第一产业占 GDP 的比重自本世纪以来持续下降,第二、三产业的比重在缓慢上升,基本呈现出"三二一"的特征①(图 4-1 中的图 2)。但从三次产业所占比重来看,虽然广西三次产业中第一产业排名最后,但其所占比重仍然偏高,2007 年仍达到 21.48%,远高于全国 2007 年的11.26%水平;与全国已进入工业化加速时期比较起来,广西第二产业的比重明显偏低,目前仍处于工业化初级阶段,工业结构以自然资源采掘业,初级加工业等传统工业为主,资源开发型产业占 60%以上,加工制造业占 35%;第三产业则是以传统的批发零售业、交通运输业等一些劳动密集型的基础性产业为主,而我国第三产业相对发达的地区第三产业主要以信息、咨询、科技等知识密集型、资本密集型新兴产业为主,说明广西的第三产业发展还比较落后。为了发展广西经济,广西政府有意识地利用丰富的矿产资源、水电资源、亚热带气候资源与旅游资源,逐步形成了以铝和锡为主的有色金属工业,以水力发电为主的能源工业,以制糖为主

① 2007 年广西的三次产业比重结构为 21.48∶39.68∶38.84,三次产业比例顺序自 1997 年以来首次从三二一改变为三一二。

的食品加工业,以水泥为主的建材工业以及旅游业等优势特色产业。同时还发展了汽车、内燃机等前后关联度较高的产业,其中"玉柴"产销量连续七年稳居同行首位,"玉柴"对广西的工业领头地位已初步确立。

4.1.3 海南省

从海南产业结构变动图(即图4-1中的图3)可以看出,海南目前的支柱产业主要有汽车、医药、信息、油气化工和农产品加工等,在海洋产业、旅游业、热带高效农业等产业上具有一定的优势和特色。三次产业结构呈现"三一二"的特征①,处于工业化初级阶段,"二元"经济结构特征明显,制造业整体技术水平很低,整体产业结构处于低层次的产业结构演进阶段。从三次产业结构来看,农业增加值在三次产业中占较大比重,传统农业在国民经济中占有较大比重,农业结构层次、技术水平和技术含量较低,劳动生产率不高,产出水平低下,产品附加值偏低,支持工业能力有限;工业基础薄弱,竞争力不强,是产业结构中最为薄弱的环节,长期以来,海南对工业投入很少,丰富的工业资源没有得到很好的利用和开发,致使工业发展相当缓慢,经济规模小,既很少反哺农业,又不足以支持第三产业兴起,始终是国民经济发展的"短腿";第三产业产值占国民经济的比重最大,但其快速发展是建立在农业人口比重大、城市化水平低、工业基础薄弱等省情之上的,在没有经过农业化、工业化阶段,跃居三次产业主导地位,因而不具备工业化的成长条件。从第三产业增加值内部结构看,主要以交通运输、批发零售及餐饮业等传统产业为主,而金融保险、房地产业、信息产业等新兴产业的比重则较小,技术和知识密集程度较低,不利于产业结构的升级与优化。高新技术产业规模偏小,对结构演进的推动力小,海南现代的高科技产业起点低,数量很少,产业的技术水平和技术含量也仍然较低,主要表现在加工工业的技术水平落后,资源消耗大、附加值低的产业比重高,而技术知识密集型的附加值高的制造业比重低。

---

① 2007年海南的三次产业比重结构为29.52∶29.78∶40.70,第二产业比重比第一产业高出0.26个百分点,年度统计第二产业比重首次超过第一产业,三次产业比例顺序从三一二改变为三二一。

4.1.4 云南省

从云南产业结构变动图(即图4-1中的图4)可以看出,云南的三次产业构成呈"二三一"结构,与全国平均水平相比,第一产业比重过高,第二产业比重偏低,工业化发展水平较低,第三产业比重略低于全国平均水平,基本上处于工业化初期向中期演变的过渡阶段。云南第一产业在全省 GDP 中所占比重相对较高,一直高于20%,但第一产业的"大"与"弱"并存,第一产业内部结构极不合理,农业产值占农林牧渔业总产值的比重一直高于50%,产业结构单一,而且农业基础设施建设滞后,农业生产粗放,农产品加工相对滞后,产业链较短、附加值较低,农业产业化程度低,与四川、江西、湖南等农业大省相比,农业效率偏低。第二产业中基础工业占60%以上,加工工业比重低,工业资源型、原料型特征明显,呈现出明显的工业初级化特征;长期以来云南全力培育烟草产业,烟草每年上缴的税收占全省税收的70%左右,其他工业经济效益差,第二产业结构极不合理。第三产业发展也非常缓慢,所占比重一直在38.40—39.66%区间徘徊。目前云南的支柱产业主要有烟草、矿产、电力、生物、旅游、机械等,但由于区位较差、工业基础较薄弱等原因,能源、有色金属、机械等产业的竞争力明显不如周边省份的同类产业,存在比较劣势。

粤、桂、滇、琼四省区的产业结构情况可以概括如表4-3所示:

表4-3 粤桂滇琼四省区的产业结构

省份	三次产业结构类型	支柱产业	优势和特色产业
广东	二三一	电子信息、电器机械、石油化工、纺织服装、食品饮料、建筑材料、汽车、医药等	电子信息、电器机械、石油化工等
广西	三二一	汽车、食品加工、有色金属、能源、旅游业、建材等	有色金属、水电、制糖、旅游业等
海南	三一二	汽车、医药、信息、油气化工和农产品加工等	海洋产业、旅游业、热带高效农业等
云南	二三一	烟草、生物、旅游业、矿产业、以水电为主的电力产业等	烟草产业、生物技术、水电、旅游业等

4.2 CAFTA 与其中国周边四省区的就业结构

就业结构就是指在一定时期内,一国就业人员在国民经济各部门、各行业以及各地区分配的数量比例。而劳动力的结构是反映一个社会经济发展水平的重要指标,由于劳动力的特殊性,所以就决定了就业结构的复杂性和重要性,就业结构中包括就业产业结构、就业性别结构以及就业素质结构,同时就业结构也随着社会经济水平的发展、技术水平的提高、制度变迁等因素的影响而发生变化。2010 年 1 月 1 日贸易区正式全面启动,这也是继欧盟、北美自由贸易区(NAFTA)之后第三个区域经济合作区,是目前世界人口最多的、发展中国家之间的最大自贸区。CAFTA 的建立为我国与东盟十国之间的产业整合与合作提供了一个新的平台,同时由于资源禀赋优势各异从而可以互补所短。广东、广西、云南以及海南由于其地理优势因而在自贸区建设中应该首当其冲。由于产业是劳动者就业的主要载体,当产业自身不断发展变化的过程总会引致劳动力就业结构的变化,同时产业结构的转型与升级也需要劳动力的支撑,产业结构与就业结构就是一个互为影响、互为依存的关系。因而在研究这些地区产业整合、产业结构转型、升级与产业转移时候,也需要研究东盟十国与粤桂滇琼四个省区的就业结构,本章对其进行现实考察主要内容是从就业产业结构、就业人员的素质结构等。

4.2.1 东盟十国就业结构基本情况

在东盟十国内部,各国的经济发展水平差距很大,就业结构也存在着较大的差异。最富裕的国家是新加坡和文莱,其中新加坡就业人数从1990 年 206. 26 万人增长到 2009 年的 299 万人,增长了 0.45 倍。从就业行业来看(图 4-2),制造业一直保持较为稳定的趋势,1999 年 2. 03 万人,而到了 2009 年降低至 1. 81 万人,这主要是由于 2008 年以来受国际金融危机等因素影响,出口制造业受到了冲击。而服务业就业人数一直处于领先地位,从整体趋势来看变化不大,1978 年服务业人数为 6.4 万人,2009 年为 6.83 万人,可以看出金融、旅游等服务业已成为国民经济的支柱产业。就从业人员的学历而言,持有高中及高中以上文凭的劳动者居多,尤其是持有大学学位人数比重在不断增加,说明了劳动者素质不断提高,新加坡作为东盟一个发达国家就业结构呈现出"三二一"结构。

马来西亚和泰国是东盟中较富裕的国家,人均 GDP 均在 4000 亿美元以上,从就业结构来看,马来西亚农业从业比重从 1999 年的 26% 下降到 2009 年的 13.5%,降低了 12.5 个百分点。工业从业人员虽然比农业低,但是呈现逐年上升趋势,在 2007 年后由于金融危机对其有一定影响所以出现略微下降。服务业整体上来看总体稳步持续增长,1999 年服务业从业人员占比为 46.5%,2007 年达到了 56.7%。马来西亚就业结构保持"三一二"趋势,说明了服务业在吸纳剩余劳动力方面发挥了重要作用。泰国农业从业人员比重虽然从 1999 年的 63.3% 降至 2009 年的 39%,十年间差不多下降了一倍,但是占比仍然是三次产业中最多的,工业从业人员占比是三次产业中最低的,而且每年变化不大;服务业整体上呈现稳步上升趋势,总体呈现"一三二"就业结构。

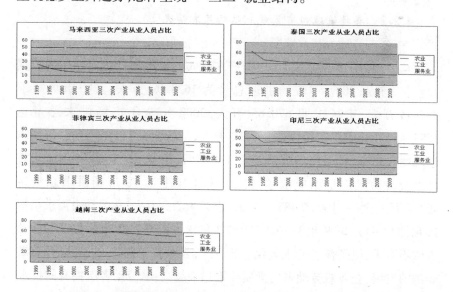

图 4-2　东盟主要国家三次产业从业人员占比情况(单位:%)

在东盟国家内，菲律宾和印尼都是发展中国家，从就业结构上来看，两国的农业占比呈现逐年下降的趋势，但下降水平不是很大，在三次产业中占比仍然很高。服务业总体上保持稳定持续上升趋势，工业从业人员占比变化不大。菲律宾的第二产业主要以椰子加工、金属矿产的开采和冶炼等劳动密集型产业为主，而印尼则以木材、石油、燃料等资源密集型产业为主。在吸纳剩余劳动力方面作用有限，旅游、住宿以及批发零售等服务业在促进就业方面发挥了较大作用。

越南、老挝、缅甸和柬埔寨是最后加入东盟的，也是最落后的国家，2007 年人均 GDP 均低于 1000 美元，它们都是初级产品生产国。越南1999 年农业从业人员占比为 72.1%，2009 年虽然农业从业人员占比有所下降，但仍然高达 51.9%，在三次产业从业人员中占比最大；工业从业人员占比逐年上升但是上升幅度有限。柬埔寨 1999 年农业从业人员占比高达 81.4%，2008 年从业人员占比下降为 59.1%；工业和服务业占比基本没有超过 10%，说明了这几个国家还处于农业化阶段，工业化程度相当落后。

4.2.2 粤桂滇琼四省区就业结构基本情况

一、广东劳动力基本情况

从劳动力供求情况来看，根据广东省人力资源和社会保障厅的数据显示，广东省 2007 年市场供求总量为 1623.09 万人，其中市场需求952.44 万人，市场求职 670.65 万人，2008 年全年市场供求总量达1587.45 万人，其中市场需求 857.32 万人，市场求职 730.14 万人，市场需求减幅 9.99%，但是市场求职增幅达 8.87%，市场求人倍率[①]为 1.17，整体上劳动力呈现供不应求的特点。2009 年上半年，市场供求总量达967.7 万人次，其中需求 485.2 万人，求职 482.5 万人；从劳动力需求结构来看(图 4-3)，2009 年 1—6 月份，技工的求人倍率都大于 1，说明了劳动力供不应求，但是普工的求人倍率低于 1，表明普工需求小于供给，随着经济的发展，企业对劳动者的素质要求越来越高；从劳动者所拥有的技术

---

① 求人倍率：求人倍率是指劳动力市场需求人数与求职人数的比例，如果求人倍率数字大于 1，说明劳动力供不应求；如果求人倍率数字小于 1，说明职位供不应求。

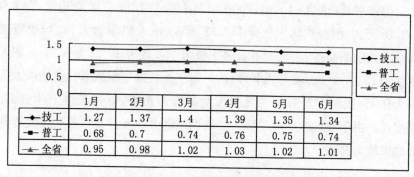

	1月	2月	3月	4月	5月	6月
技工	1.27	1.37	1.4	1.39	1.35	1.34
普工	0.68	0.7	0.74	0.76	0.75	0.74
全省	0.95	0.98	1.02	1.03	1.02	1.01

图4-3 2009 年1—6 月广东省技工、普工基本情况

表4-4 广东省2008 年劳动者技术等级情况

技术等级	需求人数 （万人）	求职人数 （万人）	求人倍率	与上年同期相比 求人倍率变化
职业资格五级 （初级技能）	148.16	117.58	1.71	-0.15
职业资格四级 （中级技能）	129.08	87.74	1.93	-0.05
职业资格三级 （高级技能）	38.32	33.41	1.60	-0.18
职业资格二级 （技师）	22.66	15.47	1.92	0.04
职业资格一级 （高级技师）	7.15	5.54	1.74	-0.85
初级专业 技术职称	94.46	101.41	1.39	-0.34
中级专业 技术职称	43.14	48.77	1.34	-0.74
高级专业 技术职称	42.28	38.37	1.56	-0.04
无技术等级 或职称	—	281.85	0.45	-0.11

数据来源：广东省人力资源和社会保障厅。

等级来看(表4-4),在2008年具有初级技能劳动者需求人数为148.16万人,但是求职人数为117.58万人,求人倍率为1.71,职业资格四级求人倍率高达1.93,职业资格二级需求人数为22.22万人,而求职人数仅为15.47万人,求人倍率为1.92,对于无技师等级或者技能的求人倍率为0.45,表明广东劳动者现阶段素质普遍偏低,有待于进一步提高。这主要是由于我国政府对职前技能培训或者劳动者自身对劳动技能提升的意识较为薄弱。

表4-5　2008年文化程度分组的供求人数

文化程度	需求人数（人）	需求比重（%）	求职人数	求职比重	求人倍率
初中及以下	1809460	21.11	1298689	17.79	1.39
高中	3297599	38.46	3619619	49.57	0.91
职高、技校、中专	1630022	40.43	1834849	50.69	0.89
大专	1640158	19.13	1704295	23.34	0.96
本科	603539	7.04	628724	8.61	0.96
研究生	26702	0.31	50059	0.69	0.53
无要求	1195703	13.95	—	—	—

数据来源:广东省人力资源和社会保障厅。

从文化程度分组劳动力供求人数来看(表4-5),对初中以下学历需求人数1809460人,所占需求比重为21.11%,而求职人数为1298689人,求人倍率为1.39,说明了整体上处于供不应求现状,而高中以及职高、技校等无论是在需求还是求职中所占比重最大,其中对于高中学历劳动力需求比重为38.46%,求职比重为49.57%,职高、技校以及中专的需求比重最高为40.43%,求职比重为50.69%,求人倍率都低于1;对于本科和研究生学历的需求人数少于供给人数,求人倍率分别为0.96、0.53。这一方面反应了劳动者为了适应经济的发展和企业需要提高自身素质,另一方面也反应了在广东省现行企业中大部分是劳动密集型行业,需求劳动力素质要求不高,所以对于初中以及以下学历劳动者呈现出"供过于求"现象。同时资本密集型和技术密集型行业发展较慢,对于拥有高学历的劳动力出现了"供不应求"局面,尤其是研究生 2008 年求人倍率为 0.53,而需求比重仅为 0.31%,不足职高技校的十分之一。

表 4-6　广东省从业人员行业结构情况　　　　　单位:万人

项目	2005	2007	2008	2009
农、林、牧、渔业	1609.89	1588.21	1599.27	1584.96
制造业	1666.23	1840.67	1893.89	1927.65
建筑业	209.74	221.34	220.99	237.34
交通运输、仓储和邮政业	117.65	123.94	123.09	138.88
批发和零售业	562.18	626.93	683.96	701.69
住宿和餐馆业	166.67	188.17	192.14	202.98
金融业	29.83	33.47	38.11	40.54
房地产业	44.31	64.16	63.84	63.56

数据来源:广东省历年统计年鉴。

从就业者的行业结构来看(表 4-6),2005—2009 年间,农、林、牧、渔业人数呈现出逐年下降的趋势,从 2005 年的 1609.89 万人降至 2009 年的 1584.96 万人,制造业从业人数从 2005 年 1666.23 万人上升至 2009 年的 1927.65 万人,2008 年到 2009 年上升幅度不大。究其原因,主要是由于 2008 年下半年以来,受国际金融危机冲击和国内外市场变化等因素影响,全省破产的制造业企业明显增加,导致制造业从业人员总量减少,但随着经济的逐步回暖,部分企业陆续接到订单,需增加用工,制造业仍然是吸纳劳动力就业最多的行业。从总体上来看,交通运输、仓储,批发零售以及住宿和餐馆等传统服务业就业人数逐年递增,尤其是批发和零售业,年均增长 34.88 万人;而金融业和房地产业作为新兴服务业发挥的作用也越来越大,金融业在 2005 年从业人员数为 29.83 万人,到了 2009 年增长为 40.54 万人,年均增长 2.68 万人,房地产业从 2005 年的 4.31 万人增长至 2009 年的 63.56 万人,年均增长了 4.8 万人。

二、广西劳动力基本情况

表4-7　广西主要年份劳动力供求状况　　　　　单位:人

年份	需求人数	求职人数	求人倍率
2005	940395	955230	0.98
2007	1336730	1226129	1.09
2008	1336037	1458582	0.91
2009	1492024	1399853	1.06

数据来源:广西壮族自治区人力资源和社会保障厅、广西壮族自治区统计年鉴。

表4-8　广西主要年份劳动力基本情况　　　　　单位:万人

指标	1995	2000	2005	2008	2009
劳动力资源总数(万人)	2907	3203	3536	3668	3699
占人口总数比重(%)	64.0	67.4	71.8	72.6	72.6
劳动力资源利用率(%)	82	80.1	76.44	76.31	76.3

数据来源:广西壮族自治区人力资源和社会保障厅、广西壮族自治区统计年鉴。

表4-9　劳动力在各个就业单位情况　　　　　单位:万人

年度	个体	私企	其他企业(包括 有限责任公司、股份有限公司、外资、港澳台投资)	合计	从业人员总数	占从业人数比重
1995 年	52.99	9.01	13.28	75.28	2383	3.16%
2000 年	67.86	22.14	30.60	120.6	2566	4.67%
2005 年	90	54	56.7	200.7	2703	7.42%
2008 年	116	92	67	275	2799	9.82%
2009 年	127	93	75	295	2849	10.35%

数据来源:广西人力资源和社会保障厅、广西壮族自治区统计年鉴。

从劳动力供求总量来看(表4-7),从2005—2009年,广西对于劳动力需求的人数逐年增加,从2005年的94.0395万人增加至2009年的

149.2024万人,求职人数整体上是增加的。但是在2008—2009年间有了小幅下降,求人倍率整体上来看是处于一个供求平衡的状况;从就业者文化程度来看,获得职业资格证书的人数逐年增加,从2005年的8.0112万人上升至2009年的29.3574万人,增加了2.67倍,劳动者素质总体上得到了提升。从劳动力总量来看,在1995—2009年主要年份中,劳动力资源总数整体上处于增长趋势,从1995年的2907万人增长至2009年的3699万人,增加了0.27倍,劳动力占人口总数比重基本保持平稳状态。但是劳动力资源利用率不断下降,1995年的劳动力利用率为82%,到了2009年其值为76.3%;从劳动力在各个就业单位的数量来看,个体企业的从业人员从1995年的52.99万人增长至2009年的127万人,增加了1.39倍,增长速度非常快。私企从业人数从1995年的9.01万人增长至2009年的93万人,近15年间净增长了83.99万人,增加了9.32倍,其他企业的就业人数也是逐年稳步增长,个体、私企和其他企业所占从业人员的比重也是逐年增加的,从1995年的3.16%增长至2009年的10.35%,增加了7.19个百分点,说明了在经济发展过程中个体经济和私企仍然是就业的核心主体。

表4-10　广西壮族自治区从业人员行业结构情况　单位:万人

项目	2005	2006	2007	2008	2009
农、林、牧、渔业	1518.9	1521	1521	1528	1561.24
制造业	20.31	21.26	33.26	32.64	33.53
建筑业	158.72	161.89	212.97	215.93	294.25
交通运输、仓储和邮政业	131.82	138.96	158.7	160.23	172.37
批发和零售业	109.13	114.53	106.44	107.31	80.69
住宿和餐馆业	263.7	276.74	254.91	265.16	222.38
金融业	131.02	137.50	147.24	151.26	88.73
房地产业	8.8	9.34	8.54	8.79	13.78

数据来源:广西壮族自治区统计年鉴。

　　从就业者的行业结构来看(表4-10),农、林、牧、渔业的从业人数从2005年的1518.9万人增长至2009年的1561.24万人,增长了42.34万人,增长了0.028倍。制造业和建筑业从业人数整体上稳步增长,制造业从业人数从2005年的20.31万人增长至2009年的33.53万人,建筑业从2005年的158.72万人增长至2009年的294.25万人,增长了0.85倍,这与广西近几年来进行基础设施建设密切相关。2008年以前金融业从业人员一直稳步增长,从2005年的131.02万人增长至2008年的151.26万人,年均增长了4万人,但是2009年下降为88.73万人;房地产业整体波动幅度不大,呈现出稳步增长趋势,从2008年的8.79万人增长至2009年的13.78万人,这与2008年后我区房地产市场发展势头良好有关。

三、云南劳动力基本情况

表4-11 按文化程度分组的供求人数

文化程度	需求人数（人）	需求比重（%）	求职人数（人）	求职比重（%）	求人倍率
初中及以下	58440	36.72	40186	34.05	1.45
高中	65196	40.97	54654	46.31	1.19
职高、技校、中专	33485	21.04	26569	22.51	1.26
大专	18851	11.85	15387	13.04	1.23
大学	9241	5.81	7648	6.48	1.21
硕士以上	113	0.07	138	0.12	0.82
无要求	7298	4.59	—	—	—
合计	159139	—	118013	—	1.35

数据来源:云南省人力资源和社会保障厅。

从劳动力供求总量来看(表4-11),根据云南人力资源和社会保障厅统计数据,2010年上半年云南省市场供求总量为59.6423万人,其中市场需求33.8389万人,市场求职25.8034万人,求人倍率为1.31,整体上劳动力是处于"供不应求",其主要原因是进入劳动力市场求职的人员技能单一、文化水平较低等原因,造成企业有的岗位招不到合适的劳动力。企业在技术提升过程中,主要是从农村转移剩余劳动力,而农村劳动力本身接受新技术能力较弱,同时也没有财力上支持去掌握更多技能。从(表4

-11)企业对求职者文化程度要求来看,全省 95.42% 的用人单位对求职者的文化程度都有要求,从 2010 年第一季度文化程度供求人数表中可以看出,初中及以下文化程度需求人数为 5.844 万人,所占需求比重为 36.72%,求职人数为 4.0186 万人,其比重为 34.05%,高中文化程度需求人数为 6.5196 万人,求职人数 5.4654 万人,比重分别为 40.97% 和 46.31%。可见初中及以下和高中文化程度的劳动力仍是劳动力市场的求职主体,占全部求职者的 80.36%;大专文化程度的占总需求者的 11.85%,占求职比重 13.04%;大学文化程度的占总求职者的 6.48%;硕士以上文化程度的占了总求职者的 0.12%,整体上来看求职人员文化结构和用人需求结构基本一致。从劳动力供求状况对比来看,初中及以下文化程度的求人倍率最高为 1.45,其次是高中文化程度(包括职高、技校、中专)为 2.45,最低的是硕士以上求人倍率为 0.82。

表 4-12　云南省从业人员行业结构　　　　单位:万人

项目	2005	2006	2007
农、林、牧、渔业	14.83	14.85	15.09
制造业	5.78	6.79	11.93
采矿业	43.21	44.69	53.04
建筑业	17.26	18.87	29.89
交通运输、仓储和邮政业	12.06	12.38	12.00
批发和零售业	10.82	11.04	13.34
住宿和餐馆业	3.68	4.18	5.57
金融业	6.66	6.82	6.95
房地产业	1.9	2.09	2.91

数据来源:云南省统计年鉴。

从就业者行业的结构来看(表 4-12),农、林、牧、渔业从业人数逐年缓慢上升,而且人数与制造业人数相比相差将近一倍左右;制造业从业人数缓慢上升,采矿业从业人数从 2005 年的 43.21 万人增长至 2007 年的 53.04 万人,三年间增长了 0.23 倍,而且从业人数所占比重是所有人数中最多的。这主要是由于云南的煤炭和有色金属等自然资源丰富,2008年,云南全省共产原煤 8657.43 万吨,同时铜、铝、铅等十种有色金属的产量是 216.75 万吨,位居全国第三;仓储运输、批发零售以及住宿餐馆等传统服务业波动幅度不大,其中批发零售业从 2005 年的 10.82 万人增长至2007 年的 13.34 万人,3 年间增加了 2.5 万人;虽然金融业与房地产等新兴服务业的从业人员呈逐年上升趋势,但上升幅度不大。

四、海南劳动力基本情况

表 4-13 海南省劳动力在各个就业单位情况

年份	企业从业人员数	从业人员总数	企业从业人员数占比
2005	491271	747197	65.75%
2007	505454	771508	65.52%
2008	494680	767890	64.42%

数据来源:海南省统计年鉴。

从劳动力总量来看(表 4-13),2008 年末全省从业人员 415.11 万人,比 2007 年末增长 1.7%,劳动就业规模继续扩大。其中,城镇从业人员为132.8 万人,在岗职工年末人数为 77.9 万人。从劳动力在各个就业单位数量以及占比来看,2005—2007 年,企业从业人员数占比都在 65% 左右,在吸纳劳动力就业方面发挥着重要作用。

从就业者行业的结构来看(表 4-14),2004—2008 年期间,农、林、牧、渔业的就业人数呈现增长趋势,但是增加幅度不大;制造业、采矿业以及建筑业就业人数呈现缓慢上升趋势,交通仓储、批发零售,住宿餐饮等传统服务业的就业人数逐年稳步上升,其中,批发零售行业从业人数从2004 年的 32.66 万人增加到 2008 年的 37.6 万人,5 年间增加了 0.15倍。金融业和房地产等新兴服务业就业人数在 2004 年至 2008 年整体上是增长的,其中金融业增加幅度不大,房地产业从业人数从 2004 年的2.75 万人增加至 2008 年的 4.98 万人,增加了 0.8 倍。这说明了海南处于工业化初级阶段,"二元"经济结构特征明显,制造业整体技术水平很低,整体产业结构处于低层次的产业结构演进阶段。

表4-14 海南省从业人员行业结构 单位:万人

项目	2004	2007	2008
农、林、牧、渔业	212.48	221.43	221.24
制造业	2.26	1.89	2.46
采矿业	15.68	17.98	20.56
建筑业	15.48	18.16	18.94
交通运输、仓储和邮政业	13.95	13.4	14.91
批发和零售业	32.66	37.39	37.6
住宿和餐馆业	14.29	14.94	17.49
金融业	1.85	1.89	1.96
房地产业	2.75	4.09	4.98

数据来源:海南省统计年鉴。

4.3 粤桂滇琼四省区产业结构与就业结构的定量分析

比较劳动生产率、结构偏离度与就业弹性是在研究产业结构与就业结构关系时最为常用的分析工具。但王庆丰[1]指出,比较劳动生产率主要是基于效益的角度进行分析,就业弹性则更多的是强调经济增长对劳动力的吸纳能力,结构偏离度实际上是由比较劳动生产率演化而来,同时还存在定义不统一的问题,因此上述分析工具在揭示产业结构与就业结构的整体协调性时并不具有优势。目前,我们特别强调在经济发展过程中产业结构与就业结构的协调发展,需要对粤桂滇琼四省区各阶段及各地区产业结构与就业结构的整体协调状态有一个正确的认识和把握。因此,本文将从比较劳动生产率、结构偏离度、就业弹性以及产业对 GDP 和对就业的贡献率这几个方面分别进行分析,以期通过不同视角的分析,对

---

① 王庆丰:《我国产业结构与就业结构协调发展研究述评》,《华东经济管理》2010 年第 7 期。

各个分析工具取长补短,从而得到对粤桂滇琼四省区的产业结构和就业结构的协调性的整体的认识和把握。

表4-15　粤桂滇琼四省区就业结构和产业结构变动情况表(1996—2007)

单位:%

	占比	1996	1997	1998	1999	2000	2001	2002	2003	2004	2005	2006	2007
广东	第一产业就业人数	40.7	40.8	41.1	41.5	39.0	39.1	38.1	36.8	34.7	32.0	30.4	29.0
	第二产业就业人数	33.4	32.9	32.1	31.1	27.9	27.9	29.1	35.4	36.9	39.8	38.8	39.5
	第三产业就业人数	25.9	26.3	26.8	27.4	32.1	33.0	32.8	27.8	28.4	28.2	30.8	31.5
	第一产业GDP	13.7	12.6	11.7	10.9	10.4	9.4	8.8	7.8	7.8	6.3	6.0	5.7
	第二产业GDP	48.4	47.6	47.7	47.1	50.4	50.2	50.4	52.4	55.4	49.5	51.3	52.0
	第三产业GDP	37.9	39.8	40.6	42	39.3	40.4	40.8	39.8	36.8	44.1	42.7	42.3
广西	第一产业就业人数	66.20	65.44	64.83	64.39	61.2	60.9	60.8	59.82	57.83	56.2	55.11	54.37
	第二产业就业人数	11.71	11.53	11.32	10.98	10.8	10.7	10.4	10.73	10.83	11.91	12.1	13.01
	第三产业就业人数	22.09	23.02	23.85	24.63	28	28.4	28.76	29.45	31.34	31.89	32.79	32.62
	第一产业GDP	31.5	32.1	30.7	28.8	26.8	25.3	23.9	23.4	23.8	22.4	21.4	20.89
	第二产业GDP	34.6	33.8	34.9	34.6	35.2	33.8	33.6	34.9	36.5	37.1	38.9	39.3
	第三产业GDP	33.9	34.1	34.4	36.6	38	40.9	42.6	41.8	39.7	40.5	39.7	39.81

占比		1996	1997	1998	1999	2000	2001	2002	2003	2004	2005	2006	2007
云南	第一产业就业人数	73.04	74.35	75.32	76.67	73.88	73.65	73.29	72.63	71.29	69.44	68.97	68.35
	第二产业就业人数	11.1	10.61	10.35	8.8	9.17	8.95	8.82	8.92	9.09	9.96	10.19	11.78
	第三产业就业人数	15.86	15.04	14.33	14.53	16.95	17.4	17.9	18.45	19.62	20.6	20.84	19.87
	第一产业GDP	23.75	23.09	22.03	21.42	21.47	20.78	20.04	19.35	19.26	19.29	18.71	18.23
	第二产业GDP	44.08	44.38	44.68	42.74	41.43	40.60	40.42	40.99	41.59	41.26	42.75	43.76
	第三产业GDP	32.16	32.53	33.29	35.85	37.10	38.62	39.54	39.66	39.15	39.46	38.54	38.01
海南	第一产业就业人数	60.46	59.29	60.62	60.71	60.86	60.21	58.76	58.47	57.26	55.37	55.12	54.78
	第二产业就业人数	11.77	11.38	10.06	9.69	9.31	9.02	9.5	9.83	10.01	8.73	8.61	8.56
	第三产业就业人数	27.77	29.33	29.32	29.6	29.83	30.77	31.74	31.7	32.73	35.9	36.27	36.66
	第一产业GDP	36.22	36.12	35.3	36.21	36.45	33.98	34.68	34.22	34.01	32.96	32.72	31.13
	第二产业GDP	20.92	20.22	20.68	20.14	19.74	23.11	23.16	24.63	25.08	26.07	27.34	29.59
	第三产业GDP	42.86	43.66	44.03	43.64	43.82	42.92	42.16	41.16	40.91	40.97	39.94	39.28

资料来源:根据资讯行数据库、新中国五十五年统计资料汇编以及各省统计年鉴整理得到。

根据我们调研以及收集到的数据,可以编制 1996—2007 年度广东、广西、云南、海南四省区就业结构和产业结构变动情况表。如表4-15所示。广东第一产业人员从业人员的比重持续下降,第三产业从业人员的比重继续上升,并于2006年首次超过了第一产业。从业人员就业构成初步形成了"二三一"格局。第一、二、三产业结构由1978年的29.8∶46.6∶23.6转变为2007年的5.7∶52.0∶42.3,产业结构由原来的"二一三"布局转变为"二三一"布局。广西的第一产业人数占比从1978年的80.46%下降到2007年的54.37%,而第二、第三产业人数占比一直以来却变化不大,形成"一三二"格局的从业人员就业构成。广西第一产业的GDP占比从1978年的40.9%下降到2007年的21%,第二产业发展缓慢,第二、三产业的GDP占比进入90年代以来维持在35%—40%之间。目前,云南省的第一产业人数占比为四省之最,达到70%左右,为典型的"一三二"的从业人员就业格局;云南省第三产业发展迅速,其GDP占比从1978年的17.39%上升到2007年的38.01%,而第二产业发展缓慢,GDP占比1978年为40%,2007年仅上升为43%。海南省2007年三次产业的就业比重为54.78∶8.56∶36.66,形成"一三二"的就业格局;第一产业GDP的比重下降到2007年的31.13%,第二、第三产业GDP占比分别为29.59%、39.28%。总体来看,广东从业人员就业构成和产业结构均为"二三一"格局,而广西、云南、海南的从业人员就业构成为"一三二"格局,产业结构中第二产业普遍发展缓慢。

4.3.1 粤桂滇琼四省区比较劳动生产率分析

比较劳动生产率是指产业国民收入的相对比重与产业劳动力相对比重之间的比值,它实际上反映的是某产业的劳动生产率与总劳动生产率之比。比较劳动生产率的变化,会促使劳动力从比较劳动生产率低的部门向比较劳动生产率高的产业部门转移,从而导致各个产业的就业结构发生相应的调整。

根据库兹涅茨的实证分析[1],在大多数国家,第一产业的比较劳动生产率都低于1,而第二和第三产业的比较劳动生产率则大于1。在工业化

---

[1] 西蒙·库兹涅茨:《现代经济增长》,北京经济学院出版社1989年版。

阶段,第二产业创造国民收入的比重及占用劳动力的比重都会提高,其中前者上升的速度会快于后者,即其值趋于上升。在工业化后期特别是后工业化时期,第二产业的国民收入比重和劳动力比重会不同程度地下降,即其值会稳中趋降。而第三产业创造国民收入的比重及占用劳动力比重会持续地处于上升状态,其中在工业化中、前期阶段,其劳动力比重的上升速度会快于国民收入的比重,即其值趋于下降;在工业化中、后期则相反。

表 4-16　粤桂滇琼四省区比较劳动生产率分析　　　　单位:%

年份	广东			广西			云南			海南		
	第一产业	第二产业	第三产业	第一产业	第二产业	第三产业	第一产业	第二产业	第三产业	第一产业	第二产业	第三产业
2001	0.21	1.64	1.40	0.42	3.16	1.44	0.29	4.75	2.06	0.56	2.56	1.39
2002	0.20	1.56	1.43	0.39	3.23	1.48	0.29	4.83	2.03	0.59	2.44	1.33
2003	0.18	1.35	1.63	0.39	3.25	1.42	0.28	4.86	1.96	0.59	2.51	1.30
2004	0.19	1.33	1.56	0.41	3.37	1.27	0.27	4.57	2.00	0.59	2.51	1.25
2005	0.20	1.33	1.44	0.41	3.18	1.21	0.27	4.20	1.68	0.59	2.60	1.20
2006	0.19	1.32	1.39	0.39	2.75	1.24	0.28	4.09	1.74	0.56	2.74	1.21
2007	0.18	1.32	1.37	0.38	2.86	1.19	0.28	3.96	1.62	0.53	2.77	1.20

数据来源:以上数据是根据历年广东、广西、云南、海南的统计年鉴计算而得。计算公式为:相对劳动生产率=某产业产值比重/某产业就业比重。

　　广东省第一产业的相对劳动生产率小于1,在0.2附近浮动,说明第一产业的劳动力比重大于产值比重,第二、三产业则正好相反,符合库兹涅茨的实证分析。改革开放以来,第一产业的相对劳动生产率逐年减少,从1978年的0.40降到2008年的0.19;虽然第二产业相对劳动生产率始终高于第一产业,但也在逐年下降中,由1978年的2.39下降到2008年的1.32;第三产业劳动相对生产率则由1.88降到了1.33。第三产业的劳动生产率较第一、第二产业的波动较小,在2.1到1.3之间,而且自2003年后第三产业的劳动生产率开始略高于第二产业,符合库兹涅茨分析的工业化后期的特征。

广西第一产业的比较劳动生产率同样小于1,自1992年后开始呈现低于0.5的趋势,而且波动幅度很小,最近几年逐步降低的趋势明显。第二产业和第三产业的比较劳动生产率都大于1,并且第二产业的比较劳动生产率始终较大幅度地高于第三产业。2001年第二产业的比较劳动生产率为3.16,第三产业的比较劳动生产率为1.44,两者比率为2.19:1;2008年第二产业的比较劳动生产率为2.86,第三产业的比较劳动生产率为1.19,两者比率为2.4:1。进入21世纪后,第二产业的比较劳动生产率变动基本保持平稳,而第三产业的比较劳动生产率则呈逐步降低趋势,从2001年的1.44下降到2008年的1.19,这一趋势值得关注。

云南省近几年第一产业的相对劳动生产率显得比较平稳,在0.27—0.29之间小幅波动。第二产业的相对劳动生产率和第三产业劳动生产率呈逐步下降趋势,且降幅较为明显。第二产业和第三产业的相对劳动生产率也均大于1,而且与广西类似,第二产业的相对劳动生产率始终较大幅度地高于第三产业的相对劳动生产率。2001年,第二产业的相对劳动生产率为4.75,第三产业的相对劳动生产率为2.06,第二产业的相对劳动生产率是第三产业的2.3倍;2008年,第二产业的相对劳动生产率为3.52,第三产业的相对劳动生产率为1.56,第二产业的相对劳动生产率是第三产业的2.26倍。

海南省自2001年以来第一产业的相对劳动生产率虽有降低的趋势,但是幅度比较小。2001—2008年间第二产业的相对劳动生产率分别为2.56,2.44,2.51,2.51,2.60,2.74,2.77,2.65,比较缓慢但还是表现出了较小幅度先升后降趋势。第三产业的相对劳动生产率呈现降低的趋势,由2001年的1.39一直降到2008年的1.16。第二产业的相对劳动生产率也始终较大幅度地高于第三产业的相对劳动生产率,保持2—2.3倍的比率。

比较四省的第一产业相对劳动生产率,粤桂滇琼四省的第一产业相对劳动生产率都比较低,说明第一产业的就业比重相对于产值比重越来越大,表明第一产业的劳动力转移不充分,应加快第一产业劳动力向第二、三产业转移的步伐。从粤桂滇琼四省第二产业相对劳动生产率来看,广东省就目前而言,第二产业仍然是吸纳劳动力的主要产业,但吸纳能力在逐年减弱。广西、云南和海南三个省份第二产业的比较劳动生产率表现为先上升后下降,符合库兹涅茨的实证分析情况,并表明第二产业的比较劳动生产率处于工业化中期阶段。而且由在工业化阶段第二产业的比较劳动生产率较高这一现象,可知在工业化阶段第二产业对劳动力的吸纳能力比较大,对扩大就业、吸收农村剩余劳动力具有重要的推动作用。而相比广西、云南这两个工业同样还不发达的省份,海南省第二产业的相对劳动生产率则显得比较低,说明该省的工业化程度更低,吸纳劳动力的能力有限。广西、云南和海南这三个省份第二产业的相对劳动生产率始终大于第三产业,说明在未来较长的一段时期内,第二产业仍将是这三个省份吸纳就业的主导力量,应更加注重对第二产业的发展。从粤桂滇琼四省第三产业的相对劳动生产率分析,广东省根据 2003 年以后第三产业的相对劳动生产率所呈现的高于第二产业的趋势,可以预测,第三产业将会取代第二产业成为广东省吸纳劳动力的主要产业;广西、云南和海南三个省份的第三产业相对劳动生产率均呈下降趋势,主要是由第一产业的大量剩余劳动力和第二产业的一些下岗劳动力向第三产业转移造成的,因此,这三个省份要挖掘第三产业发展潜力以提高其吸纳就业能力,仍将面临严峻考验。

4.3.2 粤桂滇琼四省区产业结构偏离度分析

结构偏离度是学术界在研究产业结构和就业结构问题时比较常用的分析工具,它反映了产业结构与就业结构之间的均衡状况。结构偏离度大于零(正偏离)时,该产业产值比重大于就业比重,说明该产业的劳动生产率比较高,存在劳动力转入的压力。结构偏离度小于零(负偏离)时,该产业产值比重小于就业比重,说明该产业的劳动生产率比较低,需要向其他产业转移劳动力。理论上的最佳状态为结构偏离度等于零,所以从各个产业的结构偏离度是正偏离还是负偏离,可以判断该产业对劳动力是吸收进来还是排挤出去。

根据塞尔奎因—钱纳里结构偏离模式(见表 4-17),我们对广东、广西、云南、海南各产业偏离度和总偏离度进行分析,得到如下表 4-18 的结果。

表4-17　钱纳里—塞尔奎因结构偏离模式　　　单位:%

人均GDP(美元)	300以下	300	500	1000	2000	4000
第一产业结构偏离度	34.7	38.9	34.7	25	16.3	5.6
第二产业结构偏离度	-6.5	-10.6	-9.9	-6.3	-3.4	1.2
第三产业结构偏离度	-28.2	-28.5	-24.8	-18.7	-12.9	-6.8
总偏离	69.4	78	69.4	50	32.6	13.6

资料来源:根据钱纳里—塞尔奎因产业结构和就业结构模式计算而得。Syrquin and Chenery（1989）:Three Decades of Industrialization, The World Bank Economic Reviews, Vol. 3, pp. 152-153. 注:各产业结构偏离度=各产业就业比重-各产业产值比重,总偏离度=各产业结构偏离度绝对值之和。

表4-18　广东、广西、云南、海南四省区的各产业结构偏离度　　单位:%

	广东				广西				云南				海南			
	第一产业偏离度	第二产业偏离度	第三产业偏离度	总偏离度	第一产业偏离度	第二产业偏离度	第三产业偏离度	总偏离度	第一产业偏离度	第二产业偏离度	第三产业偏离度	总偏离度	第一产业偏离度	第二产业偏离度	第三产业偏离度	总偏离度
1996	27	-15.0	-12.0	54.0	34.7	-22.8	-11.8	69.4	49.2	-32.9	-16.3	98.5	24.2	-9.1	-15.0	48.4
1997	28.2	-14.7	-13.5	56.4	33.3	-22.2	-11.1	66.6	51.2	-33.7	-17.4	102.5	23.1	-8.8	-14.3	46.3
1998	29.4	-15.6	-13.8	58.8	34.1	-23.5	-10.5	68.2	53.2	-34.3	-18.9	106.5	25.3	-10.6	-14.7	50.6
1999	30.6	-16.0	-14.6	61.2	35.5	-23.6	-11.9	71.1	55.2	-33.9	-21.3	110.5	24.5	-10.4	-14.0	48.9
2000	28.6	-22.5	-7.2	58.3	34.4	-24.4	-10.0	68.8	52.4	-32.2	-20.1	104.8	24.4	-10.4	-13.9	48.8
2001	29.7	-22.3	-7.4	59.4	35.6	-23.1	-12.5	71.2	52.8	-31.6	-21.2	105.7	26.2	-14.1	-12.1	52.4
2002	29.3	-21.3	-8.0	58.6	36.9	-23.2	-13.8	73.9	53.2	-31.6	-21.6	106.4	24.0	-13.6	-10.4	48.1
2003	29.0	-17.0	-12.0	58.0	36.4	-24.1	-12.3	72.9	53.2	-32.1	-21.2	106.5	24.2	-14.8	-9.4	48.5
2004	26.9	-18.5	-8.4	53.8	34.1	-25.6	-8.3	68.1	52.1	-32.5	-19.5	104.0	23.2	-15.1	-8.1	46.5
2005	25.7	-9.7	-15.9	51.3	33.8	-25.1	-8.6	67.6	50.1	-31.3	-18.8	100.3	22.4	-17.3	-5.0	44.8
2006	24.4	-12.5	-11.9	48.8	33.7	-26.8	-6.9	67.4	50.2	-32.5	-17.7	100.5	22.4	-18.7	-3.6	44.8
2007	23.3	-12.5	-10.8	46.6	33.4	-26.2	-7.2	66.9	50.1	-31.9	-18.1	100.2	23.6	-21.1	-2.6	47.3

资料来源:根据资讯行数据库、新中国五十五年统计资料汇编以及各年份统计年鉴计算。各产业结构偏离度=各产业就业比重-各产业产值比重,总偏离度=各产业结构偏离度绝对值之和。偏离度越高,说明两者越是处在不同步变化和不对称状态;反之,越接近同步变化状态。

从表4-18 可以看到:2004 年广东省第一、二、三产业结构偏离度分别为26.9、-18.5、-8.4,总偏离度为53.8;2007 年广东省第一、二、三产业结构偏离度分别为23.3、-12.5、-10.8,总偏离度为46.6,分别与表4-17 中偏离模式2000 美元与偏离模式4000 美元标准值相比发现,第一产业结构偏离度都高出标准模式十几个百分点,第二产业结构偏离度在2004 年低于标准模式15.1%,在2007 年低于标准模式13.7%;2004 年、2007 年第三产业结构偏离度低于标准模式几个百分点。与标准模式相比较,2004 年总偏离度高出了21.2%,到了2007 年总偏离度竟高出了33%。

广西2006 年人均GDP 达到1080 美元,1996 年、2006 年广西壮族自治区第一、二、三产业结构偏离度分别为34.7、33.7、-22.8、-26.8、-11.8、-6.9,总偏离度为69.4、67.4。分别与表4-17 中偏离模式500、1000 美元相比较发现,1996 年第一产业结构偏离度与标准模式一样,第二产业结构偏离度低于标准模式约12.99%,第三产业结构偏离度低于标准模式约12.99%;2006 年与标准模式相比较,第一产业结构偏离度高于标准模式8.71%,第二产业结构偏离度低于标准模式20.5%,第三产业结构偏离度高于标准模式11.79%。

云南2006 年人均GDP 达到1148 美元,1996 年、2006 年云南省第一、二、三产业结构偏离度分别为49.2、50.2、-32.9、-32.5、-16.3、-17.7,总偏离度为98.5、100.5。分别与表4-17 中偏离模式500、1000 美元相比较发现,第一产业结构偏离度高出标准模式约15%、25%,第二产业结构偏离度低于标准模式约23%、26%,第三产业结构偏离度高于标准模式12%、1%。

海南2006 年人均GDP 达到1360 美元,1996 年、2006 年海南省第一、二、三产业结构偏离度分别为24.2、22.4、-9.1、-18.7、-15.0、-3.6,总偏离度为48.4、44.8,分别与表4-17 中偏离模式500、1000 美元相比较发现,第一产业结构偏离度低于标准模式约10%、3%,第二产业结构偏离度高于标准模式约0.75%、低于标准模式12.4%;第三产业结构偏离度高于标准模式约9.71%、15.03%。

以上情况说明,广东、广西、云南、海南四省区偏离的收敛速度慢于国际经验。

比较四省的第二产业的结构偏离度,广东省第二产业的结构偏离度绝对值在逐渐缩小,2007年达到12%,广西、云南、海南第二产业的结构偏离度绝对值都维持在20%—30%,广西的甚至在35%左右。表明广东第二产业吸纳就业的能力慢慢弱化,而其他三省的第二产业吸纳就业的能力没有获得激发。从第三产业的结构偏离度来看,广东省变化不大,表明第三产业尤其是新型产业的就业能力没有获得激发;广西从1978年的-11.1%上升到2007年的-7.2%,说明了第三产业尤其是旅游业吸纳就业贡献较大,但潜力并未发挥出来,第三产业的新型产业部门发展欠缺;云南、海南第三产业的结构偏离度从1978年的-32.2%、-11.0%提升到2007年的-18.1%、-2.6%,说明云南、海南第三产业发展势头良好,吸纳就业的潜力巨大。总体上看,四省份第一、二产业结构偏离度与标准值相比较还存在较大的差距,虽然第三产业结构偏离度较小但还没有达到就业结构的优化,最根本的原因是,各产业间劳动力转移困难,结构性失业现象比较严重。

4.3.3 粤桂滇琼四省区就业弹性分析

就业弹性是指就业人员增长率与经济增长率之间的比率,它主要强调经济增长对劳动力的吸纳能力。一般来说,就业弹性系数越大,该产业吸纳就业的能力越强;就业弹性系数越小,该产业吸纳就业的能力越弱。

从整个经济体系来分析,广东、广西、云南、海南四省就业弹性波动较大(图4-4)。经济增长与就业增长不一致性的现象较明显。

广东省自改革开放以来,共出现六次大的周期性变动,其中1982年、1991年、1996年和2005年这几个年份的就业弹性值较高,就业弹性值出现峰值的年份基本上是经济增长的低谷年,在经济增长率较高的年份,就业弹性值较小,就业弹性经历从缓慢上升、下降、上升再下降的过程,大致呈"M"型。也就是说广东1978—1999年就业弹性总体呈现缓慢下降的趋势,2000—2006年就业弹性总体上升,但2007年却快速下降到2002年的水平。广东省产业结构向高级化和适度重型化发展是导致上述经济增长与就业增长不一致的情况的一大原因。随着第二产业中固定资产投入的大量增加,资本密集型产业和技术密集型产业不断地代替劳动密集型的产业,各产业的发展所带来的产值增长的速度远远快于就业增长的速

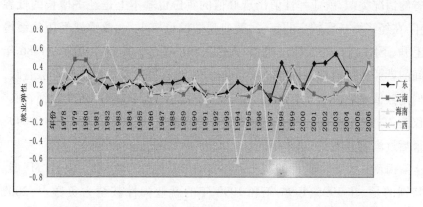

图4-4 广东、云南、海南、广西四省区 1978—2007 年度就业弹性

资料来源：根据资讯行数据库、新中国五十五年统计资料汇编以及各年份广东、云南、海南、广西统计年鉴计算整理得到。

度,就业弹性也呈现出快速下降的趋势。这一现象在一定程度上也反映出广东的产业结构调整未能充分体现增加就业的要求,产业结构调整与就业结构发展是不相协调的。

广西 1978—1983 年的就业弹性系数值一直缓慢地上升,1983 年达到峰值后回落,但仍能在较高的水平上保持小幅波动的态势。这主要是因为 20 世纪 80 年代后,广西经济开始进入了起飞阶段,保持了持续性的高速增长,从而产生了大量的新增就业机会,使就业弹性值保持了较高的水平。但是,并非经济增长速度越快,就业增长速度就会随之加快,高经济增长并不必然可以带来更多的就业机会。20 世纪 90 年代后,广西的经济增长速度加快,但在经济高速增长的同时,并没有带来就业的相应增长。20 世纪 90 年代开始的就业弹性一直没有达到 1983 年的 25%。1993 年经济保持了 37.7% 的高增长水平,而同期就业增长率却仅2.62%,就业弹性系数仅为 0.069。2001—2003 年间,就业弹性系数保持在较低的位置,2003 年就业增长率仅为 0.46%,而经济却保持了10.23% 的高增长。2004 年就业弹性值有所上升,为 0.086,此后几年基本保持在这个水平。

云南自改革开放以来,也经历了六次较大的周期性波动,其中 1980年、1986 年、1991 年、2000 年和 2007 年等年份的就业弹性值较高,与广东省的情况类似,就业弹性值出现峰值的年份也基本上是经济增长的低谷年,在经济增长率较高的年份,就业弹性值也较小,就业弹性经历从缓慢上升、下降、上升再下降的过程,大致呈"M"型。云南省在1979—1986年间的就业弹性值都保持在了较高的水平,此后虽然就业弹性值有涨有跌,但是数值比较小。在1993年GDP增长率达到27%,就业弹性跌到谷底,仅为7%。2000年的就业弹性值突涨至0.38后跌落到2003年的0.049,最后逐渐攀升达到2007年的0.12。

海南在整个分析期的就业弹性变动与其他三省区相似,也呈"M"型。特别的是,在1995、1996年和1998年的就业弹性甚至为负数。[①] 2008年,总就业弹性系数为0.14,经济增长对就业增长影响很小。从变动幅度不大的移动平均总弹性看,海南省持续快速的经济增长并没有提供大量的就业机会,每1个百分点的经济增长平均只能拉动就业增长约0.03个百分点。

为了从产业结构方面更好地区分各省区三次产业的发展与就业的关系,我们将粤桂滇琼四省区的就业弹性分别按三次产业具体分析,如表4-19所示。

广东省第一产业在就业弹性值为正的年份中,1998年和1999年的就业弹性值分别为1.79和0.90,说明这两年第一产业的产值增长对该产业的就业增长具有明显的拉动作用。而第一产业的就业弹性值在1993—1995年,2000—2002年以及2005—2007年期间均为负值,超过整个分析期的一半,表明第一产业的经济增长对该产业的就业在较长的时期内都具有"挤出"效应,特别是2001年,第一产业的就业弹性值为-1.19,波动幅度较大,说明这一年第一产业的经济增长对就业的"挤出"效应是显著的,广东省第一产业的劳动力仍需继续向第二、第三产业转移。除了1998年、1999年和2000年之外,第二产业的就业弹性值均为正值,尤其以2003年最为明显,就业弹性值为1.24,说明第二产业一直是广东省吸纳劳动力的主导产业。但是从2003年以后第二产业的就业弹性值呈逐步降低趋势,说明第二产业吸纳劳动力的能力逐渐减弱。再来分

---

① 王亮、姚大鹏:《海南省产业结构与就业结构的实证分析系》,2009年海南省教育厅课题《海南产业结构调整中女性人才经济贡献的动态分析》的初期成果。

析一下第三产业的就业弹性,与第二产业的就业弹性值最大的 2003 年对应,除了 2003 年的第三产业的就业弹性值为 −0.77 外,其余年份第三产业的就业弹性值均为正值。并且自 2003 年以后,第三产业的就业弹性值均大于第二产业,说明第三产业的产值增长对该产业的就业的拉动作用比第二产业显著。

表 4-19 粤桂滇琼四省区三大产业各年份的就业弹性分析

年份	广东			广西			云南			海南		
	第一产业	第二产业	第三产业	第一产业	第二产业	第三产业	第一产业	第二产业	第三产业	第一产业	第二产业	第三产业
1993	−1.23	1.39	0.84	−0.16	0.28	0.88	0.46	0.14	0.39	−0.59	0.39	1.20
1994	−0.62	0.97	0.65	1.00	0.00	0.00	0.30	0.33	0.37	−1.95	0.72	2.23
1995	−0.07	0.46	0.61	−0.13	0.30	0.83	0.35	0.02	0.63	0.56	0.96	−0.52
1996	0.09	0.18	0.73	0.47	0.03	0.50	−1.59	0.70	1.89	2.03	−0.14	−0.89
1997	0.47	0.03	0.50	0.19	0.00	0.81	1.51	−0.18	−0.33	0.12	−0.04	0.92
1998	0.55	−0.04	0.49	0.31	0.00	0.69	2.02	−0.24	−0.78	0.32	0.43	0.25
1999	1.63	−2.73	2.10	−0.04	−0.43	1.47	9.40	−9.86	1.46	−0.41	1.41	0.00
2000	0.08	−0.33	1.25	−0.95	0.04	1.91	−0.48	0.25	1.23	0.77	−0.22	0.44
2001	−0.07	0.22	0.85	−0.07	−0.21	1.28	0.54	−0.09	0.56	0.00	0.08	0.92
2002	−0.21	0.93	0.28	0.36	−0.50	1.15	0.29	−0.07	0.79	0.16	0.24	0.60
2003	0.18	1.35	−0.53	−1.50	0.75	1.75	−0.54	0.28	1.26	0.49	0.21	0.30
2004	0.02	0.60	0.38	−0.50	0.17	1.33	0.05	0.18	0.77	0.16	0.16	0.67
2005	−0.04	0.55	0.49	−0.24	0.65	0.59	−0.05	0.45	0.60	−0.08	0.11	0.97
2006	−0.08	0.55	0.53	0.04	0.21	0.75	−0.22	0.31	0.91	0.95	0.29	−0.24
2007	−0.04	0.45	0.59	0.00	9.44	−8.44	−0.22	0.31	0.91	0.38	0.24	0.38
2008	0.07	0.38	0.55	0.23	0.17	0.60	−0.06	0.46	0.60	−0.02	0.32	0.70

数据来源:以上数据是根据历年广东、广西、云南、海南四省区的统计年鉴计算而得。

广西自 1993 年至 2008 年这几年间,第一产业的就业弹性正负值各为 8 年。1998 年和 2000 年第一产业的就业弹性为正值,且弹性值较大,分别为 1.28 和 1.63,说明这两年的经济增长对就业具有较显著的拉动效应。1993 年到 1995 年,第一产业的就业弹性系数为负值,并且第一产业的产值呈逐年增长的态势,而第一产业的就业增长却为负值,这说明第一产业的经济增长对就业具有"挤出"效应。尤其是进入 21 世纪后,广西很多年份第一产业的就业弹性都为负值,说明第一产业经济增长对就业的"挤出"效应长期存在,该产业仍然需要继续转移剩余劳动力。第二产业的就业弹性系数在 1997—1999 年、2001—2002 年以及 2008 年均为负值,并且在此期间第二产业的生产总值的增量是为正值,就业增长为负。出现这种现象的原因主要是这一时期国有企业纷纷进行改革重组,使第二产业的劳动生产率得到很大的提高,从而第二产业大量的劳动力被挤出第二产业,转移到其他产业;2008 年由于金融危机爆发,我国作为一个出口大国,第二产业受到了较为显著的影响,导致大量的劳动力被挤出。1991—1996 年以及 2003—2007 年第二产业的就业弹性系数为正值,这说明第二产业的经济增长对就业增长具有一定的拉动作用。但是仅有1995 年、2005 年和 2007 年这三个年份就业弹性值较大,其余年份的就业弹性值都是比较小的,说明在 1993—2008 年期间,第二产业吸纳劳动力的能力还是比较弱。再通过观察第三产业的就业弹性值可知,除 2007 年第三产业的就业弹性为负值外,其他年份第三产业的就业弹性值均为正值。这说明广西第三产业的经济增长对增加该产业的就业具有持续的拉动作用,第三产业已经成为吸纳劳动力的主要产业。加快对广西第三产业的发展将对扩大就业具有重要的推动作用,第一产业和第二产业的劳动力将会逐渐向第三产业转移。

云南省第一产业在整个分析期中就业弹性值为负值的有 7 年,正值为 8 年。2003 年以后第一产业的就业弹性基本都为负值,说明近几年云南省的第一产业产值的增长并没有带来相应的就业增长,反而是对该产业的劳动力有排挤现象。第二产业的就业弹性值除 1997 年,1998 年,2001 年和 2002 年这四年外,其余年份均为正值,但总体而言数值较小,经济增长对就业增长的拉动作用还有待进一步挖掘。根据云南省 2008年国民经济和社会发展统计公报,由于长期以来推行重化工业优先发展战略,云南省占工业增加值比重接近 80% 的行业均为资本密集型产业。占云南省工业增加值 40% 的烟草业和占云南工业增加值 35% 的有色采矿、黑色冶炼、电热、化工均属于资本密集型产业,而资本密集型产业吸纳劳动力的能力远远低于劳动密集型产业。从 2005—2008 年这几年来看,第二产业就业弹性有较为明显的增长趋势,表明如果对第二产业进行适当的产业结构调整,云南省第二产业对就业的吸纳还有较大的潜力和挖掘空间。与广东和广西两省相似,云南省第三产业的就业弹性值除 1997 年和 1998 年外均为正值,特别在进入 21 世纪以后,就业弹性表现为较平稳而又略显上涨的趋势,说明第三产业的经济增长对该产业的就业具有巨大的拉动作用。加快对第二产业和第三产业的发展,将能使其成为推动云南省就业增长,改善民生的"双引擎"。

海南省 2007 年三次产业就业弹性系数分别为:第一产业 0.27,第二产业 0.41,第三产业 −0.1;2008 年三次产业就业弹性系数依次为:−0.004,0.33,0.29,说明各产业吸纳劳动力的能力各不相同。第一产业的就业弹性系数在 1993—1996 年、1998 年以及 2005 年、2008 年均为负数,除此之外其余年份都为正数,就业弹性系数的绝对值没有明显的变化趋势,整体表现为经济增长对就业所呈现的不规律的波动,说明第一产业对扩大就业尚有一定的挖掘空间。第二产业的就业弹性系数同样是有正有负,2002 年以后绝对值有变小的趋势,说明第二产业吸纳劳动力的能力一直较弱,经济增长对就业的拉动效应不明显。2007 年和 2008 年的就业弹性系数为 0.41 和 0.33,这主要是由于受经济危机的影响而使波动显著化了。第三产业的就业弹性系数仅在 1999 年和 2007 年为负数,而其他年份的弹性系数均为正数,就业弹性系数的绝对值同样也没有明显的变化趋势。但是从三次产业的就业弹性系数的相互对比可以看出,第三产业的平均弹性高于第一、第二产业,说明海南省第三产业对就业的吸纳能力最强。从长期来看,第三产业的经济的增长对就业的拉动效应将会是最显著的。

4.3.4 粤桂滇琼四省区就业贡献率分析

各产业产值的增量与 GDP 的增长量之比称为该产业对 GDP 的贡献率;而该产业对就业的贡献率是指某产业就业人数增量与就业总增量之比,用于衡量各产业在促进整个经济的就业增长中所占的份额。著名的"配第—克拉克定律"揭示的产业结构及劳动力流动规律为:随着产业的发展,导致劳动力先从第一产业流向第二产业,进而从第二产业再流向第三产业的发展趋势。即随着社会经济的发展,劳动力在产业间的分布状况为:第一产业将减少,第二产业和第三产业将增加。

表4-20 粤桂滇琼四省区三次产业对 GDP 的贡献率

年份	广东			广西			云南			海南		
	第一产业	第二产业	第三产业	第一产业	第二产业	第三产业	第一产业	第二产业	第三产业	第一产业	第二产业	第三产业
1993	0.09	0.59	0.32	0.08	0.59	0.33	0.03	0.65	0.32	0.31	0.36	0.33
1994	0.12	0.48	0.41	0.26	0.46	0.29	0.22	0.51	0.26	0.41	0.24	0.35
1995	0.13	0.49	0.38	0.40	0.22	0.38	0.28	0.45	0.28	0.73	-0.15	0.43
1996	0.08	0.45	0.47	0.41	0.26	0.33	0.20	0.45	0.35	0.46	0.12	0.42
1997	0.05	0.42	0.53	0.40	0.22	0.38	0.17	0.47	0.36	0.34	0.07	0.58
1998	0.02	0.48	0.50	0.04	0.57	0.39	0.11	0.48	0.41	0.24	0.27	0.49
1999	0.02	0.41	0.57	-0.32	0.25	1.07	0.05	-0.09	1.04	0.48	0.13	0.39
2000	-0.02	0.43	0.59	-0.10	0.46	0.63	0.22	0.19	0.58	0.39	0.16	0.45
2001	0.00	0.39	0.61	0.10	0.19	0.71	0.10	0.27	0.63	0.09	0.57	0.34
2002	0.02	0.44	0.55	0.10	0.31	0.59	0.11	0.38	0.51	0.41	0.24	0.35
2003	0.02	0.62	0.36	0.19	0.46	0.35	0.13	0.46	0.41	0.30	0.38	0.32
2004	0.05	0.56	0.39	0.26	0.44	0.30	0.19	0.44	0.37	0.33	0.28	0.39
2005	0.06	0.56	0.38	0.17	0.47	0.36	0.19	0.39	0.42	0.26	0.29	0.45
2006	0.03	0.52	0.45	0.16	0.48	0.36	0.15	0.52	0.33	0.18	0.45	0.37
2007	0.03	0.49	0.48	0.19	0.51	0.30	0.12	0.46	0.42	0.20	0.40	0.40
2008	0.06	0.50	0.45	0.18	0.51	0.31	0.23	0.40	0.37	0.32	0.30	0.38

数据来源:以上数据是根据历年广东、广西、云南、海南四省区的统计年鉴计算而得。

从表4-20和表4-21可以看出粤桂滇琼四省区三次产业的发展对GDP和就业的贡献率均存在较大差异,但大致都符合"配第—克拉克定律"揭示的产业结构及劳动力流动规律。

表4-21 粤桂滇琼四省区三次产业的就业贡献率

年份	广东			广西			云南			海南		
	第一产业	第二产业	第三产业	第一产业	第二产业	第三产业	第一产业	第二产业	第三产业	第一产业	第二产业	第三产业
1993	-1.23	1.39	0.84	-0.16	0.28	0.88	0.46	0.14	0.39	-0.59	0.39	1.20
1994	-0.62	0.97	0.65	1.00	0.00	0.00	0.30	0.33	0.37	-1.95	0.72	2.23
1995	-0.07	0.46	0.61	-0.13	0.30	0.83	0.35	0.02	0.63	0.56	0.96	-0.52
1996	0.09	0.18	0.73	0.47	0.03	0.50	-1.59	0.70	1.89	2.03	-0.14	-0.89
1997	0.47	0.03	0.50	0.19	0.00	0.81	1.51	-0.18	-0.33	0.12	-0.04	0.92
1998	0.55	-0.04	0.49	0.31	0.00	0.69	2.02	-0.24	-0.78	0.32	0.43	0.25
1999	1.63	-2.73	2.10	-0.04	-0.43	1.47	9.40	-9.86	1.46	-0.41	1.41	0.00
2000	0.08	-0.33	1.25	-0.95	0.04	1.91	-0.48	0.25	1.23	0.77	-0.22	0.44
2001	-0.07	0.22	0.85	-0.07	-0.21	1.28	0.54	-0.09	0.56	0.00	0.08	0.92
2002	-0.21	0.93	0.28	0.36	-0.50	1.15	0.29	-0.07	0.79	0.16	0.24	0.60
2003	0.18	1.35	-0.53	-1.50	0.75	1.75	-0.54	0.28	1.26	0.49	0.21	0.30
2004	0.02	0.60	0.38	-0.50	0.17	1.33	0.05	0.18	0.77	0.16	0.16	0.67
2005	-0.04	0.55	0.49	-0.24	0.65	0.59	-0.05	0.45	0.60	-0.08	0.11	0.97
2006	-0.08	0.55	0.53	0.04	0.21	0.75	-0.22	0.31	0.91	0.95	0.29	-0.24
2007	-0.04	0.45	0.59	0.00	9.44	-8.44	-0.22	0.31	0.91	0.38	0.24	0.38
2008	0.07	0.38	0.55	0.23	0.17	0.60	-0.06	0.46	0.60	-0.02	0.32	0.70

数据来源:以上数据是根据历年广东、广西、云南、海南四省区的统计年鉴计算而得。

广东省第一产业对 GDP 的贡献率很低,平均在3%左右,而其对就业的贡献率,自2001年起基本都是负值,说明第一产业已无法对该产业的就业起拉动作用。从平均来看,第二产业的发展对 GDP 的贡献率最大,大多年份贡献率在48%—60%以上,说明广东省经济增长依靠工业拉动的作用很强。其次是第三产业,90年代以来它对 GDP 的贡献率一直保持着较高的比率。从就业贡献率来看,广东省的就业基本都是靠第二产业和第三产业拉动的。2003年以后第二产业对 GDP 和对就业贡献率都开始呈下降趋势,与此对应的,第三产业对 GDP 和对就业贡献率则略显上升,说明第三产业将会逐渐取代第二产业成为广东省拉动 GDP 增长和就业增长的主要力量,劳动力流动与"配第—克拉克定律"揭示的产业结构与劳动力流动规律相吻合。

广西第一产业对 GDP 的贡献率在 20% 左右,而其对就业的贡献率在 1999 年后大多为负值,并且绝对值较大,说明第一产业的经济增长对该产业的劳动力的排挤作用较明显。21 世纪后,第二产业对 GDP 的贡献率逐渐增大,表明第二产业得到了较好的发展。剔除 2008 年金融危机的影响,从 2003—2007 年,第二产业对就业的贡献率都是比较大的,特别是 2007 年,达到 944%,说明第二产业依然是广西经济发展和就业增长的主力军。从第三产业来分析,90 年代以后,第三产业对 GDP 的贡献率基本保持在 30% 以上,与第二产业并驾齐驱,推动广西的经济增长。值得注意的是,1999 年以后,第三产业对 GDP 的贡献率有下降的趋势。在对就业的贡献方面,1999—2004 年,第三产业的就业贡献率均超过了 100%,对吸纳就业起到了很大的作用。而与第三产业对 GDP 的贡献率相应的,近几年第三产业的就业贡献率也呈现了较为明显的降低趋势,在 2007 年第二产业就业贡献率的峰值为 9.44 时,第三产业的就业贡献率低至 -844%,对劳动力的"挤出"效应十分显著。这些数据说明,广西要发展第三产业以带动 GDP 和就业增长将面临较大的困难。

云南省第一产业与广西相似,对 GDP 的贡献率平均为 20%,其对就业的贡献率在 2003 年后基本为负值,虽然绝对值没有广西的绝对值大,但是仍表明第一产业存在劳动力向外转移的压力。第二产业对 GDP 的贡献率除 1999 年的 -0.09% 以外,其余年份全为正值,2003 年以后基本保持在 40%—50% 以上,在总贡献率中占的比重是最大的。从就业贡献率来看,由于受亚洲金融危机的影响,1997 年第二产业的就业贡献率由前几年的正值变为负值,2003 年扭转了继续为负值的趋势,变为正值,但是数值比较小,在 30%—45% 之间。相对于其对 GDP 的贡献率,第二产业的就业贡献率与之显然是不对称的。再来分析一下第三产业,1993 年以来,第三产业对 GDP 的贡献率均为正值,仅次于第二产业,并有逐渐赶超第二产业的趋势。特别的是,第三产业的就业贡献率在整个分析期中始终高于第二产业,在 1996 年,1999 年,2000 年和 2003 年都超过了 100%,2006 年和 2007 年也都达到了 91%,在总贡献率中占据了最大的份额,说明农业剩余劳动力转移的主要方向是第二产业和第三产业,但向第三产业转移的比例要更多一些。

海南省,相比广东、广西、云南三个省份,其第一产业在整个经济体系中占据着重要的地位,该产业对 GDP 的贡献率始终保持着较高的份额,大部分年份在 30% 以上。同样与其他省份不同的是,海南省第一产业对就业的贡献率在进入 21 世纪后,如果剔除 2008 年金融危机影响的因素,除了 2005 年以外,其余年份均为正值,2006 年达到 95%,2007 年也还有 38%。这说明海南省的第一产业无论是对 GDP 增长的贡献还是对该产业就业的贡献都是比较大的,应加大对第一产业的投入,继续挖掘它拉动经济增长和就业增长的潜力。从第二产业对 GDP 的贡献率来看,海南的第二产业也没有像其他三个省份的第二产业表现得那样突出。2000 年以前基本在 10%—25% 之间,1995 年甚至低至 -15%,1997 年也只有 7%。2000 年以后,随着第二产业的发展,它对 GDP 的贡献率有了明显的提高,平均在 30%—45% 之间。从就业贡献率来看,虽然进入 21 世纪后,第二产业对就业的贡献率均为正值,但是基本在 10%—30% 之间,平均贡献率为 20.6%。就业贡献率落后于其对 GDP 的贡献率,表明第二产业的产值增长 1% 的同时并不能带来 1% 的就业增长。从第三产业对 GDP 的贡献率来分析,第三产业在整个分析期中始终是海南省推动经济增长的主导产业,它对 GDP 的贡献率一直保持在 30% 以上,并且在多数年份第三产业对 GDP 的贡献占据着最大的份额。从其就业贡献率来看,除了 1995 年,1996 年和 2006 年外其余均为正值,并且数值比较大,1993 年和 1994 年都超过了 100%,21 世纪以后基本在各个年份的总就业贡献率中第三产业的贡献率也是最大的。这些数据表明,在未来较长的一个时期内,第一产业、第二产业和第三产业依旧是拉动海南经济增长和就业增长的"三辆马车"。但值得指出的是,同广东、广西和云南一样,海南的第三产业在对 GDP 和就业的贡献方面也表现出了比第一产业和第二产业更强劲的势头。

本章小结

从粤桂滇琼四省区的就业弹性、比较劳动生产率、结构偏离度以及就业贡献率等不同角度的比较分析,我们得出一些基本结论。从第一产业来看,广东、广西和云南三省区第一产业的发展对劳动力形成"挤出"效应,产值的增长并不能带来就业的增长,存在很大的劳动力向外转移的压力。与三省区不同的是,海南省第一产业虽然比较劳动生产率也较低,但是降幅较小,而且它对该产业的就业贡献率比较大,说明海南省第一产业还具备吸纳劳动力的潜力,加大对第一产业的投入将能在产值增长的同时实现一定的就业增长。就第二产业而言,比较劳动生产率较高,就业弹性值也比较高,就业贡献率较大,说明粤桂滇琼四省区的第二产业都是本省促进经济增长和就业增长的主力军。但是在这一基础上,在各个分析角度中都表明,广东省第二产业吸纳就业的能力在慢慢弱化。近几年,广东处于产业结构高速调整的时期,资本与技术密集型产业不断地代替劳动密集型的产业,第二产业由于资本有机构成不断提高,不会增加太多的劳动力需求,一定程度上反映了广东产业结构调整未能充分体现就业的要求,产业结构与就业结构发展是不协调的。而广西、云南和海南三省区却还未充分发挥出其吸纳劳动力的作用,尤其是海南。从第三产业分析,广东、广西、云南和海南的第三产业在促进 GDP 增长和就业增长方面都发挥了越来越重要的作用。特别是对广东这个工业化程度很高的省份而言,第三产业已经开始能与第二产业在促进经济增长和就业增长方面平分秋色,并表现出了取而代之的势头。广西、云南、海南的第二产业相对第三产业发展迟滞,而新型第三产业又无法通过第二产业的发展带动起来,导致产业结构与就业结构发展不协调。现代服务业具有趋向于追随下游产业进行配置的行为特征。制造业内部分工的深化和制造效率的提高,是现代服务业外化和独立发展的前提;现代服务业作为制造业的投入,其内含的人力资本、知识资本和技术资本,是提高制造业国际竞争力的关键;服务业与制造业两者在地理空间上具有协同定位和集聚的特征,发达制造业的集中可以优化服务业的空间配置,发展服务业产业集群。

当前需要利用 CAFTA 进程的发展契机,促进四省区产业结构与就业结构的协调与互动。广西、云南、海南丰富的资源可以承接广东成熟的劳动密集型产业,充分把握与广东第二产业对接的机遇。这样可以为广东腾出产业转移的空间,推动珠三角经济发达地区的产业结构升级,提升就业弹性;同时也可以为广西、云南、海南的第二产业发展注入活力和市场,带动如咨询业、旅游教育业、信息产业、仓储业和各类技术服务业等的发展。产业结构调整和升级必然会影响到劳动者的就业结构,而劳动者就业结构是否合理、劳动力的配置是否有效率,也会成为影响产业结构调整的因素。

利用外资与我国的经济增长之间存在密切的关系,如果合理利用外资将促进我国经济的发展,反之,外资利用不合理将给我国经济的发展带来不利的影响。产业结构的调整和优化升级有利于提高我国的产业国际竞争力,推动我国经济持续快速健康发展。据此,本章以广东、广西为例,选择产业结构变动和利用外资为研究对象,从区域外资需求与供给的角度入手,研究利用外资对产业结构的变动机理。

第 5 章
产业结构调整与就业结构协调变动的外资效应

5.1 问题切入及研究理论综述

5.1.1 问题的提出

进入21世纪后,随着全球经济一体化步伐的加快,国际资本的跨国流动日趋活跃,在经历了1998年的亚洲金融危机、2001年的欧美经济衰退以及其他一系列事件后,国际资本的流动呈现出了诸多新的流动趋势。国际资本流动趋势的变化必然带来世界产业结构的调整和转移,发达国家加快了工业化向信息化转变的步伐,跨国公司也加大了制造业向发展中国家转移的力度。中国作为世界上最大的发展中国家,在改革开放的促进下,近十年国民经济高速而稳健的发展,在当前全球产业结构调整的大背景下已经成为吸引国际资本流入的一个重要基础性因素,而这些流入的国际资本也正在悄悄带动我国落后产业结构的优化升级。

随着改革开放力度的不断加大,国际资本在华投资逐渐从追求廉价劳动力资源向追求市场份额、追求效率和利润、追求战略资源转变,国际资本的产业选择重点也逐渐转移到服务业和技术、资本密集型产业上来。同时,国际资本在华投资的规模不断扩大,速度加快,商务部最新公布的《2005—2007年跨国公司对华产业投资调研结果》显示,2005—2007年跨国公司普遍会扩大对华投资。国际资本在华投资的方式也发生了显著的变化,过去主要是通过在华投资建厂的方式完成,现在为了抢占市场,外资更愿意采用并购业内龙头企业和上市公司的方式完成投资。而从国外资本在华投资的区位来看,长三角、珠三角、环渤海地区仍是外资进入的首选地区。

现阶段,我国正处在利用外资促进产业结构调整的最好时机,这主要体现在利用外资水平的提高和外资刺激效应的放大上。西部大开发的稳步推进、中国-东盟自由贸易区的正式建立以及泛珠三角"9+2"区域经济合作的开展和北部湾广西经济区建设的正式启动,都为促进充分利用外资和外资对产业结构调整的刺激效应的发挥提供了前所未有的外部环境和契机。

对于一个区域经济梯度发展的国家来说,落后区域在经济追赶时期,十分强调高投入带来的经济增长,因而资金的供给反过来和该地区的经济发展是密切相关的,经济上的落后也就直接造成了发展资金的不足,而利用外资是弥补自身资金缺乏的一个有效途径。作为一种投资,外资的投入不仅会影响经济总量的增长,也直接对各产业的增加值发生作用,外资在产业间的不同分布通过各产业产值的变化带动了产业结构的变化。区域经济社会发展水平的差异也使得外资在不同区域所体现出的效应有差异,研究欠发达地区利用外资对产业结构变动的影响,对于指导该地区正确认识外资的作用、合理地利用外资促进自身产业的优化升级,不断缩小同发达地区的差别具有很强的现实意义。

5.1.2 国内外相关理论回顾

国外对于产业结构变动与利用外资之间的关系,并没有直接而又系统加以论述的理论,国外学者主要侧重于经济增长与利用外资之间关系的研究,主要包含资本和技术两方面要素分析。20 世纪 60 年代之后,随着跨国公司对外直接投资的急剧发展以及改革开放以后外商对华投资的不断增长和中国经济的高速增长,西方经济增长的理论再次受到关注,他们从不同的层次和不同的角度解释了对外直接投资的原因和决定因素。关于外商直接投资与发展中国家经济增长的关系,成为近年来国内外学者关注的热点问题之一。发展经济学曾对利用外资的必要性和作用进行了大量的阐述,如哈罗德曾提出,应用国外资金,弥补其国内储蓄不足,保证其理想的增长率的实现;罗斯托曾提出利用外资可以保证经济的"起飞"。但其中比较有影响力的是 1996 年由钱纳里和斯特劳特提出的"两缺口理论",20 世纪 60 年代中期,钱纳里(H. B. Chenery)和斯特劳特在《外援与经济发展》一文中提出了"两缺口"理论。他们认为,外国投资不仅能弥补一国的储蓄缺口,还可以弥补一国的贸易缺口。在其《工业增长模型》一文中就把工业增长的原因分为三类,即进口替代、工业品最终需求的增加以及由它们引起的中间需求的增加,因此国内生产的增加也可分为相应的三个部分,即进口替代效果、国内需求增加效果和出口扩张效果。钱纳里的这一理论较好地解释了外资对于发展中国家经济增长的作用。由于跨国公司的直接投资建厂,使发展中国家的产业结构和产品结构得到了极大的调整,高新技术产品的国产化程度会大大提高,由此而代替完全的工业品进口;产品的技术含量提高,升级换代加快会导致出口的增加;由于两者拉动促进中间需求的增加,如配套产业、流通服务产业等,促进了产业结构的优化升级,也带动了整个经济的增长。利用外资一方面可以解决发展中的资金缺口问题,另一方面还可以解决技术和管理缺口问题,能在较短的时间内缩小与发达国家的差距。

国内也有不少学者对我国现阶段的产业结构调整以及利用外资对产业结构调整的作用进行了分析和实证研究。厉以宁认为①,从发展中国家来看,当人均 GDP 达到 1000 美元以后,产业结构必然会面临重大调整。否则经济运行就会存在这样的问题:虽然投资带动经济增长的势头会继续存在,但消费对需求增长的带动效应会进一步减弱,这对整个经济发展是很不利的,阐述了我国产业结构调整的必要性和重要性;对于产业结构变动过程中为什么要引进外资的阐述,如高峰②以利用外资和产业结构优化的关系为中心,实证分析了利用 FDI 对我国产业结构影响以及外资促进产业结构优化的作用机理,指出 FDI 的进入对我国的产业结构调整起到了一定的积极客观效应;在西部大开发的背景下,胡鞍钢、吴群刚就认为,③积极吸引外资是加快西部开发的必然选择。其中就指出,产业升级分为四个阶段,劳动推动阶段、重化工业化阶段、装配制造型阶段和发明推动型灵活制造阶段,而相应的 FDI 也经历过四种类型,认为产业结构升级换代与 FDI 类型具有一致性,因此 FDI 是推动产业升级的重要动力;另外傅强、周克红④、中国社科院工经所《利用外资与发展民族工业》课题组⑤、温如春⑥等也都肯定了利用外资对于产业结构优化升级的积极作用。

① 厉以宁:《我国产业结构面临重大调整》,《经济研究参考》2004 年第 47 期。

② 高峰:《利用外资促进我国产业结构优化作用机理探讨》,《经济问题》2002 年第 11 期。

③ 胡鞍钢、吴群刚:《积极吸引外资是加快西部开发的必然选择》,《决策咨询》2000 年第 5 期。

④ 傅强、周克红:《利用外资与我国产业结构调整相关分析与实证检验》,《世界经济研究》2005 年第 8 期。

⑤ 中国社科院工经所课题组:《利用外资加快产业结构调整》,《领导决策信息》2002 年第 9 期。

⑥ 温如春:《外商投资对产业结构的影响分析》,《商业研究》2006 年第 1 期。

部分学者还针对西部地区这一特定的区域,具体分析了西部地区利用外资对产业结构调整的促进作用以及利用外资促进西部地区产业结构优化升级的可行途径。如杨明指出,①一个国家和地区产业结构的形成受其要素禀赋状况的制约,外资也会根据东道国的要素禀赋状况进行产业选择,产业结构升级只有与要素禀赋结构的动态变化相适应才能实现。西部地区引进外资能力较差,成果也相对较差,这类地区仍应该在引进劳动密集型外资方面加大力度,以弥补经济建设资金缺口和发挥自身的比较优势。通过比较优势的发挥,市场不断扩大,逐渐积累人力资本等"高级"要素,进而再进入高层次竞争优势阶段;黄义志②、侯世国③等也都认为西部地区在利用外资促进产业结构升级的过程中,要注重发挥自身的比较优势。这里主要是围绕西部地区利用外资的产业投向来阐述的。

总的来说,已有的针对全局的或者区域的利用外资与产业结构变动关系的理论研究主要还是从资本和技术这两个要素的角度切入的;前提是发展中国家和区域产业结构调整过程中存在着资金缺口,而国际经济合作会带来外资的投入,能缓解资金缺口问题。在运用外资的过程中,外资携带的一揽子资源会通过技术扩散效应的发挥,促进东道国及其区域内的技术进步和劳动生产率的提高,从而逐渐实现产业的高度化——产业结构优化的标志之一。已有的针对于我国产业结构与利用外资关联的数据检验也停留在静态数据关联检验层面;过去的研究中对全局或者区域内的三次产业各自增加值与三次产业分别利用外资总量之间的关联、国民生产总值与利用外资总量之间的关联检验居多,通过这样的静态数据关联检验肯定了我国利用外资能促进三次产业增加值比例的调整。

在这样的理论基础上,本章确定的研究视角是:从外资供求平衡关系角度阐述利用外资促进产业结构调整优化的作用机理,进而动态检验产业结构变动中的外资效应,探讨外资对产业结构变动的影响,进而探讨对就业结构的影响,并在此基础上提出放大外资效应的建议。

---

① 杨明:《比较优势战略、外国直接投资与产业结构升级》,《天津师范大学学报》2006 年第1 期。

② 黄义志:《论我国中西部地区利用外资的重点及其战略选择》,《商业经济文萃》2000 年第5 期。

③ 侯士国:《扩大利用外资 发展优势产业 促进西部开发》,《中国外资》2000 年第9 期。

5.1.3 基本研究思路

利用外资与我国的经济增长密切相关,而产业结构的优化升级是我国当前提升产业国际竞争力,实现经济持续、快速、健康发展的必然选择,这就使得研究产业结构变动与利用外资之间的联系显得尤为重要。

本章选择产业结构变动和利用外资水平为研究对象,从区域外资需求与供给关系(量的均衡、外资供求结构的均衡)的视角,阐明利用外资对产业结构带来变动效应的机理。本章研究的技术路线如下图 5-1 所示:

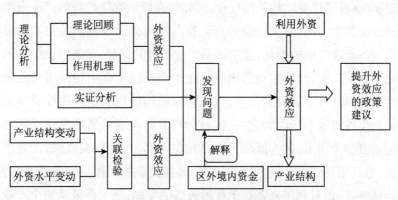

图 5-1 本章研究的技术路线图

5.2 利用外资与产业结构变动关系研究

经济发展不仅要求经济总量的增长,更重要的是要求经济结构的调整和提升,而经济结构的调整和提升又重点体现在产业结构的调整和升级上。随着改革开放的不断深入和加入 WTO,我国已经成为发展中国家最大的外资利用国,21 世纪初新一轮世界产业转移更为我国利用外资提供了更多的机会。因而我们在调整优化产业结构、提升自身产业的国际竞争力时,研究利用外资与产业结构变动的关系就显得尤为重要。

5.2.1 利用外资对产业结构变动积极影响的理论分析

利用外资与产业结构调整优化之间存在着相互促进的作用。首先，利用外资促进了产业结构的调整优化，这主要体现在带来产业结构高度化和合理化方面；在既有的生产技术条件下，产出的增加和变化意味着投入增加和变化。发展中国家产业结构调整中遇到的首要问题就是要解决发展资金不足的问题，利用外资可以弥补并缓解其资金不足。在资金支持和作用下，原有产业的资本存量和增量会发生调整，再结合外资所携带的一揽子资源效应特别是技术扩散效应的发挥，就会带来整个产业的技术进步，促进了产业结构的高度化。同时，在资金支持带来的产业资本存量和增量的调整下，外资自身的产业投向结构会通过直接带动效应带来东道国各产业产出的变化，直接推动产业结构的调整，促进产业结构的合理化实现。其次，产业结构的调整优化也会反过来影响到利用外资的区域供给选择和外资效应的发挥；区域产业结构的现状是利用外资环境中影响利用外资水平的因素之一，区域的产业结构现状是外资供给区域选择的重要参考因素，因为区域产业结构层次高，产业间关联强，产业集中度高，有利于外资企业的生产和销售，增加投资的回报。而产业关联强，产业链条长，也有利于外资技术扩散效应的发挥，刺激并带动整个产业的发展。本章从物质资本和技术进步两方面，着重研究利用外资对产业结构变动的积极影响，并从外资供求关系角度探讨外资效应发挥的作用机理。

一、资本效应

经济的发展依赖于经济结构的调整，其本质是产业结构的调整优化。根据新古典经济增长模型，经济增长的源泉是资本增加和技术进步，资本的增加和技术的进步正是通过推动产业结构的调整优化来改变经济结构并最终实现经济增长和发展的。同时，外资携带一揽子资源的特征使其不再局限于资本特性，还具有技术特性，这就给外资积极影响产业结构变动提供了理论基础和现实可能。外资的资本效应主要是通过改变物质资本和投资在产业间及产业内的配置结构来促使产业结构变动的。

物质资本主要是从两个方面来影响产业结构，一是固定资产结构，二是可变资产结构。① 固定资产是产业生产的物质基础,其标志着产业潜在的生产能力,而且在很大程度上决定了中间要素投入结构。固定资产在产业间相对比例的变动必然会带来中间要素投入结构的变化,从而带动产业结构的变动。在技术结构不变的前提下,固定资产结构的变动主要取决于投资结构,而投资形成新的生产能力是一个较长的时间过程,因而,新增投资带来的固定资产结构的变动是影响产业结构变动的长期因素。中间产品在产业各部门的配置构成就形成了可变资本结构,可变资本的易流动性决定了它是影响产业结构变动的短期因素,同时也决定了产业结构变动的容易程度。

投资对产业结构变动的影响主要是通过改变投资结构来实现的。投资者的目的是为追求资本收益,在完全竞争的资本市场环境下,投资者会理性地从资本边际效率低的部门转向资本边际效率高的部门,并最终会使得所有部门的边际投资报酬相等,这也就形成了投资在不同部门之间的重新配置。投资结构变动的实质是推动经济增长的部门配置越来越多的投资,形成技术水平高、数量更多的资本,从而实现经济结构或者产业结构的改变。

由于经济总量水平的制约,发展中国家或者区域产业结构调整优化过程中都不同程度存在资金的缺乏,产生了外资需求。外资需求的产生使得外资供给作用的发挥成为可能。在与产业结构调整优化方向一致的外资需求下,外资供给就会通过对东道国或者区域内的物质资本和投资在产业间的配置结构的调整来改变其产业结构。

第一,外资弥补了国内产业结构调整中资金供给缺口和快速增长的投资需求;内资严重不足是制约发展中国家经济发展的主要因素,而依靠自身的资本积累需要一个漫长的历史过程。资本的形成来自储蓄,钱纳里(H. B. Chenery)、斯特劳特(A. Strout)等人认为,发展中国家在经济发展过程中,会出现储蓄、贸易、技术和组织管理方面的缺口,而外商投资这一资本输出恰好能填补这些缺口。我国是一个发展中国家,投资需求增长的速度较快,国内有效资金供应不足,利用外资可以很大程度上弥补国

---

① 顾为东:《经济结构调整与资本支持战略》,中国财政经济出版社 2002 年版。

内资金供给的缺口,满足国内快速增长的投资需求。通过利用外资,增加现有的资金存量,为产业结构调整积累更多的资本。

表 5-1　1991—2007 年度我国实际利用外资对全社会固定资产投资的比例

年份	实际利用外资对全社会固定资产的投资比例 %
1991	17.05
1992	19.63
1993	24.65
1994	21.85
1995	20.01
1996	19.89
1997	21.41
1998	17.07
1999	14.60
2000	14.93
2001	11.05
2002	10.47
2003	8.36
2004	7.52
2005	5.89
2006	4.57
2007	4.09

数据来源:根据 2007 年中国统计年鉴及国家统计局网站数据,按人民币各年平均汇率折算所得。

从 1991—2007 年我国利用外资对全社会固定资产投资的贡献可以看出,我国利用外资效应非常明显。我国实际利用外资额达 8773.35 亿美元,并且在 1993 年占比达 24.65% 的最高水平,随后逐年回落的原因是因为全社会固定资产投资的增幅较实际利用外资的增幅大,而利用外资的绝对数量仍在逐年攀升。

改革开放以来,通过高投入进而影响各产业的增加值而拉动的经济高速增长,也恰如其分的证明了增加投资的比例是可以实现经济飞跃发展的。1997年我国资本形成总额对经济增长的拉动作用为1.6个百分点,2001年上升为5.1个百分点,2002年仍维持在4.3个百分点,投资对经济增长的推动作用强劲,而这其中不乏利用外资的贡献,利用外资极大弥补了我国作为一个发展中大国资金的不足,截至2004年末,我国已累计利用外商直接投资5399亿美元。

第二,利用外资促进了资本存量和增量的"双向调整"。[①] 一是,外资通过对东道国企业的兼并与收购,可以将低质量的资产存量改造成高质量的资产存量,外资的进入将带来观念、技术、管理、营销、市场网络等一系列资源,充分发挥原有存量资本潜在的产出能力,存量资本的经济效益得到提高;二是,以新建企业这一传统方式进入的外资,在增加东道国的资本存量的同时,也因为外资所包含的技术进步和规模经济特性,增加资本增量的质量;三是,外资的进入,会提升关联产业存量资本和增量资本的质量。这主要体现在与外资企业生产关联的中间产品生产企业资本存量和增量的质量的提升。通过外资对我国产业结构薄弱环节资产存量和增量的"双向调整",实现外延扩大再生产和内涵扩大再生产的有机结合,优化资源配置结构,推动产业结构升级。

二、技术溢出效应

技术进步是世界经济增长的重要因素之一。发展中国家要获得技术进步,除了依靠自身的积累进行科技创新外,还可以通过技术的引进使技术水平得以快速提高。技术扩散是指国际企业的进入和参与引起东道国的技术进步,跨国公司无法获取其全部收益时,对东道国企业产生正的外部效应,促使东道国技术或劳动生产力的提高。无论技术的拥有者是否愿意,这种经济行为都会输出技术,即技术的"外溢"。学者们认为存在行业内竞争、行业间的链接以及人力资源培训及流动等溢出途径。一般认为,竞争是外资产生溢出效应的主要机制,国际企业的进入导致竞争的

105

---

① 刘秀兰:《西部地区产业结构问题研究》,西南交通大学出版社2005年版。

加剧,本土企业会在外资企业的竞争压力下提高效率。Wang 和 Blomstrom①(1992)通过建立溢出机制模型,证实了内外资企业之间的竞争是外资行业内溢出效应产生的机制。

外资的溢出效应可分为产业内溢出效应和产业间溢出效应。

第一,产业内溢出效应。产业内溢出效应指外资的进入会对东道国产业内的竞争者的技术、管理、经营理念、文化理念等产生影响。跨国公司的进入打破了东道国原有的市场竞争平衡,迫使行业内的竞争者努力提高技术水平,加强自身的竞争力。跨国公司采用先进技术生产的产品的市场表现也会对行业内的竞争者起到示范带动作用,这会刺激东道国企业去模仿和改进。另外,随着国内企业的环境不断改善和创业条件的完备,开始形成有利于人才在企业间流动的体制环境和政策环境。人才在产业内的流动是跨国公司技术产业内溢出的重要途径。

第二,产业间溢出效应。产业间的溢出效应主要是通过外资企业与东道国上下游企业之间的关联效应来实现的。通过后向关联,东道国企业作为供应商,必须提高配套产品的标准以满足跨国公司的要求,这会促使东道国企业在产品质量、技术和性能上的提升,间接促进了东道国上游产业结构的升级。通过前向关联,跨国公司会为东道国企业提供高水平的配套产品。中国有一些产业和产品在最终产品的设计、集成和组装上已经达到了较高的水平甚至世界先进水平,但国内配套企业提供的中间产品达不到高质量的要求,从而使整个产品的质量和档次下降。利用跨国企业生产的能带来技术提升的配套产品使得国内已经具有的最终产品制造技术具备了应用的可能性,从而提高下游产业的技术水平。

可见,跨国公司在我国的技术扩散不仅会推动行业的技术进步,促进人力资源的开发,也会增强我国企业的自主创新能力,而所述的这些因素都有利于我国产业结构朝着升级优化的方向发展。

三、外资产业流向的新趋势将直接带动发展中国家产业结构的升级

进入 21 世纪以来,国际资本不断增加向发展中国家和地区流动,最新投资数字表明,2002 年度发展中国家吸引的 FDI 总额约占这些国家国

---

① Wang, J. and Blomstrom, M. *Foreign Investment and Technology Transfer*, *A Simple Model*. Europe Economic Review, 1992(36):137–155.

内生产总值的33%,日益增长的外资对发展中国家的产业结构调整非常有利。国际资本向发展中国家流动的新趋势主要表现为:国际资本流向服务业、高新技术产业的比重上升;根据发展中国家的需要,跨国公司越来越热衷于投资金融、债券、保险、房地产、通信、高科技产业及咨询等行业。据《2004年世界投资报告》分析,外国直接投资于服务业的比例从1990年的不到50%上升到2002年的约60%,与此同时,初级部门占外国直接投资存量的比例由9%下降到6%,制造业由42%下降到34%。外资产业选择方向从劳动密集型产业向资本密集型产业的转变。这种变化趋势与发展中国家尤其是我国转变经济增长方式以及产业结构调整的方向和重点是一致的,外资更多投向第三产业会直接增加三次产业中第三产业增加值的比重,直接带来产业结构的提升。

5.2.2 利用外资对产业结构变动的作用机理

产业结构从低级向高级演化的过程是遵循一定规律的,当经济发展到一定程度,产业结构便会通过市场因素自发地或者通过政府的产业结构政策主动地进行调整,使现有的产业结构向协调化、高度化转换,从而达到产业结构优化、提高产业竞争力的目的。发达国家和发展中国家无不都处于产业结构的不断变化之中,他们遵循的产业结构调整规律是基本相同的。20世纪90年代至今,发达国家开始进入后工业化时期,步入产业信息化阶段,产业结构的发展越来越依靠高新技术的应用和推动,第二产业比重下降迅速,那些在国内不再具有优势的产业就产生了向外转移的需求,加速了国际资本的流动。而对于发展中国家来说,基本还处于工业化的初级阶段,目前,不断巩固第二产业在三次产业中的主导地位和提高第二、三产业在产业结构中的比重是其产业结构调整的主要目标,而经济发展的落后却无法依靠自有资源去实现这一目标,从而产生了承接国际产业转移的需求。

从以上阐述我们可以看出,发达国家与发展中国家所处发展阶段的不同为外资供给和外资需求提供了发生作用的契合点,因而产业结构变动与利用外资之间的关系也就体现为发达国家的外资供给(产业转移)与发展中国家因产业结构升级优化而产生的外资需求之间的作用关系。总的来说,这里的外资需求和外资供给都有着一定的独立性,外资供给和外资需求分别由发达国家和发展中国家产业结构的调整的目标和现有的经济发展水平决定。但对于某一具体区域来说,外资的供给也受到该区域基础设施建设、配套资金、人力储备、市场化水平、政府制定的产业政策等因素的影响。

一、产业结构调整优化产生外资需求

发展中国家在产业结构调整优化过程中,产生的外资需求主要表现在三个方面,如图5-2所示,分别是资金需求、技术进步需求、外资投资结构需求。其中资金的需求是技术进步需求和外资投资结构需求得以满足的承载者,而技术进步需求和投资结构需求的满足反过来扩大资金需求产生的效用。

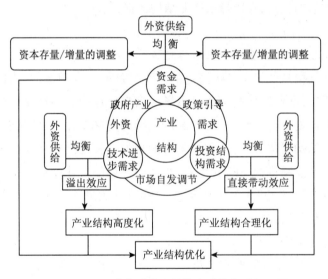

图 5-2　利用外资对产业结构变动的作用机理图

1. 资金需求

资金需求指的是发展中国家在产业结构调整优化的进程中,由于经济发展水平的落后,导致自身拥有的资源不足以独立支撑产业结构调整所需求的巨额资金,为弥补资金缺口产生的外资需求。产业结构调整优化需要我们打破低层次的产业结构,使产业结构向合理化、高度化发展,此间肯定要淘汰并改造一批失去优势的初级产业和培育一批代表产业结构优化方向的新兴产业。

首先,随着经济的增长和时间推移,一部分初级产业由于市场需求的减少,外贸条件的改变,或者技术落后等原因,部门内部的资本收益率水平在不断下降,以至于部门内净投资的收益低于资本的机会成本,而提高这些产业资产存量的质量,提高其生产技术水平,需要大量的资金投资。

其次,新兴的产业部门需要配置越来越多的物质资本。一方面,传统部门的资本由于技术因素很难转移到新兴部门,所以需要对新兴部门进行大量的投资。另一方面,新兴部门作为推动经济增长的迅速扩张部门如果没有足够资本增量的投入,经济增长所需求的部门资本存量结构的转变就无法实现。

最后,在经济增长的过程中,部门内部越来越多的劳动力资本被物质资本和人力资本替代,而物质资本和人力资本的增加也是需要通过投资来完成的。

2. 技术进步需求

技术进步需求指的是在经济发展过程中,由于自我 R & D 的能力有限,为弥补"技术缺口"而产生的对资本流入所带来的技术、知识、管理等一揽子资源的需求。

按照发展经济学的理论,经济发展应该是一种有效益、有市场的增长,尤其是经济结构优化的增长。而实现这样的经济发展,技术和管理是比资本和外汇更为重要的生产要素,也是发展中国家最为短缺的。汤文仙(2000)等[①]认为,发展中国家在经济发展中,除存在着储蓄缺口和外汇缺口这两方面数量上的制约外,还存在着第三种形式的缺口,即技术缺口(tech-gap)。发展中国家在开放之初,利用外资的指导思想是完全被动的,吸引外资的主要目的是为了弥补建设资金的不足。但随着整体经济实力的增强,国内储蓄和外汇规模的增加,就会从被动的完全吸收转向有选择、有重点的吸收,目的也开始由弥补"资金缺口"为主转向"技术缺口"为主。即通过吸收和利用外资带动国外先进技术、设备、管理经验等一揽子转移,以加快产业技术进步的步伐。特别是发展中国家在度过了钱纳里所认为的经济起飞的三个阶段之后,开始进入经济快速发展阶段,

---

① 汤文仙、韩福荣,《三缺口模型:对双缺口模型的修正》,《当代经济科学》2000 年第 9 期。

技术缺口会日益显露其对经济的瓶颈作用。

3. 投资结构需求

投资结构需求指的是产业结构调整中为促进产业部门按比例协调发展,使产业与产业之间或者各产业部门之间的协调能力加强和关联水平提高而产生的对投向不同产业和同一产业内不同部门的资本比例的要求。

产业结构和投资结构相互制约,相互影响。社会资源在产业间的配置是通过产业投资来实现的,产业投资结构直接决定了产业结构的发展方向和发展过程,因此要实现既定的产业结构调整目标,就需要对产业投资结构进行合理的安排。产业结构作为一个体系,它包括各个产业部门的构成形式和比例,各产业部门所处的地位及他们之间的相互联系和相互作用,产业结构形成和发展的基本前提是投资,可以说产业结构是投资来决定的,今天产业结构的现状是过去投资结构的体现,而今天投资结构的选择也决定未来产业结构的形成。

第一,产业结构依靠市场自发调整时,现有的产业结构状况决定了投资结构需求。由产业结构和投资结构相互制约和影响的关系分析可知,完全依靠市场来自发调整产业结构时,一方面,投资的主要目的是形成生产力,现有的产业结构是投资分配的出发点,因而,产业结构调整和优化的方向也就对投资的分配情况提出了要求。另一方面,产品市场的供求关系会对生产要素在产业间的配置提出要求。在产品市场供求关系的影响下,产品的收入需求弹性大的产业或者部门,往往是较为成熟的产业部门或者产出量和市场份额都不断扩大的绝对扩张部门,由于其投资报酬率高于资本的机会成本,会对投资产生较大的需求并能吸引到更多的资本。而那些不具有优势、产出量减少的萎缩部门,由于资本报酬率的不断降低,重置投资也会转移到其他的部门。投资结构需求的实质是需要在推动经济快速增长部门配置越来越多的投资,形成技术水平更高、数量更多的资本,从而实现产业结构的转变,但这种完全依靠市场自发调节投资结构需求,最终改变产业结构的效率是很低的,产业结构调整优化将是一个漫长的过程。

第二,政府制定产业政策引导产业结构调整时,投资结构需求会沿着政府制定的产业发展方向变动。因为,政府制定产业政策,是为了更好、更快实现产业结构的调整,代表着产业结构优化的方向,此外政府出台的鼓励投资的一系列政策,如提供企业投资的法律保障、基础设施、市场条件,鼓励投资的税收政策、金融政策等,降低了企业投资的成本和风险,提高了企业投资的报酬,带动了社会的投资结构需求的改变,投资结构的改变又会通过改变投资品的供给结构来影响产业结构。

所以当前社会的投资供给结构要适应政府引导下的投资结构需求,同时结合要素市场和产品市场反过来作用于产业结构的作用机制,这样才能高质、高效地实现产业结构的优化。

二、区位选择对外资供给的影响

这里所说的影响外资供给的因素,不是指外资输出国的产业结构调整或者其他因素对外资供给的影响,而是指发达国家既有的产业转移,在向发展中国家转移的时候,根据发展中国家的招商引资的环境以及发展中国家现有的产业结构水平所作出的地域选择。这里不考虑发达国家自身因素对资本供给的影响。

发达国家的产业转移是因为需要转移的产业在国内已经不再具有发展的优势,但这并不改变其追求资本报酬的动机,真是因为这一动机,外资在供给的过程中,会尽可能选择资本报酬较高或者投资成本较低的区域进行投资。而影响资本报酬或者投资成本的因素更多的是来自于东道国。

目前关于外资特别是 FDI 区位流向理论大多来源于邓宁(Dunning)[1]的 OIL 优势理论,其中的区位优势是关于东道国地区的一些特有因素对吸引 FDI 的作用。这一理论认为企业是否对外直接投资主要取决于三个因素:一是,企业所有权优势,即企业拥有外国企业所没有的或无法获得的资产及其所有权,既包括有形资产(自然资源、劳动力、技术),也包括无形资产(技术专利权、商标权、管理技能);二是,内部化优势,即企业必须拥有将这些所有权优势内部化的能力,因为外部市场不完全,通过内部化形式转移资产,可以减少风险,提高利润率;三是,东道国必须具有"区位优势",可供投资区位选择的要素包括劳动力、原材

---

① Dunning J. H. *Explaining Changing Patterns of International Production：In Defense of the Eclectic Theory*. Oxford. Bulletin of Economics and statistic, 1979(4)：269–295.

料、贸易障碍、市场规模和经济结构、运输成本以及政府有关政策和法规等。① 上述三个优势相互组合,缺一不可。根据已有的研究结果,下面将从六个方面简要分析影响资本供给区位选择的主要因素,分别是经济因素、政策因素、产业结构、市场化水平、基础设施、人力储备。

1. 经济因素

资本向一个地区流入是因为资本的拥有者预期在该地区进行投资可以获得高于其他地区的投资收益。早期的外资流入发展中国家,主要看中的是成本因素,即看中了发展中国家的原材料、劳动力、运输成本、资源和资本品的价格和成本。发达国家由于经济的发展和产业结构向更高层次的跃进,使得生产成本大幅度提升,特别是那些不再具有优势的劳动密集型产业和部分资本密集型产业,而发展中国家廉价的劳动力和土地成本的优势,形成了巨大的吸引力,从而推动了外资向发展中国家流动的热潮。但随着发展中国家的经济发展,发展中国家廉价的劳动力成本优势在逐渐削弱,外商也意识到劳动力的质量越来越重要,外商投资的领域随之发生了变化,从劳动密集型的加工工业逐渐转移到外延的产业,投资的关注的焦点也从成本转移到直接收益上来。

发展中国家开放后的高速经济增长,使得需求市场规模扩大、消费水平提高,外商意识到,发展中国家的市场潜力巨大,占据更大的市场份额远比廉价的劳动力成本带来的收益大。外商的投资开始从追求廉价劳动力转移到追求市场份额上来。现阶段,外商投资的区位选择也越来越多体现在对战略资源(如专利、品牌、高级人才、特定资源、稀缺能源)的追求。

2. 政策因素

政策因素包涵十分的广泛,既包括发展中国家的政治环境和吸引外资采取的优惠政策(如税收优惠政策),也包括发展中国家的开放政策以及开放水平、对外资企业的待遇的规定、贸易政策、法律法规、区域合作框架、金融支持政策等因素。

一是,良好稳定的政治环境是开展经济活动的基本保障。没有稳定

---

① 魏后凯、贺灿飞、王新:《外商在华直接投资动机和区位因素分析》,《经济研究》2001 年第 2 期。

的政治环境,会增大外资供给的风险,这也是外资供给的重要前提。

二是,发展中国家主要是靠给外国投资者更多的优惠政策来吸引外资的,诸于各种税收优惠政策可以大大降低外资企业经营的成本,扩大利润。

三是,跨国公司的资本流动是为了参与国际贸易,进入国际市场,这也是跨国公司全球化战略的重要环节,发展中国家参与国际贸易的环境就成了外资区位选择参考的因素之一。例如中国加入 WTO 后,国际大公司十分看好我国将进一步开放的市场,许多公司已经由前几年的试探性投资转入长远战略性新的投资。同时要从政策倾斜逐步向给外商以国民待遇转变,逐步开放外商投资领域,允许新的投资方式和经营方式,给予外资企业和国内企业同等待遇,加大对知识产权的保护力度,都将优化投资环境,客观上有助于稳定企业投资和净化生产经营环境,减少人为的不可预期风险。

四是,市场经济可以说是法制经济,法律法规是市场经济高效运行的必要保障,是投资环境中不可或缺的重要组成部分。投资总是在一定的经济体制和经济运行机制下进行的,涉及经济运行的法律法规的健全就成为投资活动正常运行的前提。完善法律体系,建立有序的市场体系,逐步形成符合国际惯例的公平竞争环境,是保障外资活动持续健康发展的必然选择。

3. 产业结构

外商投资的产业决策有两个特征:[①]一是外商在进行投资时对不同行业的投资意愿不同;二是外资拥有者在决定向一个地区投资后往往选择该地区具有比较优势的行业作为投资方向。比较优势体现了该地区在该行业的经营活动中具有的技术优势和资源禀赋优势,外商投资于具有比较优势的行业可以使资本获得相对于投资其他行业更高的收益。根据这两个特点我们可以推出:具有不同产业结构的两个地区对外资的吸引力是不同的,资本的供给也是不同的。

4. 市场化水平

---

① 张红伟、陈伟国:《FDI 在中国的区位决策因素分析和实证研究》,《四川大学学报(哲学社会科学版)》2007 年第 1 期。

市场的作用在于它在资源配置中的基础性作用,经济的运行是否遵循市场机制对资本的供给具有重要的意义。市场机制是实现和调节资源配置的一种经济机制和手段。一个地区产品要素的价格信号是否正确反映了市场的供求状况,在此地进行的经济活动是否规范,是否有法律保障、是否有秩序这些条件都对外资的供给产生极大的影响。[①] 良好的市场体系能通过正确的市场信号引导投资,可以降低外资的投资风险,减少获取信息的交易成本,减少了支付政府干预的成本,提高投资的效益,也就能吸引外商供给更多的外资。

5. 基础设施

基础设施是影响外资供给的重要因素,是进一步扩大开放、创造良好投资环境的必要条件。基础设施的齐全程度、装备水平以及用户的满意程度与吸引外资的供给关系密切。

6. 人力储备

充足的劳动力供给是产业降低成本、扩大再生产的基本条件,高素质的劳动力也是吸引高新技术产业的重要前提。劳动力供给素质不对应将会影响外资供给,限制技术含量高的资本进入。

三、外资供求关系与产业结构优化

从世界范围来说,在某一时点上,外资的供给是一定的,它是由发达国家经济发展水平和产业结构的现状决定的,并不随发展中国家外资需求的变化而变化,外资并不是无限供给的。但对于利用外资的世界某一区域来说,既定水平的外资在供给的过程中却是有供给区域选择的。对于某一区域而言,我们只有通过投资环境的优化,不断改变外资供给的区位选择,满足自身在市场作用调节和政府产业政策引导下产生的代表产业优化方向的外资需求,产业结构才能快速、高效地得到改善或优化。

如图 5-2 所示,发展中国家的产业结构会在市场机制的作用下自发产生调整的需求并对外资产生需求,但这种需求是一种低层次的需求,它并不符合发展中国家或者落后区域政府赶超发展的思路,这种需求并不能完全代表产业结构的优化方向。因此我们所说的外资需求是市场自发

调节和政府产业政策共同引导下产生的对外资的理性需求。它主要包括资金需求、技术进步需求和投资结构需求。

1. 外资供求量的平衡是产业结构变动中外资效应产生的基础

发展中国家或者经济发展相对落后的地区,面临调整产业结构促进经济持续、快速、健康发展的重要任务,为缩小与发达国家或者发达地区的经济差距或者产业差距,只有通过更高的变化速度来赶超,否则差距会更加被拉大。发展中国家或者经济相对落后地区,经济总量水平较低,无法依靠自身的资本积累去弥补产业结构调整所产生的巨大资金缺口,或者无法将储蓄有效的转化为投资,只有通过外资来弥补这一缺口。由于外资是技术、管理、经营理念等一揽子资源的载体,因而外资供求量的平衡也就为外资技术溢出效应以及直接带动效应的发挥提供了可能,提供了量的保证,提供了物质基础。外资供求量的平衡下,通过资本效应发挥,一方面弥补了资金量的缺口,另一方面投资也带来了资本存量和增量的调整,达到改变产业结构的目的。外资供给量的平衡,只能说为产业结构的优化提供了基础,但这并不能决定其改变的方向。

2. 外资供求质的平衡是促进产业结构优化的根本动力

外资供求质的平衡既包括技术进步需求与技术供给的平衡,也包括外资投资结构的供求平衡。

第一,技术进步供需平衡才是真正推动产业结构调整优化的动力源泉;技术进步需求的满足意味着经济发展过程中的"技术缺口"得到弥补,这能更好地促使技术溢出效应的发挥,通过产业的前后向关联关系,从而提升整个产业的技术水平和产出效率,产业结构获得提升。当然,技术溢出效应的更好发挥也离不开外资供求量的平衡。外资供求量的平衡一方面为技术进步供需平衡提供了基础和可能。另一方面,技术进步供求平衡也促进了资本效应发挥其对于资本存量和增量的调整,有了技术进步供需平衡的推动,资本效应会提高资本存量和增量的质量,使得资本效应发挥促进产业结构优化的作用。外资供求量的平衡和技术进步供求平衡的结合,资本效应和技术溢出效应的共同发挥,实现了产业的高度化,这是产业结构优化的标志之一。

第二,外资投资结构供求平衡是产业结构调整优化的直接带动者;外资的投资结构指的是外资投向三次产业量的比例以及在产业内的配置比例,而外资的投资结构需求指的是代表产业结构优化方向的产业间和产业内的配置比例。投资结构的供求平衡,就是让资本在产业间和产业内达到能实现产业结构优化的合理配置,在直接带动效应的作用下,使得产业间和产业内的发展更为协调。投资结构供求平衡也是要以外资供求量的平衡为前提的,而投资供求平衡带来的产业协调发展为资本效应调整资本存量和增量作用的发挥指明了方向。外资供求量的平衡和投资结构供求平衡的结合,实现了产业结构合理化,这是产业结构优化的另一标志。

综上所述,外资供求量的平衡和技术进步供求平衡的共同作用,实现了产业结构高度化,外资供求量的平衡和投资结构供求平衡的共同作用,实现了产业结构的合理化。产业结构高度化和产业结构合理化是产业结构优化的两个标志,在资本效应、技术溢出效应以及直接带动效应的作用下,外资供求量的平衡和外资供求质的平衡共同推动了产业结构的优化。

5.3 广西产业结构调整与变动中的外资效应探析

通过以上外资供给对产业结构调整优化的积极作用以及利用外资对产业结构变动的作用机理分析可以看出,利用外资是我国当前产业结构调整既而转变经济增长方式实现经济持续快速发展过程中不可或缺的因素之一。广西作为西部欠发达省份,在当前区域协调发展思路下,经济发展的目标是要通过产业结构的调整,实现经济又好又快的发展,去追赶甚至超越国内经济发达省份。在这样目标的驱使下,外资对于广西的重要性更为突出,如运用得当,则会大大加快经济发展的速度和质量,会增加实现超越的可能性。为此,我将在具体分析广西产业结构变动中的利用外资现状,探讨广西产业结构调整过程中利用外资出现的问题。

5.3.1 外资供给的波动

一、广西总体利用外资的波动

广西利用外资状况特点鲜明,总体上分为三个阶段:一是快速增长阶段。1990—1998 年,广西实际利用外资额迅猛增加,从 1990 年的 0. 60 亿美元上升到 1998 年的历史最高水平 12. 82 亿美元,其中 1993 年的增长速度最快,当年实际利用外资额为 9. 24 亿美元,相当于 1992 年水平的 3. 88 倍。1994—1998 年这五年里,广西实际利用外资总体稳中有升,但实际利用外资额相当于全国实际利用外资额的比重却有所下降,从历史最高水平 2. 42% 下降到 1998 年的 2. 19% ,利用外资在经历了一个增长高峰后,有回落的趋势;二是逐年下降阶段。1999—2001 年这三年里,广西无论是实际利用外资额还是实际利用外资额的比重都在逐年下降,而且利用外资水平回落十分明显,实际利用外资额从 1998 年的 12. 82 亿美元一直下降到 2001 年的 5. 76 亿美元,年均下降 18. 4% ,实际利用外资额对全国的比重也从 2. 19 下降到 1. 16;三是利用外资疲软阶段。在经历了 1999、2000 和 2001 三年的回落后,2002—2007 年广西实际利用外资一直处于徘徊不前的状态,从表 5-2 和图 5-3 我们可以看出,仅 2004 年实际利用外资额有明显的下降外,其余各年均保持的相当的水平,无论是利用外资额还是外资对于全国总量的比重,都处在一个徘徊不前的阶段,利用外资态势疲软。

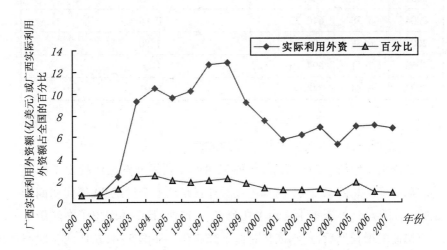

图 5-3 1990—2007 年广西实际利用外资变动图

表5-2　1990—2007年广西实际利用外资额　　单位:亿美元

年份	实际利用外资额		广西实际利用外资额占全国的百分比
	广西	全国	
1990	0.60	102.89	0.58
1991	0.66	115.54	0.57
1992	2.38	192.02	1.24
1993	9.24	389.60	2.37
1994	10.47	432.13	2.42
1995	9.64	481.33	2.00
1996	10.20	548.05	1.86
1997	12.70	644.08	1.97
1998	12.82	585.57	2.19
1999	9.21	526.59	1.75
2000	7.53	594.56	1.27
2001	5.76	496.72	1.16
2002	6.19	550.11	1.13
2003	6.90	561.40	1.23
2004	5.38	640.72	0.84
2005	6.38	638.05	1.80
2006	7.11	694.70	1.00
2007	6.84	748.00	0.91

二、广西三次产业实际利用外资的波动

在外资供给波动的背景下,广西三次产业利用外资也体现出了明显的波动特征。总的来看,广西真正接触外资是从上个世纪90年代初期开始的,一直以来,外资都主要集中在第二、三产业,且都体现出了在经历了一个快速的增长期后,近年来呈总体下降趋势。如图5-4,从广西三次产业实际利用外商直接投资(FDI)的分布及变化我们可以看出:一是,第一产业利用外资的绝对量很小,相对于第二、三产业实际利用FDI的变动来看,变动不是很明显,但就其自身的变化幅度来说,在经历了1993到1995两年的快速增加后,基本维持在一个相对稳定的水平波动。二是,第二、三产业实际利用 FDI 的波动幅度较大,且具有明显的特征。从各自变化的趋势来看,第二产业实际利用 FDI 大体体现为两个阶段,一是 1990—1998 年间的急速增长阶段,也就是在这次增长过程中,1994 年第二产业实际利用 FDI 首次超过第三产业;另一阶段则是 1999—2006 年间的快速下降后的徘徊阶段。第三产业实际利用 FDI 波动体现出的总体特征是在经历了 1990—1993 三年的迅猛增长后,就在波动中呈快速下降趋势。三是,结合外资供给波动广西和三次产业实际利用 FDI 的波动情况来看,1998 年以后,广西三次产业,特别是第二、三次产业实际利用 FDI 变动状况与外资供给的波动有着极为相似的变化特征,可以说外资供给的减少和近年来的徘徊状态,首当其冲地影响到了广西第二、三次产业利用外资的变化。

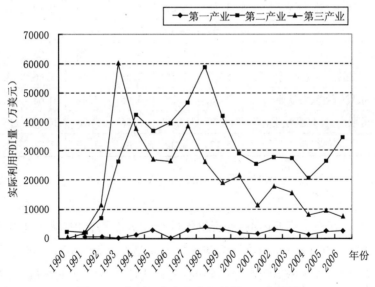

图 5-4　广西三次产业实际利用 FDI 变动图

5.3.2　外资供给的产业分布

一、外资供给在广西三次产业中的分布显示出了不均衡的特征

第一,外资在三次产业间的分布不合理;当前广西三次产业结构中存在的突出问题是第一产业发展严重滞后于全国平均水平,第二产业的主

导地位不明显,第三产业发展不充分。在这样的产业结构背景下,广西利用外资体现出第二产业利用外资比重虽逐渐上升,但偏低,第一产业利用外资的比重较高,这和广西产业结构特征是相吻合的。如表5-3,从各主要行业利用外资的比重可以看出,广西第一产业利用外资的比例居高不下,2006年分别比广东、江苏以及全国水平高出 4.64%、4.81% 和 4.48%。2004—2006 年间,广西第二产业利用外资的比重逐年上升,2006年达到 72.53%,虽高于全国水平,但仍较广东和江苏地区低 2.27% 和 10.09%,比重偏低。

表5-3　2004—2006 年外资供给在各省主要行业的比重分布情况 单位:%

年份 行业	2004	2005	2006	2006	2006	2006
	广西	广西	广西	广东	江苏	全国
农、林、牧、渔业	3.84	5.89	5.43	0.79	0.62	0.95
工业	67.51	68.08	72.07	73.54	81.59	66.36
建筑业	0.16	1.09	0.46	1.26	1.03	1.09
运输、邮电业	5.43	1.55	2.08	3.44	1.66	3.15
批发、零售、餐饮业	2.38	2.25	3.05	3.82	0.68	4.15
房地产、公共服务业	14.78	17.77	8.56	9.96	10.71	13.83
其他行业	5.12	3.32	2.05	7.19	3.71	10.46

数据来源:广西统计年鉴 2007 以及中国统计年鉴 2007。

第二,在三次产业内部,外资供给的行业分布不合理;从产业结构演化所遵循的规律来看,产业结构调整的方向是要逐渐实现从劳动密集型产业向资本、技术密集型产业的转变,要在改造传统产业的基础上,有选择地去发展新兴的现代产业,培育一些新的产业和经济增长点。广西外资供给主要集中在第二产业内部的采掘业、制造业和第三产业的房地产、公共服务行业中。如表5-3,2004—2006 年,第二产业中能有效拉动国民经济增长的重点行业建筑业利用外资的比重普遍低于发达地区及全国水平。第三产业中,利用外资改造提升传统服务业的力度不够,使得以传统服务业为主的广西第三产业近年来发展停滞不前。现代服务行业利用外资不够充分,房地产和公共服务行业利用外资的比重分别为 14.78%、17.77% 和 8.56%,其中 2006 年所占比重比全国平均比重 13.83% 低了约 5 个百分点,从其他行业利用外资所占比重可以看出,一些新兴的现代服务业如保险业、金融业等利用外资所占的比重非常低,2006 年,其他行业利用外资比重为 2.05%,较传统的批发、零售、餐饮业利用外资所占比重还要低 1 个百分点,较全国平均水平低 8.4 个百分点。2004—2006 年广西农业利用外资比例高于全国平均水平,这在一定程度上也印证了广西产业结构调整过程中,第一产业增加值在三次产业结构中的比重过高的落后现象,同时这也反映出广西为调整第一产业内部结构而对外资产生的强烈需求以及自身的农业资源吸引外资供给的优势。

二、影响外资供给产业分布的因素

深入考察广西所面对的外资供给的产业分布现状,就会发现,外资供给的结构和外资需求结构是存在差异的。这既体现在外资在三次产业中的分布状况,也体现在外资在产业内不同行业间的分布状况上,外资供给的产业分布与产业结构调整方向是否吻合,将会直接影响到产业结构的调整优化。外资供给的产业分布结构不尽如人意,主要是由于外资供给的来源地、外资供给的区域选择和广西目前产业结构的现状决定的。一方面,在外资供给的区位选择上,广西处于很被动的地位,这主要体现在外资的来源地和外资在中国地域分布上。在外资供给区位选择中的非优势地位,使得广西很难得到优质外资,外资供给结构与外资需求结构产生偏差。另一方面,广西的产业结构现状也是造成利用外资产业分布结构不合理的又一原因。产业结构不合理的现状形成了不能代表产业结构调整方向的主导产业和优势产业,作为资本,外资更倾向于投向具有优势的产业或者发展比较成熟的产业,以获取更高的回报,这就使得外资的投向与产业结构调整方向出现了偏差,造成外资的产业分布不合理,制约产业结构调整优化。

1. 外资供给的来源地制约着外资在广西的产业分布

从外资供给的来源地看,广西利用外资的质量不高,主要体现在来自发达国家和地区的外资量少,从而对产业结构调整的刺激作用有限。从来源地分布上看,广西利用外资中的绝大部分来自香港和英属维尔京群岛地区,来自于其他国家的外资所占的比例很小。如表 5-4 所示,2006

年,广西实际利用外资额为 7.11 亿美元,外商直接投资 4.47 亿美元。在外商直接投资中,来自于香港有 15559 万美元,占当年利用外商直接投资总额的 32.59%,来自于英属维尔京群岛的有 11704 万美元,占 24.5%。除了这两个地区外,其他地区的外商直接投资量很少,中国的台湾地区、新加坡、日本和美国分别仅占 1.84%、3.81%、2.13% 和 1.96%。

表 5-4　2006 年广西利用外商直接投资(按国别、地区分)情况

地区	FDI 供给(万美元)	比重(%)
新加坡	1817	3.81
香港	15559	32.59
澳门	402	0.84
台湾	880	1.84
泰国	12	0.03
日本	1019	2.13
美国	935	1.96
英属维尔京群岛	11704	24.5
广西 FDI 总量	47740	—

数据来源:2007 年中国统计年鉴。

2. 广西在外资供给区位选择中的地位限制了外资供给的产业分布

广西的投资环境不是很理想,综合考虑 GDP、地理位置、市场经济环境、第三产业增加值占 GDP 的比重、城市结构、政策因素、劳动力成本、贸易依存度等影响外商投资的因素后,认为广西投资环境评价指数在全国居第 12 位,仅位于中游水平,[①]另一方面,我们可以通过外资在我国地域上的分布来看广西在外资供给区位选择中的地位。

如表 5-5 所示,2007 年外资供给在我国的区域分布集中在东部地区省份,长三角和珠三角仍是最具有吸引力的投资地点。该年外资供给排在前三位的分别是江苏、广东和山东,且江苏一枝独秀,以 218.9 亿美元

---

① 　吴海鹰:《外商直接投资与中国西部经济》,中国经济出版社 2006 年版。

高居第一位置。纵观已经列出的西部各省份,外商的外资供给量非常小,2007年广西实际利用外资6.84亿美元,在西部地区位于陕西之后,在全国位于第23位,仅为江苏利用外资量的3%。可见广西虽有三沿的优势地理位置,但在利用外资的过程中,却没有发挥出自身的优势。广西在外资供给的区位选择中处于劣势地位,这限制了广西外资供给的产业选择。一些来自发达国家的优质资本主要集中在长三角和珠三角地区,而流入广西的外资多数投向劳动密集型的产业,技术含量较低,使得外资供给的产业分布与产业结构优化的方向出现了偏差。

表5-5 2007年实际外资供给在全国主要省份分布表

单位:亿美元

地区	外资供给	地区	外资供给
江苏	218.9	吉林	22.71
广东	171.26	山西	22.6
山东	110.1	黑龙江	21.7
浙江	103.7	内蒙古	21.49
辽宁	91	四川	20.11
福建	81.31	陕西	11.95
上海	79.2	海南	11.25
北京	50.7	重庆	10.85
天津	41.31	广西	6.84
湖北	35.02	云南	5.03
湖南	32.71	青海	3.1
河南	30.62	贵州	1.27
河北	30.1	甘肃	1.18
安徽	30		

注:数据来源:2007年各省国民经济和社会发展统计公报。

3. 广西产业结构现状制约了外资供给的产业分布

产业结构现状是制约利用外资的重要因素之一,产业结构的现状决定了资源在产业间以及产业内各行业间的分配状况,也决定了产业的生产技术水平和资本收益率。资源配置的难易和资本边际收益的高低是外资选择投向的主要参考因素,所以说,广西产业结构层次低的现状制约了外资供给在产业间的分布。广西农业产业化程度低,产品附加值低的现状使得其第一产业利用外资的绝对量很少;具有重化工业特征的第二产业,决定了其支柱产业或者主导产业并不能代表产业结构调整的方向,从而支柱产业或者主导产业大量利用外资也就不能有效带来产业结构的优化。第三产业仍以传统服务业为主的特征,也很难吸引到对市场环境要求更高的现代服务业的进入。产业结构不合理的现状制约了外资供给的产业分布,外资供给产业分布的不合理又会加剧产业结构的不合理,这样很容易使利用外资的目的偏离产业结构调整的方向。

5.3.3 外资效应

在产业结构调整变动过程中,通过地方政府产业政策的投向引导,利用外资已经成为影响产业结构变动的因素之一。那么,在中国东盟自由贸易区的建立、区域经济合作广泛开展以及北部湾广西经济区建设正式启动的新形势下,地处欠发达地区的广西,产业结构变动程度是否与衡量利用外资水平变动的变量呈正相关关系? 这种相关性是否一成不变? 外资是否发挥了其对于产业结构调整的作用?

一、外资效应的内涵

前面所谈到的外资效应,并不是笼统的指利用外资对于产业结构调整优化的正反两方面作用,而是指利用外资对于产业结构调整优化的综合刺激效应,指的是利用外资在促进产业结构沿着产业结构演变规律变化过程中所体现出的积极作用。从作用机理的分析中我们可以看出,这种积极效应主要包括资本效应、技术溢出效应和直接带动效应,并在资本效应、技术溢出效应以及直接带动效应的共同作用下,最终体现为外资促进产业结构调整优化的刺激效应,表现为三次产业增加值比例以及产业内部行业增加值比例符合产业结构演变规律的变动。

二、外资效应的衡量

外资的投入会带来一定的产出,外资带来的产出构成了三次产业增加值的一部分,于是外资的投入量与三次产业增加值以及国民生产总值间客观存在着某种关联。但由于外资并不是区域生产过程中唯一的资本要素,同时,同样作为资本,其他投资也有可能具有外资的产出效率,事实上外资只是全社会总投资中份额不大的一部分,使得外资在全社会总投资中并不占主导地位,这就使得外资效应的衡量或者说外资投入带来产业结构变动效果的体现变得十分复杂。本章拟从利用外资水平的变动程度与产业结构变异度间的关联来考察特定区域的外资效应。利用外资水平指的是外资在全社会总投资中的比例,产业结构变异度指的是三次产业增加值构成比例的变动。作为一个相对量,利用外资水平能够较好体现出外资在全社会总投资中的地位,能够反映出外资与其他投资的比例关系,避免了用外资绝对量孤立地去衡量利用外资。产业结构变异度这一变量也是一个结构性变量,能够较好反映产业结构的变动程度,可以克服过去研究中运用到的产业增加值变量的静态缺点。考察利用外资水平变动程度和变异度这两个结构性变量之间的关联,能清楚地认识到利用外资水平的变动会带来怎样的产业结构变动,能够达到在动态中检验外资效应的目的。

三、外资效应在广西的表现

对于产业结构水平落后的广西来说,利用外资初期这种刺激效应主要体现在资本效应的发挥和直接带动效应的发挥上,当产业结构水平有所提升或者产业集中度有所提高,产业间关联有所增强时,刺激效应会逐渐更多地体现为技术溢出效应的发挥,这是由于在经济发展的初期,产业结构水平不高,产业间的关联不强,本土企业整体技术水平比较落后,其想要模仿就必须对企业追加巨额的更新改造投资甚至要完全废弃原有的固定资产投资,从而使得技术模仿的难度很大,技术模仿所花费的时间也很长,这就严重限制了外资企业的技术扩散。同时较低的市场竞争水平也不能有效刺激外资企业技术的更新换代,技术扩散效应在短期内得不到很好的体现。但随着产业结构的演化,产业间的关联不断增强,产业链条的不断延长,本土企业的生产技术水平有所提高,与外资企业的差距缩小,致使产品质量差异的原因并不完全体现在整个生产工艺或者生产流程上,而只需改变整个生产过程中的某个环节就能满足外资企业对于中间产品的需求或者生产出与外资企业类似的产品,这时本土企业技术模仿的难度就大大降低了,技术模仿的时间也缩短了,就可以通过产业关联性使得技术溢出速度加快,同时由于本土企业模仿能力的增强,使得在产品市场中,外资企业不再是垄断者,本土企业也加入了竞争,这样也加快了外资企业对于生产技术更新换代的周期,如此循环,外资的利用就会带来地区产业整体生产技术水平的提高,外资的技术扩散效应得到很好体现。

从外资在区域间所体现出的对于产业结构调整的积极作用存在着差异性可以看出,一定量的外资对产业结构所发挥的刺激效应并不是固定不变的,它是与产业结构调整过程许多经济变量紧密关联的,这就需要我们在利用外资促进产业结构调整优化的过程中,要合理配置资源,尽可能地去挖掘外资的潜在作用,要求我们从影响利用外资作用发挥的诸多因素去考虑,如优化投资环境、调整产业结构、提高市场化水平、改善政策法律环境等,这些都会增强外资刺激效应的发挥。对于广西来说,近年来利用外资的疲软态势以及区域经济合作不断加深的情况下,我们一方面要有选择、充分利用好仅有的外资,使得外资的积极作用得到最大的发挥;另一方面,我们要利用面临的新的经济环境和机遇,从快速改善影响利用外资的因素出发,协调好资源的配置和多种形式的经济关系,在壮大自身的同时,从侧面促进外资效应的发挥。

5.3.4 广西产业结构变动中外资效应检验

一、模型的构建

国内关于利用外资与经济增长的关联研究模型很多,主要是将经济总量或三次产业各自增加值与利用外资额进行关联性检验来分析的,静态反映了利用对于三次产业增长的影响既而影响经济总量水平。

1. 变量的选择

众所周知,产业结构变动调整过程是一个不变化的动态演变过程,而产业结构优化更是产业结构遵循着产业结构演变规律而动态变化的过程。影响产业结构变动的因素很多,其中外商投资就是其中的重要因素之一,因为投资的变化会直接带来产出的改变,而作为技术、管理、经营理念等一揽子资源的载体,外资对产出的影响也不是一般资本所能及的,外资对于经济增长和三次产业增加值的改变作用也是毋庸置疑的,本章在这里就不再对外资的投入对产出的贡献进行分析了。为更好反映产业结构调整中外资效应的发挥,更好的体现出产业结构调整这一动态演变过程,仅仅利用静态的总量性数据去衡量是不够的。本章将选择产业结构变异度和利用外资水平变动程度这两个结构性变量对广西产业结构变动中的外资效应进行关联性检验:

第一,产业结构变异度;产业结构变异度是衡量产业结构变动程度的变量,主要通过三次产业增加值构成比例的变化量来衡量产业结构的变动,能较好地反映变动前后产业结构的演变情况。

第二,利用外资水平变动程度;外资对产业结构变动的作用,是在与其他投资的交叉作用下体现出来,因而外资对某一地区产业结构的影响也和该地区其他投资的多少密切相关,特别是外资在能代表投资总量的全社会固定资产投资中的比例会影响到外资作用的显现。因而,讨论利用外资水平变化与产业结构变动间的关联能更好地说明外资效应。

2. 广西产业结构变动与利用外资水平变动的关联检验

本章选择广西 1990 年—2007 年经济数据进行分析,仍然按照三次产业的划分,确定 1990 年为基期年,选择产业结构变异度 k 来计算衡量产业结构的变动程度。为了反映利用外资水平的变动以及其对于产业结构的影响,我们选取每年实际利用外资额 p 与当年全社会总投资的比来表示该年利用外资水平,M 表示利用外资水平的变动程度,则:

$$K = \sum_{i}^{N} |q_i - q_0| \; ; \; M = \left| \frac{p_n}{I_n} - \frac{p_0}{I_0} \right|$$

上式中,q_i 表示 i 产业在全部经济中的比重,q_0 表示基期时 i 产业在全部经济中的比重,N 表示全部产业的分类数,这里 $N = 3$。P_n、P_0 分别表示 n 年份和基期年份的利用外资额,I_n、I_0 分别表示 n 年份和基期年份全社会投资额,这里我们权且用能够很好反映经济增长的全社会固定资产投资额代替全社会总投资额,用实际利用外资额代替利用外资额。通过计算整理得到表 5-6 中的结果。

我们设定产业结构变动中利用外资效应模型是:

$$LnK_t = a(LnM_t) + c + u_t$$

因变量 K_t 为第 t 年的广西产业结构变异度,M_t 为第 t 年的利用外资水平的变动程度,我们将通过此模型检验广西产业结构变动与利用外资水平变动之间的关系,用统计软件 Eviews 分析得到估计结果:

1991—1998 年的计算结果为:

127

表5-6　产业结构变动度与利用外资水平变动度的计量统计表

年份	I_n(万元)	P_n(亿美元)	K(%)	M(%)
1990	685666	0.60	—	—
1991	896479	0.66	3.5	1.151
1992	1410395	2.38	6.7	6.723
1993	2780754	9.24	21.3	20.261
1994	3825871	10.47	25.7	15.417
1995	4233742	9.64	18.8	11.609
1996	4764200	10.20	16.5	10.482
1997	4798023	12.70	14.9	14.672
1998	5717025	12.82	17.3	11.319
1999	6202035	9.21	21.1	5.051
2000	6600146	7.53	25.1	2.194
2001	7312523	5.76	28.1	0.720
2002	8349852	6.85	31.0	0.455
2003	9873063	6.90	31.9	1.457
2004	12636500	5.38	31.1	3.720
2005	17690715	6.38	33.9	4.335
2006	22465743	7.11	35.9	4.723
2007	29704700	6.84	35.7	5.514

注:表中第一、第二列来源于《广西统计年鉴》和广西统计信息网,第三、第四列是以1990年为基期,按照公式计算所得。

$LnK = 1.0563 + 0.6947LnM$

T 统计量　（3.940）　　（6.134）

$Prob$ 值　　（0.0076）　（0.0009）

$R2 = 0.8624, SE = 0.2689, D.W = 1.9942, F = 37.6249$

（$Prob = 0.0009$）

1999—2007 年的计算结果为：

时期	R^2检验	D－W检验	F检验
1999—2007	0.0064	0.3082	0.0450

　　由估计结果可以看出,1991—1998 年间数据经过回归分析,变量系数可以通过 5% 的显著水平检验,但我们却发现,1999—2007 年间的数据回归分析结果 $R^2=0.0064 < 0.7$,D-W 值 $=0.3082$ 离 2 有很大的距离,显然方程此时没有通过 5% 显著水平的检验,说明 1999—2007 年广西产业结构的变动程度与利用外资水平变动程度间呈不相关关系,两者不存在直接的关联,说明外资效应没有得到很好的发挥和体现。因此,为使产业结构的变动程度与利用外资水平变动程度正相关,需要不断提升广西目前的外资效应。

二、模型结果的一种解释

表 5-7　广西 1999—2007 年间利用外资水平统计表

年份	全社会固定资产投资额 I_n(万元)	实际利用外资额 P_n(亿美元)	较上一年增长幅度(%)	利用外资水平 P_n/I_n(%)
1999	6202035	9.21	－28.2	12.30
2000	6600146	7.53	－18.2	9.45
2001	7312523	5.76	－23.5	6.52
2002	8349852	6.85	18.9	6.79
2003	9873063	6.90	0.73	5.54
2004	12636500	5.38	－22.0	3.53
2005	17690715	6.38	18.6	2.91
2006	22465743	7.11	11.4	2.52
2007	29704700	6.84	–3.8	1.73

数据来源:第一、二列来源于广西统计年鉴和广西统计信息网,第三、四列是由第一、二列数据计算而得。其中,1999—2004 年按照 8.28 的基准汇率计算;2005、2006、2007 年分别按照 8.07、7.97、7.52 的基准汇率计算.

从广西案例分析可知,利用外资变动确实会对产业结构变动产生影响,但这种影响具有区域性的特征,与国内学者的研究结论有偏差。广西1999—2007 年的数据回归结果不满足前期所设的模型,使其偏离了前期的正相关关系,这有其自身的原因。1998 年爆发了亚洲金融危机,我国在保持人民币不贬值的前提下,为了避免危机对经济的冲击,拉动经济增长,采取了积极的财政政策,在这种政策滞后效应的刺激下,广西的固定资产投资在随后的两年里有了明显的增长,2000 年比1998 年增长了90 亿元,增长幅度为6.4%,而1999 年、2000 年的实际利用外资额较1998 年却下降了28.2%和41.3%,外资占全社会总投资的比重急剧下降(见表5-7),外资对产业结构变动的作用得不到很好的体现。

由表5-7 可以看出,1999—2007 年这9 年时间里,广西实际利用外资额在全社会固定资产投资额中的比例基本呈逐年下降的趋势,从1999 年的12.30 下降到2007 年的1.73,实际利用外资在全社会固定资产投资额中所占比重降低了85.9%,年均下降约10.7%。"十五"时期以及"十一五"的前两年,我国经济增长主要是靠投资拉动实现的,广西也不例外。在"十五"时期,广西全社会固定资产投资急剧增加,2005 年广西全社会固定资产投资几乎增长为2000 年的3 倍,"十一五"的前两年,广西全社会固定资产投资继续保持快速增长的势头,已经增长为2000 年的4 倍,较2005 年增长了67.9%。三次产业产值构成也发生了较大的变化,第二、三产业的比重显著提高,第一产业的比重下降了7.3 个百分点。与此同时,1999—2007 年里,广西利用外资占全国的比重总体呈下降趋势,在全社会固定资产投资中的比重也是逐年下降的,利用外资的绝对总量也基本维持在同一水平且有小幅回落,广西利用外资的疲软态势却没有改变。这种情况下,广西及时调整了经济发展的思路,广泛参与了地区间的经济合作,如"百企入桂"战略的实施、泛珠三角"9+2"区域经济合作的开展等。自2001 年8 月"百企入桂"战略启动至今,始终把"招大引强"作为主攻对象,引进了大批战略投资者和龙头企业,把他们的资金、技术、管理、市场等优势与广西的资源、区位优势相结合,发挥产业关联效应,整合同类市场或带动产业链的形成和发展,取得了瞩目的成绩。仅2001—2005 年就累计利用境内区外资金774.5 亿元,2007 年广西实际利用区外境内资金首次突破千亿大关,达1072 亿元,比上一年增长74.3%。可见,这部分投资已经逐渐成长并取代了境外投资对于产业结构调整的贡献地位。这些原因能够比较好地解释了1999—2007年产业结构变异度与利用外资水平变动程度之间回归分析的结果。

表5-8 1999年、2007年广西主要经济发展指标对比情况

年份	GDP(亿元)	三次产业产值构成	全社会固定资产投资(万元)
1999	1971.41	28.8∶34.6∶36.6	6202035
2007	5885.88	21.5∶39.7∶38.8	29704700

数据来源:广西统计年鉴2000年,2008年。

5.3.5 区外境内资金对外资的替代可能性

从利用外资对产业结构的变动机理来看,欠发达地区利用区外境内资金或者利用外资所产生的效应也具有很多的共性。

首先,作为一种资本,区外境内资金的流动,也是以占领市场或获取更多报酬为目的的,这与外资的流动目的是一样的。作为资本,都能在对广西的供给中给广西的资本存量和资本增量带来调整,推动产业结构的变动。

其次,区外境内资金从国内发达地区流向广西这一特定区域,资本所携带的技术、管理等资源也是和外资作为一揽子资源的载体特性是相似的;广西经济发展水平较为落后、市场发育不完善、产业结构层次低、投资环境有待于进一步改善这些特征决定了其在产业结构调整优化的过程中吸收外资的质量也不高,反映在外资的来源地以及外资在广西的产业和行业投向上:外资主要来自香港、英属维尔京群岛,来自欧美发达国家的投资比重很小;外资主要投向第二产业中的加工工业以及第三产业中的传统服务行业。这就使得外资的技术进步特征不明显,外资与国内发达地区产业转移背景下流动出来的资本特征很相似。再次,我国发达的东部地区和欠发达的西部地区产业之间存在着较强的互补性;东部地区的产业结构正呈现向"三二一"转变的趋势,广西的产业结构正呈现向二三一的完成和巩固阶段,这两种演进的态势使得广西和东部发达地区的产业结构有着很强的互补性,东部发达地区的产业转移能够促进广西产业

结构的调整。这些为区外境内资金逐渐成长并取代境外投资对于产业结构调整的地位提供了理论上的可行性。

通过广西产业结构变动中的外资效应的分析,我们可以看出:2000年以前,利用外资缓解了广西发展资金短缺的制约,明显推动了广西产业结构的调整和升级,这也印证了诸多学者的定性分析——外资对于欠发达地区产业结构调整的重要性。同时我们也发现,利用外资的积极作用并不是不可替代的,广西2000—2007年的经济发展从另一个侧面证明了,欠发达地区在招商引资和调整产业结构过程中,加强与区域内发达地区间的经济交流与合作,对于欠发达地区产业结构调整同样有着不可忽视的作用,并正在逐渐替代外资的刺激效应。

因此,广西应审时度势,积极开展与国内发达地区的经济交流与合作,有选择地承接国内发达地区的产业转移,合理运用外来投资(包括境内、境外投资),调整投资的结构,做到有的放矢,这才是当前地处欠发达地区广西调整产业结构、推动经济发展的当务之急。

5.4 广东省利用外资对产业间就业转移的影响探析

5.4.1 广东省各产业利用外资和就业的现状

一、外资的产业投向具有明显的倾向性

改革开放以来,广东省作为我国利用外资的前沿地带,在吸引外资中始终扮演着重要角色,外资的引入推动了广东经济的迅速增长。在外资投向三次产业的过程中,我们会发现,广东省的外资产业投向有着极为明显的特征,外资主要集中在第二产业和第三产业领域,而第一产业利用外资所占的比例相对很少。

从表5-9中可以看出,1993—2008年间,广东省第二产业利用FDI的比重平均达到了72.4%,第三产业利用FDI的比重平均达到26.7%,而第一产业吸收FDI的比重仅为1%左右。从利用外资的结构来看,外资在第二产业中的集聚主要体现在制造业上,利用外资促进了广东省制造业的空前发展。

表5-9　1993—2008年度广东省三次产业实际利用FDI分布表

年份	第一产业(%)	第二产业(%)	第三产业(%)
1993	0.7	69.4	29.9
1994	0.9	69.6	29.5
1995	0.9	69.3	29.8
1996	1.2	71.7	27.2
1997	1.3	73.9	24.8
1998	1.1	71.3	27.6
1999	1.4	75.3	23.3
2000	1.0	75.2	23.8
2001	1.1	79.6	19.3
2002	1.0	77.0	22.0
2003	1.1	71.5	27.4
2004	1.3	77.2	21.5
2005	0.6	78.3	21.1
2006	0.8	74.8	24.4
2007	1.1	62.5	36.4
2008	1.1	61.7	37.2

数据来源:各年度《广东省统计年鉴》。

二、产业间的就业分布不协调

经过改革开放30年来的发展,广东省的经济取得了快速发展,产业结构不断升级,带动了就业结构的优化。广东省长期以来就业结构偏离于经济结构的状况已得到相应的改善,从业人员就业构成初步形成了"二三一"格局。

从表5-10中可以看出,广东省产业间的就业分布还很不合理,第一产业就业比重明显偏大,第二、三产业吸纳劳动力就业能力相对不足。如果按照库兹涅茨的"标准结构"来衡量,当人均国民生产总值超过1000美元时,三次产业就业人数的比重为12.7∶48.8∶38.5。2006年广东省的人均国民生产总值按当年汇率折算已经达到3589美元,而2006年广东省三次产业就业人数的比重为30.4∶38.8∶30.8;2008年广东省的人均国民生产总值按当年汇率折算已经达到5505美元,2008年三次产业就业人数比重也仅为28.8∶39.0∶32.2。由此看出,广东省第二、三产业吸纳劳动力能力相对不足,2008年分别落后于标准结构9.8和6.3个百分点,第一产业存在大量的剩余劳动力,接近20%的剩余劳动力需要转移到其他产业中去。

表5-10　1993—2008年广东省就业结构变动情况表

年份	第一产业就业比重(%)	第二产业就业比重(%)	第三产业就业比重(%)
1993	44.1	32.5	23.5
1994	42.3	33.6	24.1
1995	41.5	33.8	24.7
1996	40.7	33.4	25.9
1997	40.8	32.9	26.3
1998	41.1	32.1	26.8
1999	41.5	31.1	27.4
2000	39.0	27.9	32.1
2001	39.1	27.9	33.0
2002	38.1	29.1	32.8
2003	36.8	35.4	27.8
2004	34.7	36.9	28.4
2005	32.0	39.8	28.2
2006	30.4	38.8	30.8
2007	29.4	39.0	31.6
2008	28.8	39.0	32.2

数据来源:各年度《广东省统计年鉴》。

5.4.2 广东省利用外资与就业转移的关联性分析

随着广东省改革开放的向前推进,利用外资水平不断提高。1992年实际利用外商直接投资49.61亿美元,较1991年增长了88%,1993年实际利用外商直接投资96.52亿美元,在1992年的基础上又增长了约95%。1994年实际利用外商直接投资首次突破了100亿美元,2006年实际利用外商直接投资达到145.11亿美元,2008年达到191.67亿美元。实际利用外商直接投资的不断提高,不仅弥补了广东省在经济快速发展过程中对资金需求的巨额缺口,促进了广东省经济的快速发展,而且拉动了广东省就业的增加和就业在产业间的转移。

我们选取广东省1992—2008年这17年作为考察的时间范围,在确定相关变量的基础上探讨广东省利用外资水平变化对产业间就业转移的影响。

一、变量的选择

第一,就业转移变量 W

这里我们用第二、三产业就业总人数在三次产业就业总人数中所占比重的变化来衡量从第一产业中转移出来的就业,即第二、三产业就业比重的增加就是第一产业就业占比的减少,也意味着就业从第一产业向第二、三产业的转移。

第二,影响就业转移的自变量的确定

在这里,我们需要对投资进行分离,在反映全社会投资水平的全社会固定资产投资中,一方面是利用外资对于就业产生的作用,另一方面是全社会固定资产投资中其他投资对于就业的拉动作用。因此,这里要确定两个自变量:全社会固定资产投资中利用外资所占的份额用 I 来表示,全社会固定资产投资中非外资部分所占份额用 I_0 来表示。由于在样本空间中,第一产业年实际利用外资额占年度实际利用外资总额不到1%的水平,我们权且将全社会固定资产总额中外资部分当作全部投向第二、三产业,通过对 W 与 ΔI(较上一年外资占比的变化)、ΔI_0(较上一年非外资占比的变化)的关联检验,可以在有参照系的情况下认识利用外资对于产业间就业转移的影响。各变量的数据经计算后如下表5-11所示。

表5-11　广东省1991—2008年各变量变动情况表

年份	全社会固定资产投资（亿元）	第二、三产业固定资产投资		ΔI（%）	ΔI₀（%）	第二、三产业就业人数占比（%）	就业转移W(%)
		I（%）	I₀（%）				
1992	921.75	13.0	86.2	-0.90	1.90	52.66	3.98
1993	1629.87	17.5	82.1	4.50	-4.10	55.94	3.28
1994	2141.15	22.4	77.2	4.90	-4.90	57.68	1.74
1995	2327.22	20.0	79.5	-2.40	2.30	58.50	0.82
1996	2327.64	21.2	77.7	1.20	-1.80	59.32	0.82
1997	2298.14	20.8	77.7	-0.40	0.00	59.17	-0.15
1998	2668.13	14.8	83.4	-6.00	5.70	58.92	-0.25
1999	3027.56	10.9	87.9	-4.10	4.50	58.53	-0.39
2000	3233.70	11.0	87.6	0.30	-0.30	60.05	1.52
2001	3536.41	10.2	88.6	-0.80	1.00	60.89	0.84
2002	3970.69	11.1	88.2	0.90	-0.40	61.96	1.07
2003	5030.57	11.3	87.9	0.20	-0.30	63.20	1.24
2004	6025.53	10.9	88.4	-0.40	0.50	65.35	2.15
2005	7164.11	11.0	89.0	0.10	0.60	67.95	2.60
2006	8116.89	10.9	88.5	-0.10	-0.50	69.63	1.68
2007	9595.01	10.7	88.7	-0.20	0.20	70.60	0.97
2008	11181.38	7.0	92.0	-3.70	3.30	71.20	0.60

数据来源：以上数据是根据历年广东省统计年鉴计算而得。

二、模型的构建及关联性检验

我们设定利用外资变化对产业间转移影响的模型为：

$$W_t = c + a\Delta I_t + b\Delta I_{0t} + u_t$$

因变量 W_t 为相对于上年来说，广东省在当年（t 年）第二、三产业就业人数在总就业人数中的占比的变化，ΔI_t 为相对于上一年来说，当年（t 年）广东省第二、三产业固定资产投资中利用外资部分在当年全社会固定资产投资中所占比重的变化，ΔI_{0t} 为相对于上一年来说，当年（t 年）广东省第二、三产业固定资产投资中非外资部分在当年全社会固定资产投资中所占比重的变化。

我们利用此模型检验广东省利用外资变化与产业间就业转移的相关关系。用统计软件 Eviews 进行运算,在运用加权最小二乘法消除 u_t 的异方差后得到如表 5-12 的结果:

表 5-12　广东省利用外资变化与产业间就业转移的相关数值计算结果

时期	A	b	C	R^2检验	D-W 值	F 值	P 值
1992—2008	1.4759	1.2766	0.0133	0.9984	2.0260	9557.52	0.0000

从计算结果我们可以看出,其中 $R^2 = 0.9984 > 0.7$,D-W 值 $= 2.0260$,十分接近 2,且 P 值 $= 0.0000$,故 1992—2008 年间的数据经过回归分析,变量系数可以通过 5% 的显著水平检验,说明我们对利用外资变化与产业间就业转移关联关系模型的假设是成立的,由此得到的关系方程式为:

$$W_t = 0.0133 + 1.4759\Delta I_t + 1.2766\Delta I_{0t}$$

三、模型的基本结论

其一,当第二、三产业固定资产投资中利用外资部分在全社会固定资产投资中所占比重增加 1 个百分点,便会带来 1.4759 个百分点的就业从第一产业向第二和三产业转移。

其二,当第二、三产业固定资产投资中非外资部分在全社会固定资产投资中所占比重增加 1 个百分点,便会带来 1.2766 个百分点的就业从第一产业向第二和三产业转移。

其三,模型显示,在全社会固定资产投资中,相同份额的外资和其他形式投资带来的产业间的就业转移效果是不一样的。增加一个百分点的利用外商直接投资能够多带来 0.1993 个百分点的就业从第一产业转移出来。

其四,模型量化了广东省第二、三产业固定资产投资中利用外资部分促进就业从第一产业向第二、三产业转移的作用。实证结果反映出广东省利用外资对产业间的就业转移具有较大的影响,而且,外资促进就业转移的作用要优于其他形式投入资金的作用。

5.4.3　延伸的问题及讨论

第一,在广东省目前面临产业转移和就业转移"双转移"的形势下,注意利用外资的结构性变化来促进就业的产业间转移具有重要的现实意义。

第二,要正确处理好利用外资和利用省外境内资金的关系。

在当前受到金融危机影响而导致利用外资态势疲软的情况下,广东省要正确处理好利用外资和利用省外境内资金的关系,正确认识利用省外境内资金对于外资效应发挥的催化作用以及对于产业结构调整的直接推动作用。要在政府产业发展方向的指引下,积极调整外资的需求和供给,将有限的外资用在可以充分发挥刺激效应的产业环节中去。

广东省就业结构与产业结构的非协调性,需要从系统观的视角来调整:一方面,从外资的利用层面来说,当前,广东省在面临第一产业就业比重过大,外资投资明显倾向于第二、三产业的情况下,应该采取更开放的政策来吸引外资投向第二、三产业领域,充分发挥其固有的促进就业转移的作用。此外,由于外资对就业的带动作用明显,因此,广东省的第一产业也需要创造条件来吸引外资的进入,通过利用外商直接投资来优化第一产业结构,促进第一产业吸纳劳动力就业能力的提升。

另一方面,由于非外商投资资金对劳动力就业在产业之间的转移具有不可忽视的作用,因此,要处理好利用外商直接投资资金和非外商直接投资资金的关系。理论研究表明,积极拓展非外商直接投资资金的利用,对促进外商直接投资作用的发挥具有正面的促进作用。一是有利于提高劳动力整体素质,扩大外资效应的进一步发挥作用;二是通过非外商直接投资的利用,引入市场机制,有利于加快外商直接投资产业的技术溢出,这是因为,在市场供求关系的作用下,外资的进入,外资携带的一揽子资源对个别行业的升级显然对其上下游行业有技术溢出效应作用,能够带动上下游行业产品质量的提高和生产技术的改进;三是通过非外商直接投资的利用,可以提高外资企业与本土企业的关联性,有利于共同促进两类不同投资对劳动力就业的拉动作用。

本章小结

产业结构的优化升级是我国提升产业竞争力以及实现经济持续、健康发展的必经之路,随着我国加入 WTO,外资利用对我国经济增长发挥了巨大的作用。因此本章节主要研究产业结构和外资利用水平关系,从区域外资需求与供给对产业结构调整优化的积极作用、外资对产业结构变动作用机理两个方面分析了广西和广东两省的在产业结构变动中利用外资的现状,以及存在的问题。通过建立广西产业结构变动中利用外资效应模型分析可以看出外资利用一方面缓解了广西经济发展的资金短缺,推动了产业结构的调整和升级;另一方面也分析得出外资积极作用不是不可替代的,区域内发达地区对于欠发达地区的产业结构调整也有着不可忽视的作用。因而广西应该在当前利用外资基础上加强与发达地区的经贸合作,有选择承接国内发达地区的产业转移,合理运用境内、境外资金,这样才是调整产业结构、促进经济发展的可行之路。广东省通过建立外资变化对产业间转移影响的模型分析得出:利用外资对于产业间的就业转移有着较大影响,通过实证研究广东省第二、三产业外资利用促进就业从第一向第二、三产业转移。因而两个省在今后经济发展中如何有的放矢地利用好外资来促进经济发展,从而推动产业结构调整最终实现就业转移是以后发展过程中的重点和难点。

现阶段,我国就业结构变动显著滞后于产业结构的变动,这将不利于我国产业结构的调整和优化升级。产业结构与就业结构的不协调主要体现在失业方面,究其原因,一方面劳动力素质低,技能水平不高,不能满足用人单位的需要;另一方面劳动力尤其是低级劳动力供大于求。而失业问题会影响社会的安稳,因此,解决就业问题就显得迫切和重要。失业保险制度为社会的安定提供了有力的保障,同时也为产业结构的调整提供有利的条件,还对产业结构调整和就业结构的协调发展起到至关重要的作用。因此,本章以广东为例,基于失业保障制度的视角,研究产业结构与就业结构协调的问题。

第 *6* 章
产业结构与就业结构协调发展的制度保障

6.1问题的提出

我国正处于经济建设的高速发展时期,各地区的产业结构也正处在战略性调整的历史阶段。调整产业结构,从而形成地区分工和各自的比较优势,把竞争与合作结合起来,这样才能实现区内的整体优势。改革开放以来,特别是20世纪90年代之后,广东已经稳坐经济大省的"排头兵"地位。"十一五"时期,广东的"排头兵"概念应当有丰富的内涵,不仅仅是经济建设,还应当包括社会稳定发展的"排头兵",即应当成为全国各省、市、区经济建设、社会稳定发展的"排头兵"。然而,随着产业结构的调整,广东省就业结构也发生了根本性的变化,一些与产业结构发展不协调的现象层出不穷,这不仅影响到广东省的经济建设,也影响到了社会的稳定发展。对于广东这样一个劳动力短缺但产业结构在快速变化的省份而言,产业结构调整和升级必然会影响到劳动者的就业结构,而劳动者就业结构是否合理、劳动力的配置是否有效率,也会成为影响产业结构调整的因素。产业结构与就业结构是相互联系、互相制约的,产业结构调整与优化升级、产业的转移与承接、区域产业分工与布局等等都与人力资源的区域与产业配置密切联系。

随着经济的快速发展,广东产业结构的转换速度不断加快,三次产业构成发生了显著变化,第一产业在GDP中的比重不断下降,由1978年的29.8%下降为2007年的5.7%;第二产业所占比重变化不大,由1978年的46.6%上升到2007年的52%;第三产业异军突起,在国内生产总值中的比重大幅度提高,由1978年的23.6%增加到2007年的42.3%,已成为促进经济增长的中坚力量。产业结构的不断升级导致广东就业结构也随之变化。改革开放之初,广东全部从业人员中,第一产业从业人员占73.7%,第二、三产业从业人员分别只占13.8%和12.6%。随着产业结构的不断调整,劳动力比重在第一产业持续降低至2004年的34.7%,到2007年则降到29%。在第二、三产业中,劳动力比重持续上升,第二产业从业人员从1980年的404.8万人增加到2004年的1727.9万人,年均增速为 6.2%,比重上升到 2007 年的 39.5%;第三产业从业人员从 1980 年的 289.4 万人增加到 2004 年的 1331.5 万人,年均增速为 6.7%,比重上升到 2007 年的 31.5%,第三产业从业人员的增速超过第二产业 0.5 个百分点①。

然而,我们可以发现,广东的现状是就业结构的调整滞后于产业结构的调整,最显著的表现在第一产业,1978 年的偏差度②达到 43.9,直到 2007 年才降为 23.3。之所以出现偏离度缩小,是因为第一产业在提倡科技农业、城镇化的过程中,大量农民逐渐向城镇转移就业,然而,在目前城镇就业本已压力重重且农民的技能尚未满足城镇就业的需要的时候,大量农民闲置于城区形成失业的现象是不容忽视的;而第二产业的偏离度是从-32.8 到 2007 的-12.5,偏离数下降了 20.3,说明就业结构的调整与产业结构调整的不适应状况有所改善。然而,对于以重工业发展为主的第二产业,资本密集型和技术密集型产业的比重不断上升,虽然一定程度上提高了对高技能人才的需求,增加了高技能岗位,却淘汰了一些中低技能的人,对于一些劳动密集型与初级工业的产业转移又涉及劳动力能否顺利实现转移的问题。第三产业的偏离度从 1978 年的-11 到 2004 年的-8.4,再上升到 2007 年的-10.8,经历了几次起伏,但偏离度变化不大。随着第三产业比重的提高,新兴行业不断涌现,虽然为社会提供了更多的灵活就业的机会,但大部分灵活就业的人群却处于社会保障制度保障之外,特别是失业保障,致使这部分劳动者生活在不稳定的状态之中。从 2007 年的偏离度绝对值合计为 46.6 来看,仍比较大。说明就业结构的变动还明显滞后于产业结构的优化升级,就业结构与产业结构还存在相当大的偏差。"十一五"规划指出要促进就业结构的转变需要与产业结构协调地发展。而失业是产业结构与就业结构不协调发展的表现。因此,解决失业问题是其中一项非常重要的任务,失业保险制度作为产业结构调整的"稳定器"和社会安定的"减震器",对促进产业结构和就业结构

---

① 数据来源于历年《广东省统计年鉴》。

② 偏差度:产业从业人员比重与该产业增加值比重之差。两者的偏离度越高,就业的产业结构效益越低下;偏离度越小,就业的产业结构效益越高,表明就业结构调整与产业结构调整较适应、产业发展较均衡。

的协调发展起到重要的作用,以完善失业保险制度的视角来研究产业结构与就业结构协调发展的问题也显得极具意义。

广东能成为全国经济的"排头兵",产业结构与就业结构的优化起了很大的作用,对广东产业结构与就业结构协调发展的研究是经济发展到一定阶段的必然课题。与发达国家的地区相比,广东的产业结构与就业结构远未实现真正的协调发展,这在一定程度上制约了广东经济的发展。因此,要实现产业结构与就业结构的协调发展,需要探讨在产业结构与就业结构协调发展模式的基础上建立有效的组织协调发展的运行机制,一方面,要保持国民经济健康快速协调发展,实施与产业结构变化相适应的积极的就业政策,扩大就业,增加就业岗位;另一方面,在采取有力措施控制失业的规模和速度的同时,为失业人员提供更有效的生活保障,并把他们组织到就业准备活动中,充分发挥失业保险制度促进就业的作用。因此,有必要以宏观经济政策为基础,基于失业保险制度的视角,以广东省与省内各区域的区情为立足点从中观层面来对产业结构与就业结构协调发展的制度保障问题进行探析,以确保广东产业结构与就业结构的协调发展。

本章的研究目标,一是针对广东省产业结构与就业结构协调发展中呈现的非协调现状进行分析。二是以完善失业保险制度的探讨为主线,从一系列的相关矛盾中研究如何促进广东产业结构与就业结构协调发展及实现的根本途径。试图解决以下问题:第一,广东产业结构与就业结构的不协调发展现状很大原因是因为劳动力流动障碍使就业结构转换功能趋弱,而影响劳动力流动的很重要的因素是制度方面的障碍,那么,产业结构与就业结构协调存在哪些制度障碍及涉及哪些方面的制度保障呢?第二,失业保险制度是经济可持续发展的"稳定器"和就业的"助推器",在一定程度上讲,市场失灵导致产业结构与就业结构达不到协调的发展,因此,这需要借助政府的力量来协调,而制度又是政府作用于市场的工具,那么,从完善失业保险制度的角度来考虑促进广东产业结构调整与就业结构协调发展的具体的原因是什么?第三,产业结构与就业结构有各自的运行机制,因此,要实现广东产业结构与就业结构的协调,需要探讨在产业结构与就业结构协调发展模式的基础上建立有效的组织协调发展的运行机制问题,这里必须解决失业保险制度协调产业结构和就业结构相互作用机理及存在的问题。第四,产业结构的调整引起劳动力的失业和转移。劳动力在各产业之间、各职业之间、各地区之间乃至各国之间的流动与其他生产要素的流动有所不同,其流动的观念、成本、机遇与相应的制度密切相关。那么,怎样才能在区域间和各区域内逐步形成劳动力自由流动的制度环境呢?应该如何做才能够使得失业保险制度成为区域产业结构与就业结构协调发展的保障和助推器呢?

　　本章在对有关产业结构与就业结构协调发展的理论进行梳理和对相关的概念进行合理的界定的基础上,侧重于从完善失业保险制度的角度研究广东省产业结构与就业结构协调发展的制度保障,即以失业保险制度的构思与优化为主线,以分析广东产业结构与就业结构协调发展中不协调发展的相关问题为重点,探讨促进广东产业结构与就业结构协调发展的制度保障模式。

6.2　产业结构与就业结构协调发展的 制度保障相关理论研究

6.2.1　产业结构与就业结构的相互关系分析

　　产业结构是一个经济范畴,是一个国家经济发达程度和国际经济竞争力强弱的反映。从行业构成看,产业结构是指国民经济中各产业之间和各产业内部的数量比例关系及构成状态。就业结构是劳动力在三次产业间的分布状态,它反映了劳动力在国民经济各部门之间的分配比例,是社会经济结构中的一个重要方面。

　　产业结构和就业结构转变是经济增长和发展过程的中心特征。配第一克拉克定律揭示了产业结构和就业结构之间的相互关系,认为随着经济发展,劳动力从第一产业向第二、三产业的转移。库兹涅茨多国统计和钱纳里的多国模型实证研究证明了这一定律的存在。无论是发达国家还是发展中国家,其产业结构与就业结构的变动都表现出它们之间正相关的变动关系,即某一产业产值比例下降,该产业劳动力比例也下降;反之亦反。然而,正如钱纳里—塞尔奎因在研究发达国家和发展中国家的发展趋势中指出,由于工业部门大量地使用先进的技术与工农产品贸易的不合理,现代工业部门创造产值的能力大大高于创造就业机会的能力,虽然产业结构与就业结构的发展趋势具有一定的正相关性,但发展中国家的就业结构转换普遍落后于产业结构的转换。我国著名经济学家蔡昉在其研究中也认为,我国的经济发展迅速,工业化特别是重工业化的速度虽然较快,但没有像发展经济学家预言的那样,以相应的速度吸收农村剩余劳动力。中国就业结构转换比产值结构转换来得更迟一些。并且,这一特征一直影响到目前的中国产业结构特点。

因此,产业结构与就业结构是相互联系、互相制约的。然而,除产业结构外,就业结构还受体制、教育等各种因素影响。因此就业结构的变化并不与产业结构变化完全保持一致,而且当产业结构没有按正常方式升级时,就业结构也会与产业结构发生偏差,从而造成大量的失业。失业的存在反过来又阻碍了产业结构与就业结构的协调发展。因此,需要借助于相关的保障措施,促进产业结构与就业结构达到协调发展,使人力资源在各地区、各产业间得到更合理的配置。

6.2.2　产业结构与就业结构协调发展的相关制度保障分析

从产业结构与就业结构协调发展问题的理论研究中可以看出,学术界普遍认为,产业结构和就业结构的非协调发展存在着大量的制度约束,主要体现在户籍制度、社会保障制度、财税、教育等方面,只有通过对制度的改革,才能从根本上解决产业结构与就业结构的非协调现状,只有通过对制度的优化,才能更好地保障产业结构与就业结构的协调发展。

第一,从宏观层面上看,城乡分隔的户籍制度限制了农村与城市、小城市与大城市人员的合理流动,这也是使得大学生不愿意回到农村工作的原因之一,因为到了农村就是那里的户口,今后就很难改变生存环境,很难调到城市去工作生活。有专家认为如果改革户籍制度,给外来劳动力予以城市化,不仅可以刺激消费,促进第三产业的发展同时还可以提高就业的竞争力。因为外来劳动力没有城市户口,总是抱着有一天也许要离开这个城市的想法,在这种指导思想下,消费方式和行为都会是一种短期行为,必然会把消费降低到最低限度,其收入储蓄很高。当这部分外来劳动力一旦获得当地户口后,就觉得不管怎样都是在这个城市里生活,周围的城市居民的消费行为都会对其产生一种示范作用,使其消费行为长期化,将大大刺激消费增长,必然也增加了服务性的消费,促进服务业的发展的同时为社会提供更多的就业机会。所以,从户籍制度层面上保证劳动力的流动,使劳动力资源更好地适应产业结构调整的需要。

事实上,政府还应发挥其宏观职能,从财政和税收制度上保障产业结构与就业结构的协调发展。财政、税收政策作为政府宏观调控的得力工具,对于一个产业发展具有重要影响作用。但是从目前我国的税收体系来看,企业所得税的工资扣税标准偏低,生产性服务业人员的平均工资是计税工资数倍,而且这部分收入还要缴纳个人所得税,造成重复征税,生产性服务业税收负担过重;而营业税的计税方法对服务外包起到了阻碍作用。此外,从税收优惠看,我国已免征农业税,对第二产业也给予诸多税收优惠,而对于第三产业几乎没有优惠政策。从财政投资看,专项国债大部分用于第二产业的发展,而给予第三产业的支持却不足。因此,要合理提高企业所得税工资扣税标准,并可以采用增值税的计税方式来改革营业税,至少要给生产性服务业相当于第二产业的税收优惠,这样才能更好地促进创业带动就业。而且,应从财政和税收方面加以扶持,提高劳动条件差、强度大的次要劳动力市场工作岗位的福利待遇,广泛吸收"低不就"的就业者。对科技人员和大学毕业生到欠发达地区就业进行专项财政补助和劳动减免税收等,加大劳动力流向合理的需求岗位,从而保障就业结构适应产业结构调整的需要。

最后,完善统一的社会保障制度,做好社会保障扩大到非公有制、个体工商户、灵活就业人员的征缴工作,逐步实现由保障城市为主向城乡统筹转变,由保障职工为主向覆盖城乡居民转变。这样才能保障各地区、各产业的劳动力实现公平,从而使劳动力能顺应产业结构变动而变动。目前广东省的养老保险名义上是省级统筹,实际上,养老保险关系转移还存在着很大的困难,因此,出现了大量农民工退保的现象,从而阻碍了劳动力的合理流动,根据广东省的省情,应该先实现养老保险"省内通",率先实现联网,最后再逐渐将工伤、失业、医疗、女职工生育等保险纳入一卡通,在制度上保证产业结构与就业结构的协调发展。基于在广东产业结构与就业结构不协调发展所形成的失业问题,本章主要探讨积极推进失业保险制度,使其达到促进产业结构与就业结构协调发展的作用。

第二,从中观层面上,通过完善教育制度,积极发展职业教育和发展创业教育,使就业人员适应产业结构变化的需要。虽然广东在劳动就业,特别是再就业工作方面采取了一系列强有力的措施,但效果不尽如人意。国有企业大幅减员加剧了社会就业供求矛盾。此外,结构不合理还表现在劳动者素质不高造成了结构性失业矛盾突出。随着新兴产业、新型传统产业的发展,社会对技术工人,尤其是掌握多门技术,既有较高理论素养又有较复杂操作能力的高级技工需求呈长期稳定态势。但目前广东省就业人员文化素质普遍偏低。据统计,在"十五"期间,广东劳动力市场的中级工缺口约180万人,而高级工以上技能人才缺口则达到120万人。广州地区具有本科及以上学历的就业人员只占了11.21%,就业人员素质跟不上产业结构调整的步伐,从而也会严重阻碍广东省新兴产业的发展。因此,要大力发展教育事业,完善教育制度,压缩普通高中的招生,扩大高等(中等)技术学校的办学规模,培养与产业结构调整相适应的应用型人才。培养具备就业能力、创业能力和创新精神的新型人才,在创业中解决就业从而带动更多的就业。

最后,从微观层面上,强化企业在稳定岗位方面的社会责任制,鼓励企业通过自身的产业调整与培育,内部消化富余人员,从制度上保障内部员工的生活与就业;而且,通过企业自身的培训和鼓励自我提高的方式从制度层面上约束员工,促进员工不断提高自身的技能,从而适应产业结构调整的需要。而且,劳动者自身也要转变就业观念,增强维权意识,通过自身的提高去适应产业结构优化升级对人才的需要。

6.2.3 失业保险制度与产业结构和就业结构协调发展的关系

产业结构与就业结构有各自的运行方式,两者要达到协调发展,单靠自身的完善是无法达成的。无论是从宏观、中观,还是微观层面分析来看,各项制度的实施在一定程度上都起到保障产业结构与就业结构的协调发展的作用。失业保险制度作为社会保障制度的其中一项,作为产业结构调整的"稳定器"和社会安定的"减震器",对促进产业结构和就业结构的协调发展起到根本性的作用。

产业结构的优化需要通过产业升级和转移等方式来实现,而产业升级必然会带来人员的转移就业或失业。在产业结构不断调整的过程中,第一产业在提倡科技农业、城镇化的同时,大量农民逐渐向城镇转移就业,然而,在目前城镇就业本已压力重重且农民的技能尚未满足城镇就业的需要时,大量农民闲置于城区形成失业的现象阻碍了劳动力流动的顺畅与产业结构的调整速度,这需要社会提供一定的制度保障,以便维持产业结构的稳定升级与优化。对于以重工业发展为主的第二产业,资本密集型和技术密集型产业的比重不断上升,虽然一定程度上提高了对高技能人才的需求,增加了高技能岗位,却淘汰了一些中低技能的人,对于这部分群体中的青年人群尚可以通过培训教育使其实现再就业,但一些年龄较大而技能不足的弱势群体却陷入了困境,解决不好这部分群体的生活与就业问题,必然会引起社会性的动荡,因此,这也需要社会提供一定的保障,以便实现社会的安定。随着经济的发展,第三产业比重的提高是必然的趋势,新兴行业的不断涌现,使创业的群体应势而生,引导着新的就业方式去适应产业结构调整的需要。但是,在为社会提供了更多的就业机会的同时,这部分劳动者权益方面的保障却显得相当不足,相对于稳定就业者而言,创业者大多属于灵活就业的群体,虽然创业项目大部分符合产业结构调整的方向的,但具有相当程度的风险性,一旦创业失败,必然会面临失业,如果社会对于灵活就业群体也出台相关的保障措施,这样也可以保障一些好的创业项目的开发与完成,有利于产业更好地得到升级,从而更好地安排就业,使就业结构更适应产业结构发展的需要。而且,产业的转移与承接、区域产业分工与布局等等都与人力资源的区域与产业配置密切联系。如果失业保险关系的转移不顺畅,就会影响到人员的流动就业,反过来影响到产业结构的调整。

而且,劳动力市场的健康发展与健全的社会保障体系是分不开的,劳动力市场的完善有赖于社会保障功能与市场竞争标准相分离,使企业按照其需求使用劳动力,而社会保障的职能则交给社会运行。如果没有健全的社会保障体系,尤其欠缺失业保险保障生活和促进就业作用的有序运行。企业必然要承担过度的社会职能,面临沉重的政策性负担,企业会选择非劳动密集型的产业作为其发展的方向,那样就人为地偏离了优化就业结构的方向,不利于劳动力资源的有效配置。

无论是产业结构还是就业结构,都与失业保险制度存在着密切的联系。而产业结构与就业结构又是相互联系、互相制约的。产业结构的调整引起了就业结构的变化,而就业顺利实现与否也直接影响到产业结构的调整,因此,失业保险充当着两者的保障中介,完善的失业保险制度,不仅成为产业结构调整的"稳定器"和社会安定的"减震器",而且,对于产业结构与就业结构的协调发展也起到了其他制度无可替代的作用。只有通过完善失业保险制度,才能从根本上保障产业结构与就业结构的协调发展。

因此,基于失业保险制度的视角,对产业结构与就业结构协调发展进行制度保障探析是非常有现实意义的。要实现产业结构与就业结构的协调发展,需要在充分了解地区产业与就业结构的情况下,探讨适合地区产业与就业调整相适应的失业保险模式,使制度的运行满足产业结构与就业结构协调发展的需要。下面,基于广东省的数据,对产业结构与就业结构进行实证性的分析。

6.3 就业结构协调视角的产业结构调整分析:基于广东省的数据

6.3.1 广东省产业结构与就业结构发展的实证分析(1978—2007)

广东省是中国沿海的发达省份,其经济总量在全国名列前茅,产业结构转换升级的方式和途径在全国都具有一定的代表性。经过改革开放30年来的发展,广东经济取得了快速发展,产业结构不断升级,引起了就业结构的优化,推动了国民经济的快速增长。2007年,广东实现经济总量30606亿,占全国的比重由2002年的1/9提高到约1/8,经济总量继超过亚洲"四小龙"中的新加坡、中国的香港地区后又超过中国的台湾地区。广东人均GDP于2007年超过4000美元①。事实上,广东2006年人均GDP就已经超过3500美元,提前近14年基本实现提出的2020年全国人均GDP3000美元的奋斗目标,达到同期世界中等收入国家平均水平。广东现代产业体系已粗具雏形,产业布局和结构日趋合理。第一、二、三

① 省长黄华华:《政府工作报告》,http://www.gd.gov.cn/govpub/gzbg/szf/200801/t20080129_40722.htm。

产业结构由 1978 年的 29.8：46.6：23.6 转变为 1985 年的 29.8：39.8
：30.4,产业结构由原来的"二、一、三"布局转变为"二三一"布局。到
2007 年,三次产业比重已经为 5.7：52.0：42.3(表6-1),说明广东省的
"二三一"的产业布局进一步得到强化。

表6-1　广东省产业结构变动情况表(1978—2007)　　　　单位:%

年份	第一产业比重	第二产业比重	第三产业比重	年份	第一产业比重	第二产业比重	第三产业比重	年份	第一产业比重	第二产业比重	第三产业比重
1978	29.8	46.6	23.6	1988	26.5	39.8	33.7	1998	11.7	47.7	40.6
1979	31.8	43.8	24.4	1989	25.5	40.1	34.4	1999	10.9	47.1	42
1980	33.2	41.1	25.7	1990	24.7	39.5	35.8	2000	10.4	50.4	39.3
1981	32.5	41.4	26.1	1991	22	41.3	36.7	2001	9.4	50.2	40.4
1982	34.8	39.8	25.4	1992	19	45	36	2002	8.8	50.4	40.8
1983	32.9	41.3	25.8	1993	16.1	49.1	34.8	2003	7.8	52.4	39.8
1984	31.7	40.9	27.4	1994	15	48.8	36.2	2004	7.8	55.4	36.8
1985	29.8	39.8	30.4	1995	14.6	48.9	36.5	2005	6.3	49.5	44.1
1986	28.2	38.3	33.5	1996	13.7	48.4	37.9	2006	6.0	51.3	42.7
1987	27.4	39	33.6	1997	12.6	47.6	39.8	2007	5.7	52.0	42.3

资料来源:历年《广东省统计年鉴》,其中 2007 年数据来源于 http://www.hebei.net.
cn/jiance/ShowArticle.asp? ArticleID=12891。

　　表6-1 的数据显示,在广东省产业结构不断调整的过程中,第二、三
产业共同成为 GDP 的增长的主要推动力。工业主导产业带动作用增强,
高级化和适度重型化取得了重大的进展。高新技术产品产值由 2002 年
的 4700 亿元增加到 2007 年的 1.87 万亿元,电子信息和家电产业升级加
快。全省规模以上轻重工业增加值比例由 2002 年的 49：51 调整为 2006
年的 39：61,物流、会展、电信、金融、文化等产业快速增长。以广州汽车
为龙头的珠三角汽车产业集群基本形成,大石化产业和沿海石化基地建
设稳步推进。服务业规模迅速扩大,第三产业增加值由 6344 亿元增加到

1.3 万亿元,跃上万亿元的新台阶。但是,我们通过与多国标准模型①进行产业结构上的比较发现了广东省产业结构存在的问题。2007 年广东省人均 GDP 达 4273 美元②,通过与标准 4000 美元的结构比较(见图 6-1),发现第一产业产值比重低于标准模型 12.9 个百分点,这说明广东省第一产业还没有达到应有的高度便迅速下降至 4000 美元以上水平,这与目前经济所处的经济发展水平不符,降低了第一产业吸纳就业的能力,给就业带来更大的难度;第二产业产值比重比标准模型高出近 20 多个百分点,第三产业产值比重比标准模型低 7.7 个百分点,说明了广东省第一、三产业比重偏低,第二产业比重偏高的问题,而且,产业结构还没达到"三二一"格局的合理状态。

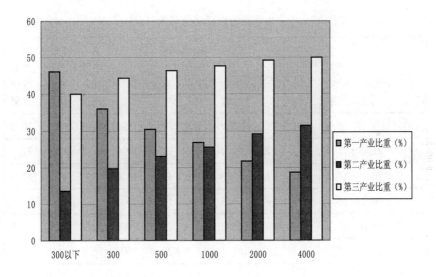

图 6-1 钱纳里—塞尔奎因产业结构模型

---

① 钱纳里—塞尔奎因根据世界各国的统计数据建立了投入产出多国模型,模拟了结构转变同收入水平的关系。多国模型的标准模式表明,结构转变与收入水平之间存在一些规律性联系,随着经济发展,人均收入水平的提高,国民生产总值中工业所占份额上升,农业所占份额下降。

② 田嫣:《广东人均 GDP 首超 4000 美元 农村收入增幅创新高》,http://nc. people. com. cn/GB/61156/61919/6824250. html。

随着广东产业结构调整升级,就业人员流向也不断优化。第一产业人员从业人员的比重有所下降,第三产业从业人员的比重继续上升,并于2006年首次超过了第一产业。2007年末,广东省就业人数5360.26万人[①],其中第一、第二、第三产业从业人员分别为1554.48万人、2117.3万人和1688.48万人,占全社会从业人员的比重分别为29%、39.5%、31.5%。其中,第一产业从业人员比2005年末减少15.61万人,比重下降3个百分点,第二、三产业从业人员比2005年分别上升了168.41万人和307.06万人,比重分别下降了0.3和上升了3.3个百分点(见表6-2)。这表明,广东长期以来就业结构偏离于经济结构的状况已发生质的改变,从业人员就业构成初步形成了"二、三、一"格局。

表6-2 广东省就业结构变动情况表(1978—2007)　　单位:%

年份	第一产业就业比重	第二产业就业比重	第三产业就业比重	年份	第一产业就业比重	第二产业就业比重	第三产业就业比重	年份	第一产业就业比重	第二产业就业比重	第三产业就业比重
1978	73.7	13.8	12.6	1988	53.7	24.8	21.5	1998	41.1	32.1	26.8
1979	72.0	16.5	11.5	1989	53.7	24.6	21.7	1999	41.5	31.1	27.4
1980	70.7	17.1	12.2	1990	53.0	27.2	19.8	2000	39	27.9	32.1
1981	70.1	16.9	13.0	1991	50.5	28.6	20.9	2001	39.1	27.9	33.0
1982	68.4	17.7	13.9	1992	47.3	30.4	22.2	2002	38.1	29.1	32.8
1983	67.3	17.9	14.8	1993	44.1	32.5	23.5	2003	36.8	35.4	27.8
1984	63.7	18.9	17.4	1994	42.3	33.6	24.1	2004	34.7	36.9	28.4
1985	60.3	22.5	17.2	1995	41.5	33.8	24.7	2005	32	39.8	28.2
1986	57.8	22.7	19.6	1996	40.7	33.4	25.9	2006	30.4	38.8	30.8
1987	55.1	24.2	20.7	1997	40.8	32.9	26.3	2007	29	39.5	31.5

---

① 资料来源:历年《广东省统计年鉴》,其中2007年数据来源于:李彪,《2007年广东人口发展状况简析》,http://www.yfyunchengqu.gov.cn/govmach/tjj/794-6950.html。

根据配第一克拉克定理,随着经济的发展,人均国民收入水平的提高,劳动力首先由第一产业向第二产业转移,当人均国民收入水平进一步提高时,劳动力便由第二产业向第三产业转移,劳动力在产业间的动态分布状况为第一产业将不断减少,第二、三产业将不断增加。从上表可以看出,广东省产业结构变动过程中的就业结构验证其变动轨迹与配第一克拉克定理的一致性,虽然广东的第一产业的产业构成在不断地减少,但仍然沉淀着大量的农村剩余劳动力从事生产率较低的第一产业,广东省的就业结构效应远没有充分发挥出来,第二产业和第三产业比重不断地增加,尤其是第二产业。随着产业结构优化升级,广东农业保持良好的发展态势,第一产业不断转出劳动力,第二产业仍然是广东就业的领头产业,然而,随着第二产业的工业结构优化升级步伐的加快,工业产业结构向高级化和重型化发展,重工业增加值所占比重提高到了近60%,全年高技术产业产值突破1万亿元大关,重工业和高新技术排挤了大量的劳动力;在第三产业,服务业稳步发展,批发零售贸易、餐饮等传统行业快速增长,现代物流、金融、会展、社会服务等现代服务业稳定发展,这为社会提供了大量的就业岗位,但就业结构仍滞后于产业结构的调整。

广东省于2004年人均GDP已突破2000美元,依据钱纳里—塞尔奎因就业结构模式,当人均GDP达到2000美元时,各产业就业比重应分别为38.1%、25.6%、36.3%。从表3-2中我们可以看出,2004年,广东省的就业结构在各产业的比重分别为34.7%、36.9%、28.4%,只有第一产业的就业比重较为合理,第二产业的就业比重高于标准近10个百分点,而第三产业的就业比重低于标准近10个百分点;就业结构呈现"二一三"的结构;2007年广东省人均GDP首次突破4000美元,各产业的就业比重分别为29%、39.5%、31.5%,与标准结构4000美元各产业就业比重比较发现,广东第一产业就业比重比标准模型高4.8个百分点,说明第一产业还需向第二、三产业转移劳动力或通过产业结构的调整实现合理的就业。虽然广东在转移农村剩余劳动力方面的成绩显著,但是随着城镇化目标的推进与产业结构的转移,第一产业还面临着比较大的劳动力转移任务。第二产业就业比重比标准模型高6.9,说明广东省就业对第二产业的依赖性偏大,而第三产业则低于标准模型11.7个百分点,虽然这几年广东的第三产业在不断发展,对优化就业的贡献却赶不上产业结构调整的需要。就业结构呈现"二三一"结构,相对于 2004 年来说,就业结构趋于优化。但从分析可以得知,广东省第二产业在吸纳劳动力方面比第一、三产业具有较强的优势。过度地依赖第二产业吸纳就业将不利于产业的发展,其实第三产业才是实现就业的主力,就业结构应达到"三二一"的结构才能与产业结构达到协调。

6.3.2 广东省产业结构与就业结构的协调性分析

表6-3 广东省经济增长率、就业增长率和就业弹性

年份	GDP (亿元)	GDP增长率 (%)	就业人数 (万人)	就业增长率 (%)	就业弹性	年份	GDP (亿元)	GDP增长率 (%)	就业人数 (万元)	就业增长率 (%)	就业弹性
1978	185.85	–	2275.95	–	–	1993	3469.28	23	3433.91	2	0.09
1979	209.34	8.5	2304.95	1.3	0.15	1994	4619.02	19.7	3493.15	1.7	0.09
1980	249.65	16.6	2367.78	2.7	0.16	1995	5933.05	15.6	3551.2	1.7	0.11
1981	290.36	9	2423.79	2.4	0.26	1996	6834.97	11.3	3641.3	2.5	0.23
1982	339.92	12	2521.38	4	0.34	1997	7774.53	11.2	3701.9	1.7	0.15
1983	368.75	7.3	2569.7	1.9	0.26	1998	8530.88	10.8	3783.87	2.2	0.2
1984	458.74	15.6	2637.49	2.6	0.17	1999	9250.68	10.1	3796.32	0.3	0.03
1985	577.38	17.9	2731.11	3.6	0.2	2000	10741.25	11.5	3989.32	5.1	0.44
1986	667.53	12.8	2811.92	3	0.23	2001	12039.25	10.5	4058.63	1.7	0.17
1987	846.69	19.7	2910.99	3.5	0.18	2002	13502.42	12.4	4134.37	1.9	0.15
1988	1155.37	15.8	2994.72	2.9	0.18	2003	15844.64	14.9	4395.93	6.3	0.43
1989	1381.39	7.2	3041.27	1.6	0.22	2004	18864.62	14.8	4681.89	6.5	0.44
1990	1559.03	11.6	3118.1	2.5	0.22	2005	22366.54	13.8	5022.97	7.3	0.53
1991	1893.3	17.7	3259.2	4.5	0.26	2006	25968.55	14.1	5250.09	4.5	0.32
1992	2447.54	22.1	3367.21	3.3	0.15	2007	30606	14.5	5360.26	2.1	0.14

资料来源:历年《广东省统计年鉴》,就业弹性=就业的增长率/经济增长率。

一般认为,经济增长与就业增长是互动的和正相关的。经济的快速

增长会扩大对劳动力的需求。近年来,广东开始转入科学发展轨道、转变增长方式,推动了社会经济的持续、稳定、高速、健康发展。同时,广东就业人口刚性增加,其中服务业就业吸纳能力已达到较高水平。广东的GDP和就业人数一直保持增长态势,其中经济增长率一直保持较高的水平,变化的幅度较大;虽然变化趋势与经济增长率基本保持一致,但是就业增长率远低于经济增长率。下面,我们通过分析广东历年的就业弹性(见表6-3),基于就业结构协调视角来分析产业结构的调整问题。

随着经济的增长与积极的就业政策在促进就业再就业工作上产生的实效,从业人员在总量上是不断得到增加的。但是,从上表可以看出,广东就业弹性波动较大,自改革开放以来,共出现六次大的周期性变动,其中1982年、1991年、1996年、2005年等年份就业弹性较高,就业弹性值出现峰值的年份基本上是经济增长的低谷年,在经济增长率较高的年份,就业弹性值较小,就业弹性经历从上升、下降、上升再下降的过程,大致呈"M"型(见图6-2),也就是说1978—1999年就业弹性总体呈现缓慢下降的趋势,经济增长与就业增长不一致性的现象较明显;2000—2006年就业弹性总体上升,但2007年却快速下降到2002年的水平,经济增长与就业增长不一致性的现象非常突出。

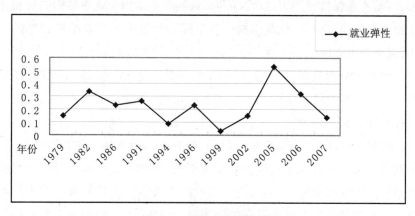

图6-2　就业弹性趋势图

之所以出现上述不一致的情况,与广东省目前的产业结构调整向高级化和适度重型化的方向发展有很大的关系。广东各产业的发展,特别是第二产业所需固定资产投资的大量增加,带来产值增长的速度远远快于提供就业的速度,特别是近几年,广东处于产业结构高速调整的时期,资本与技术密集型产业不断地代替劳动密集型的产业,因此,经济增长的速度远远大于就业的增长速度,就业弹性也表现为快速下降的趋势。这也一定程度上反映了广东产业结构调整未能充分体现就业的要求,产业结构与就业结构发展是不协调的。然而,产业结构的优化升级是经济发展的必然趋势,并不能为了适应就业而片面地选择劳动密集型的产业,除了上面分析的产业结构与就业结构本身未达到"三二一"标准模式的要求这一原因外,就业结构滞后于产业结构调整也是一个非常重要的因素。只有通过分析产业结构与就业结构偏离程度的基础上,寻求两者不协调的原因,并通过合理的制度去保障和促进就业,使就业结构与产业结构得到协调的发展。

为了对广东省产业结构与就业结构的协调性进行分析,结合表6-2和表6-3,得出了反映各产业结构偏离度的数据(表6-4),借助产业结构偏离度来分析广东产业结构与就业结构偏离程度。1978年,广东省第一产业产值比重为29.8%,就业比重却为73.7%,两者相差43.9个百分点,这个数字是相当大的,其他产业也存在类似的情况。虽然改革开放以来,广东省在保持经济快速增长的同时,其产业结构和就业结构的转换速度也不断加快。但是,就业结构的调整却远远赶不上产业结构调整的步伐,以至于就业弹性不能保持一致,反而有下降的趋势。2007年各产业结构偏离度分别是23.3、-12.5、-10.8,总偏离度46.6。这充分说明了广东省产业结构与就业结构产生了严重的偏离,产业结构与就业结构的不对称程度是相当高的。

虽然,第一产业的偏离度由1978年的43.9下降到2007年的23.3,但此期间第一产业就业人数下降幅度不大,因此不能解释为第一产业的剩余劳动力转移到第二产业,而主要是广东吸引了大量外来劳动力导致第一产业的就业比重迅速下降的结果,广东第一产业剩余劳动力的转移是缓慢的。因此,第一产业内部存在着隐性的失业,而广东省目前的失业保险却没有关注到这部分的失业群体。虽然总偏离度(除1999年到2002年外)在不断地缩小,2007年仍然达到46.6的高位,而广东省的第

表6-4　广东省各产业结构偏离度　　　　　　　　单位:%

年份	第一产业偏离度	第二产业偏离度	第三产业偏离度	总偏离度	年份	第一产业偏离度	第二产业偏离度	第三产业偏离度	总偏离度
1978	43.9	-32.8	-11	87.7	1993	28	-16.6	-11.3	55.9
1979	40.2	-27.3	-12.9	80.4	1994	27.3	-15.2	-12.1	54.6
1980	37.5	-24	-13.5	75	1995	26.9	-15.1	-11.8	53.8
1981	37.6	-24.5	-13.1	75.2	1996	27	-15	-12	54
1982	33.6	-22.1	-11.5	67.2	1997	28.2	-14.7	-13.5	56.4
1983	34.4	-23.4	-11	68.8	1998	29.4	-15.6	-13.8	58.8
1984	32	-22	-10	64	1999	30.6	-16	-14.6	61.2
1985	30.5	-17.3	-13.2	61	2000	28.6	-22.5	-7.2	58.3
1986	29.6	-15.6	-13.9	59.1	2001	29.7	-22.3	-7.4	59.4
1987	27.7	-14.8	-12.9	55.4	2002	29.3	-21.3	-8	58.6
1988	27.2	-15	-12.2	54.4	2003	29	-17	-12	58
1989	28.2	-15.5	-12.7	56.4	2004	26.9	-18.5	-8.4	53.8
1990	28.3	-12.3	-16	56.6	2005	25.7	-9.7	-15.9	51.3
1991	28.5	-12.7	-15.8	57	2006	24.4	-12.5	-11.9	48.8
1992	28.3	-14.6	-13.8	56.7	2007	23.3	-12.5	-10.8	46.6

资料来源:根据表5-2和表5-3计算,各产业结构偏离度=各产业就业比重-各产业产值比重,总偏离度=各产业结构偏离度绝对值之和。(偏离度越高,说明两者越是处在不同步变化和不对称状态;反之,越接近同步变化状态)

一产业的结构存在正偏离,第一产业比重过快下降说明第一产业发展的不足促使农村劳动力大量剩余。虽然偏离度是逐年递减的,但劳动力转出的压力还是比较大的。第二、三产业结构基本上存在负偏离,说明这两大产业存在劳动力转入的可能性,但是,我们发现,第二产业的结构偏离度绝对值从1978年的32.85减小到2007年的12.5,而且还有不断缩小的趋势,说明了第二产业吸纳就业的能力慢慢弱化,而且,第二产业由于资本有机构成不断提高,也不会增加太多的劳动力需求,虽然部分劳动力在努力寻找工作,但却不能适应产业高级化的需要,从而产生结构性失业。因此，扩大就业的潜力和出路在第三产业。但是，相关失业保险制度未在第三产业完全形成及现有的失业保险制度也没能得到很好地运行，这也严重影响劳动力的流动，从而阻碍产业结构与就业结构的协调发展。

为了更好地说明广东产业结构与就业结构的非协调发展的状况，下面，我们根据塞尔奎因—钱纳里结构偏离模式（见表6-5）进一步进行分析，2004年广东省第一、二、三产业结构偏离度分别为28.2、-12.3、-15.9，总偏离度为53.8；2007年广东省第一、二、三产业结构偏离度分别为23.3，-12.5、-10.8，总偏离度为46.6，分别与下表6-5中偏离模式2000美元与偏离模式4000美元标准值相比发现，第一产业结构偏离度都高出标准模式十几个百分点，第二产业结构偏离度低于标准模式约十个百分点，第三产业结构偏离度低于标准模式几个百分点，与标准模式相比较，2004年总偏离度高出了21.2，到了2007年总偏离度竟高出了33个百分点。这说明，虽然广东省产业结构与就业结构都得到了优化，但是，结构总偏离度远离标准的数值却在提高，广东省偏离的收敛速度慢于国际经验。

表6-5　钱纳里—塞尔奎因结构偏离模式　　　　　　单位:%

人均GDP（美元）	300以下	300	500	1000	2000	4000
第一产业结构偏离度	34.7	38.9	34.7	25	16.3	5.6
第二产业结构偏离度	-6.5	-10.6	-9.9	-6.3	-3.4	1.2
第三产业结构偏离度	-28.2	-28.5	-24.8	-18.7	-12.9	-6.8
总偏离	69.4	78	69.4	50	32.6	13.6

资料来源:根据钱纳里—塞尔奎因产业结构和就业结构模式计算而得。

总体上看，第一、二产业结构偏离度与标准值相比较还存在较大的差距，虽然第三产业结构偏离度较小但还没有达到就业结构的优化，最根本的原因是，各产业间劳动力转移困难，结构性失业现象比较严重，而作为社会保障制度之一的失业保险却远未能达到解决结构性失业与促进就业的功能。

我们知道，国家实行失业保险制度的目的，一方面在于保障失业人员的基本生活,减轻失业人员的生活困难;另一方面为失业人员重新就业创造条件,更好地促进就业。但目前国家对失业保险基金用于促进就业的使用范围,仅限于失业人员在享受失业保险期间的职业介绍和职业培训。据透露,目前全国的失业保险金的结余为708亿元,其中广东占了100多亿元,而广州又占了广东的一半。据羊城晚报于2007年2月2日报道,广州失业率稳定在2%左右的低水平,失业保险金进多出少,已累积53亿多元,按照目前征收的失业保险金的速度,累积到100亿元亦属正常。广州财政局一位负责人说:"现时广州约有6万人在领取失业救济金,每年的支出只需3亿多元。在目前的情况下,即便广州停止征收失业保险金,也够用15年[①]。"

然而,本章认为,针对于目前总体就业形势依然严峻,劳动力仍供大于求,产业结构与就业结构非协调发展的社会大背景下,这则消息无疑带来了一定的利好,针对这种用于失业救济、促进就业的失业保险金出现大量闲置的现象,如何通过完善失业保险制度,合理运用失业保险金,已成为一个迫切的问题。因此,基于失业保险制度的角度对广东产业结构与就业结构非协调发展进行分析并找出对策是目前急需解决的问题。下面,我们重点从广东省特有的省情出发,基于失业保险制度的视角去探析其产业结构与就业结构协调发展的制度保障。

6.4 产业结构与就业结构非协调发展的制度分析:广东省失业保险制度的视角

产业结构的调整优化和升级是广东现代化建设的关键。随着现代化进程的加快,广东省产业结构、工业结构、技术结构也将出现显著变化,由此对劳动力资源需求规模与结构也将产生重大影响。广东作为一个外向型的省份,其产业结构与就业结构的运行与调整有其特殊性。同时,在产

---

① 侯颖:《广州53亿失业保险金闲置能否用于促进就业》,http://news.163.com/07/0202/15/36B9053F0001124J.html。

业结构与就业结构的发展中,面临的失业也具有其特殊的一面。"十一五"规划指出要促进就业结构的转变需要与产业结构协调地发展。因此,解决失业问题是其中一项非常重要的任务,近年来,广东省促进就业方面的财政支出虽然增长较快,但在整个财政支出中,相对比重提高不快。然而,面向就业的财政支出体制的形成需要有一个过程,从广东的发展实际看,民生比重的大幅提升并达到占据财政支出的主导地位并不容易,特别是在预算存量很难调整的情况下,仅主要依靠财政增量来实现促进就业支出占财政支出比例难度是很大的。按照广东省全面建设小康社会的总体构想,到 2010 年非农产业从业人员将达 72% 来测算,"十一五"期间广东省共需转移农村富余劳动力约 400 万人,年均转移 80 万人。而且,就业结构性矛盾越来越突出,主要表现在劳动力素质与岗位需求不相适应、地区和行业发展不平衡。农村劳动力中初中以下文化程度的占 80% 左右,79.3% 的农村劳动力没有接受过职业技能培训,无法适应产业结构调整升级的需要,导致"招工难"与"就业难"现象并存。在东西两翼和粤北山区等欠发达地区,冶金、煤炭、农垦、供销等行业和困难企业职工转岗矛盾依然突出①。就业结构的调整迫在眉睫,而目前的失业保险没有跟上产业结构调整的步伐,在保障的同时,没有在促进就业上下工夫。例如,外来农民工失业保障不完善,导致珠三角大范围的"民工荒"现象。新增劳动力的失业问题与结构性失业也有一定的联系。这些新的失业群体刚开始不能适应产业结构调整需要,因此,产生暂时性的失业,但作为一部分有学习能力的失业人群,尚可以通过培养使其达到产业结构调整对劳动力的需要。然而,对于一部分因产业升级或转移过程中,企业关闭而产生失业的老员工而言,他们的学习能力已跟不上技术的进步,作为弱势群体,如何解决他们的生活与就业问题也是要通过完善失业保险制度来得以解决的。因此,由于产业结构与就业结构不协调发展所造成的失业问题是经济发展过程中的产物,通过完善失业保险制度,不仅应在保障失业人员生活的同时关注其实现再就业。我们目前的失业保险除了具有失业保障的功能外,本应当具备促进就业的功能,而失业保险一直只是强调失

---

① 夏凌燕:《2006 年广东就业状况分析》,http://www.gdstats.gov.cn/tjfx/t20070723_48294.htm,2007 年 7 月 23 日。

业的保障功能而在促进就业方面却没下多大的功夫。事实上,一个成熟的失业保险体系不仅要有失业人员的基本生活保障功能和再就业的激励功能,同时还要通过失业保险体系来促进劳动资源配置的优化,从而提高生产性资源的利用效率,利用失业保险稳定经济体系减少经济波动对经济的影响,一定程度内平滑结构性失业者因外来冲击引致的经济波动所带来消费水平的下降,从而提高国民大众的福利状况。于是,失业保险的目的可以进一步发展为保障失业者的基本生活,促进就业,使失业者有一个相对充足的资源用来寻找与自己的劳动技能相匹配的工作,从而更好地加快产业结构的优化升级,达到产业结构与就业结构的协调。虽然广东省的失业保险制度改革推进的速度是比较快的,但从广东产业结构和就业结构发展情况来看,无论是在制度设计还是在制度运行上失业保险制度仍然存在许多迫切需要解决的问题。

6.4.1 失业保险制度的设计不能满足广东产业结构与就业结构调整的需要

一、失业保险制度的设计不能体现广东省外向型的经济特征

广东是全国外向型经济特征最为明显的省份,对外贸易占全国对外贸易比重高达 30% 左右,外需已经成为广东经济高速增长中非常重要的拉动力量。不同于其他省份,广东外向型的经济特征决定了其产业结构调整不仅受到国家外贸政策调控的影响,还更易受到外部经济形势与外部经济政策变化带来的冲击。2007 年以来,国家出台了一系列的出口退税的调整政策,造成了广东出口增速波动较大。年初,许多企业担心国家出台从紧的出口政策,抢先完成大量出口订单,导致 1、2 月份出口的高速增长,2007 年 6 月 19 日,国家再次大幅调低出口退税政策,引发企业在2007 年 7 月 1 日政策生效前加紧出口,这说明了在 2007 年的 7 月份前,企业急需劳动力,后两个季度就是减员增效的阶段,在此期间必然引起了很多劳动力的失业,加上加工贸易政策调整也造成加工贸易增速明显放缓,企业不断调整产业结构和优化生产,提高技术和淘汰落后产能的加工业,这无疑要淘汰技能低的劳动力,这部分人的安置与培训也是突出的问题。2007 年以来,作为广东主要出口市场的美国和欧盟,经济增长均出现不同程度的回调,特别是美国房地产市场衰退和次级债务危机对经济

造成较大影响,直接导致广东出口增速放缓,从而导致人员就业的波动性。然而,针对阶段性就业和失业的群体,一旦失业必然会使生活陷入困境,而我国的失业保险是在社会救助制度很不健全的情况下发展起来的,存在诸多问题,例如,现行失业保险制度保障覆盖、保障范围的狭窄。失业保险制度是针对有固定用人单位的正规就业形式设计的,并没充分考虑到产业结构调整过程中就业结构的变化,具体到每个地方,就业的方式都不一样。广东的失业保险制度应具备保障劳动者阶段性就业的作用。因此,针对广东特有的经济增长依赖性,本章认为,广东失业保险制度的制定未能体现广东经济的特征,未能适应其产业结构与就业结构调整的需要。

二、失业保险制度未能适应广东灵活就业模式的需要

目前,大学生的就业形势极其严峻,尤其是如广东、上海、北京等经济比较发达的省份,不断地涌入非本地生源的大学生,而广东生源的学生一直不愿意离开广东省,广州、深圳仍是择业的首选,以至于珠三角地区人口密度不断地增大。在就业形势如此严峻的情况下,不少大学生拿到毕业证后在相当长一段时间未能实现就业,除去就业期望过高的原因外,很大的原因是大学生的知识水平未能适应产业结构优化升级的需要。教育存在滞后性,不可能完全走在产业结构与就业结构调整的前面,因此,对于刚出来社会的学生群体,难免会产生摩擦性失业和结构性失业的问题。对于这部分群体,失业保险却未能体现社会性救助性。而目前广东正处于产业结构调整快速发展的时期,对人才的需求必然是处于不断变化的过程中。因此,对于这部分暂时失业的大学生群体,单靠财政的支持和教育的优化是不够的,失业保险也应在制度设计上配合财政政策的实施,以使人力资源达到优化配置。

而且,不少大学生选择了灵活就业,据广东省劳动保障厅和广东省高等学校毕业生就业指导中心统计,目前广东省从事灵活就业的人员达到500万人次,2007届广东省高校应届本专科毕业生初次就业率为88.74%,其中超过半数的大学生选择了灵活就业的方式。不仅包括非全日制、临时性的或弹性工作,也包括劳务派遣和自主创业。尽管创业的条件愈来愈好,但创业仍不是大学生的主流选择,这不仅有观念和政策支持的原因,也是一部分人存在着后顾之忧。事实上,自主创业具有一定的风

险性,如果创业失败必然会导致一部分人暂时的失业。然而,对于这部分灵活就业的群体,失业保险却未能给予一定的保障,使得很多人望创业而兴叹。

在经济高速发展的同时,广东失业保险存在费用征缴不断攀升,待遇支付比例逐渐减小的特征,主要原因是我们当前的失业保险,对应保障的仅仅是"城镇登记失业"名义下的失业,而非整个社会范围内的实际失业。本来,既然叫做"失业保险",那么从理论上讲,任何有劳动能力且愿意就业的失业者,都应该是保障的对象。但事实上大量的农民工被排除在失业保障的范围之外,这样一来,保险覆盖范围大大地受到限制。然而,我们知道,在产业结构的不断调整与升级过程中,会出现大量的农民工,私营及灵活就业人员,如果失业保险不能覆盖到这部分人群,那么它就阻碍了产业结构与就业结构的协调发展。

当然,失业保险的覆盖大小与一个国家或地区的经济发展水平有很大关系,从广东的发展形势看,失业保险虽然不可能覆盖全部劳动年龄人口,但是失业保险的发展严重滞后于城镇就业格局及就业方式的重大变化已是不争的事实。广东省现阶段非公有制经济已经成为吸纳就业的主渠道;采取非全日制、临时性、阶段性和弹性工作时间等多种灵活形式实现就业,事实上已经成为许多劳动者的选择。如果失业保险的覆盖范围不能跟上就业形势的新变化,就会造成劳动者享受社会福利机会的新的不平等,更不用说产业结构与就业结构的协调发展了。

三、失业保险基金统筹层次偏低

按现行制度规定,广东失业保险基金在直辖市和设区的市实行全市统筹,其他地区的统筹层次由省人民政府规定。从实施情况来看,广东省的统筹层次仅在市县两级,这就极大地限制了失业保险应有的功能和作用的发挥。由于统筹层次较低,基金的整体抗风险的能力比较脆弱,基金只能在很小的范围内互济。而目前珠三角地区正处于产业转移的关键时期,在大量的人员转移过程中,如果未能在失业保险制度设计上达到各市区的顺利衔接,这不仅直接影响到这部分流动人员的生活,而且会阻碍产业的顺利转移,而且,这种在市、县两级分级统筹管理为主的方式,造成各地在使用和统筹失业保险金上存在圈套的差异,使失业保险基金过于分散且各自为政,不利于统一调度和集中管理、使用资金。统筹层次偏低造成的条块分割,使失业保险机构与职工培训机构、职工介绍机构各自为政的状态长期存在,很难得到根本的改变,这就极大限制了失业保险反失业功效的充分发挥,使得失业职工不能按照市场需求接受职工培训,不能及时得到用人信息和就业指导咨询,导致失业职工再就业率很低。

6.4.2 失业保险制度运行不能适应广东产业结构和就业结构协调发展的需要

一、失业保险制度的运行不能适应劳动力流动就业的需要

当前创新能力的不足使广东参与国际分工的比较优势要素仍旧是劳动力和土地等,致使广东在国际产业分工中处于末端位置的状态有固化的趋势,无法实现通过引进产业和技术促进本地产业升级和技术进步的根本目的,也使广东以劳动密集型为主导的粗放增长模式难以为继,反过来,不仅制约着广东省承接国际产业转移的能力和竞争力的提升,而且还严重阻碍部分产业的向外转移。未来十几年是广东省经济腾飞的重要时期,在承接新一轮国际产业转移的过程中,需要向外转移不适应广东省经济发展的产业,特别是珠三角地区,其制造业离真正意义上的世界工厂的目标仍非常遥远。尽管广东特别是珠三角已经初步成为全球性消费商品制造业基地,建立了数以万计的工厂,形成了具有一定竞争力的消费品制造体系,但与世界主要工业产品的制造基地相比,仍具有相当大的差距,多数产业仍处于低端位次,处于价值链的末梢。因此,要实现"订单主导型"向"生产主导型"转变,必然要向欠发达地区转移部分低附加值的劳动密集型产业,吸引和培养高技能高素质的人才队伍,引导低技能的人员合理就业,使产业和人力资源得到合理的配置。对于广东的第二产业,其主体是制造业,虽然规模很大,但是生产力水平整体上还是处于相对落后的状态。需要转移的低效行业占了制造业增加值总量的将近1/4,然而,其就业人口更占了制造业就业人口总量的42.77%。对于劳动生产率低于5万元/人、人均劳动报酬低于2万元/人的低效行业,与广东现代化的发展进程不相适应,是需要加大力度调整转移的行业。而且,在环境减排的"死"任务压力之下,珠三角各地纷纷提出产业结构要调整升级,有的地方甚至直接下令关闭那些可能会阻碍减排任务完成的企业(比如说,东莞近几年来就已经全部清除区域内的水泥厂和制砖厂),随着"劳工荒"、

"电荒"、"油荒"、原材料涨价,昔日繁荣的珠三角劳动密集型行业的日子越来越难过,不少中小型加工厂倒闭,或者迁移到江西赣州等内地城市,据报道,2008年广东珠三角地区有8000多家企业倒闭或转移①,那么,在这些倒闭或转移的企业里面,无论是因为《劳动合同法》实施导致的成本增加而不得不倒闭或转移,还是因为各地的"产业升级"而产生的,失业人员无疑成为这一过程中的"牺牲品",如何安置与转移这部分人员的就业也是现阶段极为重要的问题。这也对现有的失业保险制度的实施作出了极大的挑战。

现阶段是广东面临产业结构和就业结构调整的关键时期,大量的劳动力随着产业的转移而流动,然而,失业保险关系的转迁在实施上并不明确,这影响着劳动力的转移,反过来也影响了产业结构的调整。《条例》规定,农民合同制工人和城镇户籍职工参加失业保险的缴费办法和终止解除劳动关系后享受失业保险待遇的标准及其发放办法均不相同,然而,农民合同制工人申领一次性生活补助费后并不能保证他们以后的生存。这显然有失公平。关于异地就业的城镇户籍职工,失业后不需办理失业登记,凭单位出具的终止或解除劳动关系证明、《流动人员就业证》、身份证和求职证明,在终止、解除劳动关系或劳动争议处理裁决书发生法律效力之日起60日内,到原单位所在地受理其失业保险的社会保险经办机构办理失业保险金等待遇的申领或转移手续。符合享受失业保险待遇条件的,可以选择在户籍所在地享受失业保险待遇,也可以选择在原单位所在地享受失业保险待遇。凡选择在户籍所在地享受失业保险待遇的,其失业保险待遇转移和失业保险金等待遇发放标准,按原省社保局《转发省政府办公厅关于调整〈广东省失业保险规定〉有关内容的通知》(粤社保[1999]129号)第四条规定执行,具体申领发放办法由各市确定。但是这方面申领发放办法在各市并没有明确的规定。虽然在《失业保险条例》中规定了失业人员失业保险关系在省、自治区范围内跨统筹地区转迁,失业保险费用的处理由省级劳动保障行政部门规定,对失业人员失业前所在单位与本人户籍不在同一统筹地区的,其失业保险金的发放和其他失

---

① 司徒望,http://star.news.sohu.com/20080506/n256683871.shtml。

业保险待遇的提供由两地劳动保障行政部门进行协商,明确具体办法。协商未能取得一致的,由上一级劳动保障行政部门确定。然而,并未有明确规定的条例可遵守。这使得部分人员在产业转移及流动就业中得不到应有的保障。而且,有相当多的从业人员对失业保险不了解,缺乏参保的积极性,而在发生失业期间,未形成利用失业保险的维权意识。地方各级人民政府和有关部门缺乏对失业人员从事个体经营的指导,提供政策咨询、就业培训和开业指导等服务,这严重影响了从业人员随着产业转移而流动,使转移的企业无法在一定的时期进行人员配置,从而也阻碍了产业结构与就业结构的协调。

而且,失业保险在运行的过程中,未能与养老、医疗、工伤、生育等社会保障制度相协调。劳动者在失业期间由于没有能力缴纳社会保险费,这意味着在产业结构调整过程中,转移就业和失业的职工不仅要承受失业的压力,而且其退休后的养老和医疗待遇还要进一步受到影响。总之,失业保险没有注意做好与养老、医疗、工伤、生育保险管理的衔接和信息资源共享。

二、失业保险基金的支出范围不明确,基金管理费用提取不规范

一是现行制度规定的失业保险基金用于下列支出:失业保险金;领取失业保险金期间的医疗补助金;领取失业保险金期间死亡的失业人员的丧葬补助金和其供养的配偶、直系亲属的抚恤金;领取失业保险金期间接受职业培训、职业介绍的补贴,补贴的办法和标准由省、自治区、直辖市人民政府规定。从以上支出的项目中可以反映出,现行失业保险虽然也规定了失业保险待遇中还包括职业培训和职业介绍的费用,但是费用的多少并不明确,是"由省、自治区、直辖市人民政府规定"。这一"自行规定"的结果是从实施《失业保险条例》以来,提供给失业人员基本生活保障金的支付占了绝对的比重。以 2001 年为例,当年的失业保险基金总支出为111.8 亿元,包括职业培训、职业介绍等在内的非生活保障支出为 23.5亿元,仅占总支出的 21%。这说明现行失业保险制度过于侧重生活保障功能,促进就业方面投入不足。失业保险金在就业促进方面的支出比重没有明确的制度规定,主要依靠失业保险经办机构自行安排。虽然 2006年各级政府加大对教育、卫生、文化、就业、社保、农村安居工程的投入,其中省级投入 169 亿元,占省级一般预算支出的 36%。但用于失业保险促

进就业方面的支出却很少。而且,就业促进效果不明显。虽然广东实施和完善积极就业政策,城镇新增就业岗位 111.9 万个,城镇登记失业率2.6%,如果排除政府的政策效应,在失业保险并轨后,不再建立新的再就业服务中心,就业促进方面的资金支出便只能是具有临时性而缺乏可持续性的制度保证。支出范围的缺陷导致在就业保障不足的同时呈现"失业保险金闲置"的现象。广东省失业保险于 2003 年征缴 18.31 亿元,失业保险支出 11.85 亿元;到 2006 年 12 月末,全省全年征缴失业保险费32.34 亿元,比上年增加 5.27 亿元,增长 19.48%,而全年共为 37.74 万名失业人员和 43.45 万农民工发放失业保险待遇 13.77 亿元①,节余基金每年都在扩大。目前广东失业保险金的结余占了 100 多亿元。虽然基金不断节余,随着产业结构的升级与调整,日渐增多的非正规就业人员、乡镇企业从业人员、农民工乃至广大农民却未能享受到失业保险的待遇,如何运用好失业保险金,从而达到和产业结构与就业结构的调整相适应已成为一个迫切的问题。二是失业保险基金管理费用的提取标准是 2%,但广东省一部分地区管理费用在失业保险基金中的比例高达 20% 以上,远远高于国际 3%—4% 的水平。失业保险金的大量闲置使管理费用过高的现象在一定程度上被遮掩。

因此,失业保险制度的设计及运行方式不仅关系到一项制度本身的完善,而且也影响到广东产业结构与就业结构的协调发展。

6.5　完善失业保险制度,促进产业结构与就业结构协调发展

目前,广东省正处于产业结构调整与快速升级的阶段,通过完善失业保险制度,促进广东省产业结构与就业结构协调发展是非常必要的。然而,作为一项制度,失业保险的完善不是一蹴而就的事情,需要以渐进的

---

① 数据来源:《广东省统计年鉴 2004 年》、《广东省统计年鉴 2007 年》。

方式,从制度设计与运行的角度进行制度的完善,做好制度的执行工作,而且,要提高失业保险的管理与监督检查水平,以便其充分发挥促进产业结构与就业结构协调发展的作用。

6.5.1 以渐进的方式推进失业保险制度的完善

随着经济的发展,在每一历史时期都会呈现出不同的产业结构与就业结构,失业保险制度针对于促进现阶段产业结构与就业结构调整发展的模式也会影响到以后产业结构与就业结构的协调发展。因此,失业保险制度的完善既要考虑到阶段性,又要具有前瞻性,通过构建失业保险服务和就业服务一体化的平台为产业结构调整提供平滑过渡的机制。

一、建立和广东产业结构与就业结构协调发展相适应的失业保险制度模式

1. 失业保险制度的设计应考虑阶段性

从理论上讲,失业保险应涵盖所有劳动者,因为在产业结构调整过程中,他们都有被暂时排出就业行列的可能。在产业结构与就业结构不断变化的进程中,我们正面临着城镇失业职工和农村剩余劳动力不断扩大的趋势,应该从促进就业的角度尽可能涵盖多种新的就业方式,以适应新形势的需要。但不能盲目地追求"扩大",应该从广东的产业政策、经济发展阶段等综合考虑,这影响着失业保险制度能否提供真正的就业保障。针对目前广东的情况,应当设计适合产业结构调整和就业结构调整的失业保险制度模式。其中,针对广东外向型经济的特征,一部分劳动力就业存在阶段性失业,在目前应做好追踪登记工作的同时,重新在制度设计上进行阶段性补助与培训定位也是相当必要的。实际上,广东省加工制造业的就业人口绝大多数在 18—40 岁之间,15—18 岁处于求学阶段,属于被抚养对象,40—65 岁人口虽然具有劳动能力,但是在制造业获得就业机会的可能性很少,因为中国劳动力过剩的严酷现实使得这部分简单劳动力人口在就业竞争中毫无优势。现阶段,广东省尚不能对全体失业者提供统一的失业保险制度模式,应针对不同的失业群体施行不同的失业保险,对于年轻的失业劳动者,鼓励劳动者年轻时不领取失业金,将领取失业金时间连续计算,在接近退休年龄和生活困难时再领取,这样不仅可以促使劳动者在具有劳动能力时积极提高自身的能力并实现就业,而且,

为促进就业再就业提供了强有力的资金支撑。对于年龄比较大且在身体状况不太好的失业者,应保障失业保险金及其医疗补助金的发放,鼓励其从事公益性的活动并给予补助。

对于农民合同制工人连续工作满一年,并且所在单位已按规定为其缴纳失业保险费,劳动合同期满未续订或者提前解除劳动合同的,由原单位所在地受理其失业保险业务的社会保险经办机构根据其缴费年限长短,为其支付一次性生活补助的同时,为其提供农村社会保障制度的相关支持,以保障他们以后的生活需要。考虑到其流动性比较高的特点,应加强对失业保险关系转移的保障。失业人员失业保险关系跨省、自治区、直辖市转迁的,失业保险费用应随失业保险关系相应划转。需划转的失业保险费用包括失业保险金、医疗补助金和职业培训、职业介绍补贴。其中,医疗补助金和职业培训、职业介绍补贴按失业人员应享受的失业保险金总额的一半计算。

对于民办非企业单位及其职工和个体工商户等灵活就业人员,应以宣传教育为主,提高其参保意识,制定与其相适应失业保险制度模式。对于大学生创业失败而造成失业的群体,应为其提供创业失业保险基金,为其解决后顾之忧。

因此,灵活就业是产业结构调整的需要,阶段性失业是灵活就业过程中出现的不可避免的现象。制定与之相适应的失业保险制度是适应产业结构与就业结构协调发展的保障。

2. 失业保险制度设计应具备前瞻性

随着产业结构的调整,广东每年都有近一千万的农民工流动就业,加上新生劳动力和转移就业的人员,就业结构也不断地进行转变,为保障流动人员的生活与就业,失业保险制度应逐步实现全省统筹,更好地发挥其互济的功能。在广东建立失业保险全省统筹,并不是说对全社会的人员实行统一的失业保险模式。针对于各市上缴的调剂金的情况,结合效率与公平兼顾的原则,本章认为,实行全省统筹前,各市按照当年失业保险基金征收总额百分之三的比例向省上缴调剂金,这样的方案应该调整。事实上,广东各地的产业与人力资源优势各不相同。广东珠三角地区经济的发展,有很大原因靠廉价的劳动力资源创造了低成本的竞争优势,而这部分资源很大部分来源于外来的劳动力,包括广东东翼、西翼和粤北山区的劳动力的贡献,然而,在产业结构调整过程中,珠三角地区逐步进入产业高级化和重工化,因此珠三角地区面临着产业转移,大量的失业人员将无奈返回家乡,虽然有土地作为保障,但还是存在隐形失业的风险,同时也使其原有的技能不能得到利用,造成资源浪费。作为承接珠三角产业转移的地区,特别是粤北山区要加强对回流人员的就业吸纳,同时对新增劳动力的技能培养。鉴于先富帮助后富的思路,经济发达的珠三角市区上缴调剂金的比例应该适当地提高,并把这部分增加的调剂金以合适的比例分配给广东其他市区以便安置回流人员和进行职业培训补助。失业保险实现全省统筹才会更充分地利用失业保险基金去帮助因产业结构调整而造成失业的人得到生活保障与实现再就业,也就是说,在更有利于产业结构的优化的同时,保障劳动力的基本生活与促进就业。

目前的失业保险制度设计与实施上的障碍使其难以执行,不能保持很好的连续性,因此,在提高失业保险的统筹层次的同时,应坚持国家的失业保险制度的总体要求,使失业保险基金能得到很好的调剂,更好地实现失业保险制度应有的功能,并为将来建立全国统一的社会保障制度提供基础。

3. 构建"政府—社会合作型"失业保险制度模式

失业是区域产业结构与就业结构无法协调发展的结果,也是市场失灵的表现,因此,这需要借助政府的力量来协调,而制度又是政府作用于市场的工具,那么,从完善失业保险制度的角度来考虑促进广东产业结构调整与就业结构协调发展是强调政府责任的结果。政府之所以应该负起社会保障和社会福利的责任,是因为在现代社会,许多人的失业除了个人的文化素质原因之外,还与城市产业发展的政策有关,每个人都存在不同程度的差异,社会不能保证每个人都能跟上产业结构调整的步伐,因此,随着产业结构的不断变化,这就必然使一些低素质的个人在竞争中失利,从而使这部分人成为谋求整个社会进步的一个必要代价。他们的失业在自身不能解决的情况下,如果政府不出面,必然会导致社会的不稳定。从计划经济到市场经济体制的转变,失业是体制运行的必然,既然失业是体制运行的必然结果,同时也是保障体制效率的一个重要前提,那么,作为体制设计者和调控者的政府,对此应该承担必要的责任。另外,政府应充当就业促进事业的决策者和倡导者,通过政策法律、基础设施建设以及提供相关服务来创造利于企业和非营利组织发挥作用的客观环境。以政策激励企业对员工进行专业培训,抑制失业;扶持企业根据自己业务需要面向失业人员举办免费职业班并择优录用。对失业者创业提供贷款和税收优惠,企业等社会组织提供技术援助和业务支持。

然而,单方面由国家来承担这个责任的话就会给财政带来太大的压力,因此要充分利用社会非营利组织的民间性和公益性特征,利用各种捐赠款开办提供公益宣传活动,为失业群体提供社区、街道就业等措施;通过广泛聚集社会资源如动员社会师资力量、组织培训对象落实再就业培训,通过建立志愿性中介机构提供就业政策咨询、法律援助等。另外,因为失业人口中的高龄人员学历较低,学习成本偏高,传统的职训方式缺乏效益,而且,对他们也不适合进行复杂的技能培训,较为有效的方式是将其引入到社会福利产业中,例如,在社区养老院和社区服务部进行较为简单的工作,使之与社区重新结合,失业者也可以组成临时的非营利组织,为社区成员提供服务,他们在为社区工作的同时可以获得社区成员的帮助;由各层次经济主体组成的非营利组织以社区为依托进行失业救助,通过社区信息资源的透明性对有隐性收入的失业者进行有效的甄别,以提高失业保险资金的使用效率和失业救助的针对性。

二、构建失业保险服务和就业服务一体化的平台

当年新成长的劳动力,做到了当年培训、当年就业。这不仅促进了就业再就业,更重要的是,适应了当年产业结构调整的需要,从而优化了就业结构。这里我们要学习上海市的做法,上海市实施了"三年技能振兴计划":对青年求职者,组织统一职业见习;对有志创业者,进行开业培训;对大学毕业生,实行"双证书"制度;对在职职工,进行在职培训;对农村富余劳动力,开展定向培训。该市高技能人才占技术性从业人员的比重,2002年为6%,2004年提高到12%,2005年达到15%左右。为增强就业能力,对16—30岁的城镇失业青年、农村富余劳动力和未就业的高校毕业生,由劳动保障局统一选择规模大、设备先进的国有企业和社会中介机构,建立职业见习基地。见习期间,从失业保险基金中为见习青年每人每月补贴生活费相当于城镇职工最低工资70%左右,同时,按每人每月100—200元的标准,对见习基地给予财政补贴。参加见习的青年,当年的就业率达70%。为了减轻财政的负担,上海市实施了失业保险基金的

"三三制"使用制度。即在安排失业保险基金的支出上,失业人员生活保障、失业人员培训、促进就业再就业,各占1/3。这不仅开辟了政府支持就业再就业的新资金渠道,减轻了政府财政的压力,也大大扩展了失业保险的保障功能,实现了政府、部门、社会和失业人员的多方满意。广东省目前失业保险基金收入稳定增长,基金结余不断增大,不仅要学习上海市实施的失业保险基金的"三三制"使用制度,提高失业保险基金中用于职业介绍的补贴比例,而且要利用职业介绍部门随时为失业保险部门提供信息服务,如大量解雇信息、破产信息、缩短工时信息和非法就业信息等,以便使其及时采取预防措施。让职业介绍部门承担一定的失业保险工作职责,在积极促进失业人员再就业的同时,方便失业人员领取失业救济金。如,向失业人员介绍享受失业保险金和失业救济金的条件;进行失业登记;发放失业保险金和失业救济金申请表;对申请者是否接受职业介绍进行评价;当失业人员无正当理由拒绝工作时,通知失业保险部门暂停或终止发放失业保险金等。让职业介绍员承担失业人员是否履行了法律规定的"接受职业介绍"的评估工作,以此决定失业人员能否享受失业保险金。使失业保险基金的支出更好地为产业结构的调整服务,这将会更好地促进产业结构与就业结构的协调发展。

6.5.2 改进失业保险制度的执行力度,努力促进广东产业结构与就业结构的协调发展

随着产业结构调整与优化升级,必然会引起产业的转移和承接,从而影响到劳动力的转移就业。对于这部分流动人员的顺利实现安置与就业,不仅关系到产业的顺利转移,而且也影响到产业结构与就业结构的协调发展。因此,应做好流动人员的失业保险转移工作,合理运用失业保险基金,为其提供更多的就业岗位。

一、做好失业保险转移工作,使人员配置更好地适应产业结构的发展需要

针对失业保险转移矛盾的情况,广东省应要求各市明确失业保险转移具体措施,使各地方的社保经办机构能提高办事效率,更好地促进人员的流动。对失业人员失业前所在单位与本人户籍不在同一统筹地区的,其失业保险金的发放和其他失业保险待遇的提供由两地劳动保险行政部

门进行协商,明确具体办法。但并非一事一定,应照顾到不同地区的实际
情况,有利于引导劳动力合理流动,保障失业人员的合法权益。如协商不
能取得一致,在省、自治区范围内由省劳动保障行政部门决定,省际由劳
动保障部决定,但是,在进行流动人员失业保险转移工作的过程中,应提
高工作的效率,优化解决向粤北、粤西等欠发达地区转移就业人员的需
要,促进更多的人向欠发达地区转移并实现就业,从而达到资源的优化配
置。在制度设计上,应规定在一定的时限内必须完成失业保险转移接续
的工作。而且,在人员发生转移就业时,当地相关部门必须做好提醒及咨
询工作,使失业人员更好地保障自己的权益。

二、合理运用失业保险基金,参与开发与产业结构相适应的就业岗位

在失业保险基金大量闲置的情况下,合理地运用部分结余创立失业
保险创业基金支持大学生创业是非常必要的。对于这部分创业基金,通
过组织专家进行调研和可行性分析后给予各项优惠,对于可行性较高的
项目可以延期还款等。而且,对于大学生到粤北、粤西等欠发达地区创业
的给予基金补助,这样不仅有利于人力资源的合理流动,在一定程度上促
进欠发达地区产业结构的优化升级,达到产业结构与就业结构协调发展
的需要。而且,利用结余的失业保险基金开发与目前产业结构相适应的
就业岗位是非常明智的作法。所谓开发就业岗位,并不是我们一般意义
上所理解的增加就业岗位。开发的岗位必须具有三种特征:一是开发出
来的工作岗位必须是社会公益性的工作。二是开发出来的就业岗位必须
是添加性的工作,也就是说,这种工作必须是新创造的,而不是已经存在
的工作。对于一个企业来说,开发的就业岗位是从企业各项工作派生出
来的新工作,企业没有义务做这项工作,别人也没有义务必须干这件事。
三是开发的就业岗位必须符合产业结构调整的需要,符合劳动力市场的
需求。对开发就业岗位进行资金支持的目的,在于快速、直接地减轻失业
对劳动力市场的压力;使失业者不至于失去同劳动的联系;保持和提高失
业人员的素质;推动社会基础设施的改善;促进产业结构的调整和创造附
加性的就业岗位等。

虽然国家在政策上允许各地根据失业保险基金征缴和积累情况,制
定适当比例,放宽使用范围,进一步发挥失业保险制度促进再就业的作
用。虽然上面在口头上都对此表示支持,但是在社保资金这一比较敏感

的领域,还是希望国家、省能够形成具体的文件,对失业保险金的使用加以明确。

三、促进失业保险制度与其他具体社会保障制度之间的协调

劳动者在失业期间由于没有能力缴纳社会保险费,这意味着在国有企业改革中下岗分流和失业的职工不仅要承受失业下岗的压力,而且其退休后的养老和医疗待遇还要进一步受到影响。因此,不妨借鉴德国、英国等一些国家的做法,下岗失业人员在失业期间视同缴纳养老和医疗保险费,这样可以减轻失业下岗人员的被排斥和剥夺的程度,使下岗失业人员相对于在岗人员来说更为公平一些,并有利于促使其在法定享受失业保险期间尽快再就业。为了对完善失业保险制度创造更好的条件,促进其与具体社会保障制度之间的协调,广东省还必须抓紧做好以下几方面的配套改革:一是改革完善养老保险制度。应继续并完善社会统筹和个人账户相结合的养老保险基金统筹模式,并采取养老保险金待遇分段给付的办法,以保障失业人员的法定权益,为其再就业创造条件,并促使公务员养老保险制度同企业养老保险制度相衔接。二是改革、完善医疗保险制度。失业期间,其医疗费用如何负担,是一个比较敏感的问题。为完善失业保险制度顺利推行,需要医疗保险制度改革的积极配合。要加快建立基本医疗保险制度,应积极按规定缴纳基本医疗保险费,既使失业后,也应该实行大病医疗费用统筹和个人账户相结合,保证失业者生病能得到及时医治。三是建立完善伤残保险制度。根据我国宪法规定,公民在丧失劳动能力或残疾后,有从国家和社会获得物质帮助的权利,为充分保障失业者这方面权利,应建立健全失业者伤残保险制度,应制定出相应的、合理的法规或政策,对在职期间的伤残保险作出规定,同时也要考虑到伤残后失业或失业后伤残的生活问题。四是改革用工制度,规范、完善"再就业工程"。推行适应社会主义市场经济体制需要、灵活开放的用工制度,逐步建立和完善为供求双方提供中介服务的各类劳务市场和人才交流市场,要总结近年来实施"再就业工程"的经验和教训,进一步规范、完善"再就业工程"。要制定切实可行的政策措施和实施方案,并抓好落实,为失业人员提供全方位的再就业服务。失业保险管理机构在政策允许的前提下,也应积极开辟力所能及的生产自救活动和就业渠道,为促进失业者再就业提供机会和创造条件。

6.5.3 提高失业保险的管理与监督检查水平

通过教育与宣传更好地促进企业和个人改变意识,提高其缴费自觉性并规范缴费。为提高失业保险基金的支付能力,保证将调剂给企业再就业服务中心的资金及时拨付到位,各市区要做好失业保险基金的收缴工作。目前,广东的经济增长速度处于全国的领先水平,人均收入也不断提高,要解决产业结构与就业结构不协调的状况,可以研究提高基金收缴比例,建立基金收缴工作责任制,提高收缴率。同时,要普遍开展失业保险费拖欠清理工作,加紧追缴企业欠缴的失业保险费。对被挤占挪用的失业保险基金和其他违纪违规资金,要按照今年清查工作要求做好回收和纠正工作。四险一金的缴纳额度每个地区的规定都不同,基数是以工资总额为基数。有的企业在发放时有基本工资,有相关一些补贴,但有的企业在缴纳时,只是基本工资,这是违反法律规定的。因此,有必要不定期地在全省开展失业保险基金收缴、支付、运营情况的检查,进一步规范失业保险基金管理,认真贯彻实施《广东省社会保险基金监督条例》,并积极推动全省各个市全部建立社会保险基金监督委员会,完善行政监督、专业监督和社会监督相结合的监督机制。

第一,劳动保障行政部门应做好管理失业保险的工作,贯彻实施失业保险法律、法规;指导社会保险经办机构的工作;对失业保险费的征收和失业保险待遇的支付进行监督检查。目前最重要的是,认真贯彻实施《就业促进法》的地方性法规并结合《就业促进法》规定内容和职责分工,结合广东省的实际情况,研究制定促进就业具体政策措施,包括人力资源市场、职业技能培训、就业服务、就业援助以及就业专项资金管理等配套规定劳动保障行政部门应及时地做好失业人员的登记、调查、统计和发放失业证工作,并负责为失业人员提供再就业服务和出具相关证明。

第二,社会保险经办机构应加强管理单位和职工参加失业保险的信息,及时更新缴费记录并保证其完整、安全,及时办理失业保险关系及待遇接转手续;规范失业保险基金的预决算制度、会计统计制度和内部审计制度,定期审核享受失业保险待遇资格,核定领取期限和待遇标准,支付失业保险待遇;对职业培训补贴、职业介绍补贴的申请及时进行调查研究并作出决定,为单位、职工免费提供失业保险咨询、查询服务;同时,要积极协调就业工作联席会议其他成员单位,配合做好这些部门工作人员的学习培训工作。

第三,构建良好的信息网,财政部门和审计部门依法对失业保险基金的收支、管理情况进行监督。按国际通例,领取失业保险金的条件是:处在劳动年龄,非自愿性失业,失业前有一定时期的连续工作并交纳失业保险费,及时申请失业登记的失业者。我国《失业保险条例》也做了类似规定,但还不够具体完善,且缺少相应的审核机构。由于缺乏具体详细的资格审查条例和相应的资格审核机构,导致有些人一边拥有就业收入,一边领取失业保险金。建立劳动力市场供求预警制度,将失业率作为政府宏观调控的目标之一,列入日常跟踪监控范围。要求单位应当按规定每年向职工定期如实公布缴纳失业保险费的情况。并及时为职工出具终止或者解除劳动关系证明,告知其按规定享受失业保险待遇的权利,并自终止或者解除劳动关系之日起七日内将终止或者解除劳动关系人员名单报社会保险经办机构备案。对于一些单位不按规定安排失业人群参与就业的比例,或用人单位不能按规定招聘,可以通过提交相应培训经费方式来承担责任。

中国—东盟自由贸易区的建立，给广西的发展带来机遇，同时也带来新的挑战。广西的产业大多是一些传统产业，技术含量低，附加值低，与东盟国家(印度尼西亚、新加坡)相比处于劣势。此外，广西产业结构不合理，具体体现在第一产业在整个产业中占比过高，而第二产业、第三产业占比较低。产业结构和就业结构是密切联系的，产业结构调整将引起就业结构的变化，从而对就业渠道的拓展产生影响。为了有效拓展广西就业渠道，应对东盟国家的挑战，本章在中国—东盟自由贸易区条件下研究广西产业结构的调整对就业渠道拓展的影响，并给促进就业渠道拓展的政策和建议。

第 7 章
产业结构调整对就业渠道拓展的影响

中国—东盟自由贸易区的构建、泛珠三角区域经济全面合作的启动以及广西北部湾经济区的设立,广西经济发展面临开放经济条件下新的发展机遇。广西经济结构的调整与就业结构之间存在密切的联系,经济结构形成就业结构的物质基础;经济结构的调整会带来就业结构的调整,从而影响就业渠道的拓展。本章选择中国—东盟自由贸易区作为约束条件分析广西产业结构调整对就业渠道拓展的影响。

7.1 CAFTA 背景下广西产业结构调整与就业渠道拓展的关系

选择中国—东盟自由贸易区作为约束条件分析广西产业结构调整对就业渠道拓展的影响,首先需要清楚中国—东盟自由贸易区与广西产业结构、就业渠道三者之间的关系,如图7-1所示。

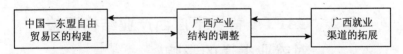

图7-1 中国—东盟自由贸易区的构建与广西产业结构、就业渠道之间的关系

在上述互动关系中,存在两种方向截然相反的传导过程:一种是自左向右。在中国—东盟自由贸易区的构建过程中,广西位于中国与东盟两大板块之间,左右逢源,既可以乘坐"直通车"进入东南亚,也可以在国内就地取材;既可以充分利用国内的资源,也可以利用东南亚的资源;既可以拓展国内的市场,也可以进入东南亚的大市场,充分发挥自己的优势,把东南亚和国内的资源、东南亚和国内的市场与广西的地理位置有机地结合起来,优化自己的资源配置,优化自己的经济结构,包括一、二、三产业结构以及农业的种植结构等。这种产业结构的优化与调整,必将影响就业总量以及就业结构的变化,从而对就业渠道的拓展产生正反两方面的影响。另一种是自右向左。随着市场经济的不断发展和国有企业改革的进一步深化,广西就业形势日益严峻,为缓解就业压力,拓宽就业渠道,

政府的就业促进政策主要致力于刺激经济的发展和产业结构的调整,以此带动就业的增加。在这种产业结构的调整过程中,政府势必支持劳动密集型产业的发展,鼓励劳动密集型产品的出口,这预示着广西与东盟国家开展经贸合作时在某些领域互补性较强,同时某些领域竞争性较强。这种旨在促进就业的产业结构的调整,对中国—东盟自由贸易区的构建也将产生正反两方面的影响。因此,总的说来,中国—东盟自由贸易区的发展对广西产业结构调整的影响与广西缓解就业压力对产业结构调整提出的要求可能不完全一致,这就要求广西产业结构的调整必须要同时兼顾中国—东盟自由贸易区的构建和拓展就业渠道两个方面的因素。

总而言之,一方面,中国—东盟自由贸易区的构建为广西带来大量的投资以及新市场的形成,无疑会推动广西产业结构的优化与升级,产业结构的调整再进一步影响广西就业渠道的拓展;另一方面,为了缓解广西就业压力,拓展就业渠道,势必对广西产业结构进行有利于扩大就业方向的调整。

7.2 CAFTA 背景下广西产业结构调整 对就业渠道的影响

中国—东盟自由贸易区的建立对广西产业结构的影响主要体现在对外贸易因素上,同时交织着资源禀赋、技术进步、消费结构、投资结构以及国家产业政策的变化等因素。对外贸易一方面通过货物贸易影响第一产业和第二产业结构的调整,另一方面通过服务贸易影响第三产业结构的调整。因此,本节将分别从第一产业、第二产业、第三产业三个方面,分析中国—东盟自由贸易区的构建对产业结构的影响继而分析产业结构调整对就业结构以及就业总量的影响。

7.2.1 广西第一产业结构调整对就业结构的影响

货物贸易影响产业结构的变动主要是通过进出口商品结构的变化推动

区域产业结构的调整。中国—东盟自由贸易区的启动,"早期收获"①计划的实施以及《中泰果蔬协议》的签订对广西农产品进出口结构产生了重要的影响。因此,下面首先从广西农产品进出口结构的变化入手,展开分析。

一、CAFTA 的启动对广西农产品进出口结构的影响

广西地理、气候接近东盟国家,农产品种类与东盟国家部分雷同,农产品结构存在着一定的竞争关系。例如:大米和热带水果是东盟的传统优势品种,也是广西的强项。据海关统计,2002 年广西从东盟进口"早期收获"产品大部分是水果及坚果、蔬菜、海产品及水产品,向东盟出口"早期收获"产品也主要是蔬菜、水果及坚果产品。另一方面,广西与东盟农产品结构也存在一定互补关系。东盟盛产可可、胡椒、香草、天然橡胶、棕榈油、椰子油,而广西的甘蔗、剑麻可以为东盟的经济发展提供有力的支持与促进。中国主动提出"早期收获"计划,提前向东盟国家开放农产品市场,挑选东盟出口较多的农林水产品,先行降低关税。这一举措一方面有利于东盟国家扩大优势产品的出口,另一方面也有利于广西出口水果、蔬菜、畜产品、水产品等具有比较优势的劳动密集型农产品。但是"早期收获"计划在执行上对广西农产品进出口结构产生不利影响。一是从降税时间上看,东盟新四国有几年过渡期,广西与主要贸易伙伴国越南相比,同类产品所受冲击较大,且没有保护期;二是从降税幅度看,我国在对东盟新四国降税幅度上,越南受益较多;三是从降税产品范围看,东盟部分农业国有较多的保护,影响广西部分优势产品进入东盟市场。在"早期收获"计划下,越、老、柬三国共提出 229 种"例外清单"产品,其中广西的优势产品禽、蛋、柚子、未列名的柑橘属水果被列入"例外清单",广西的多种果蔬也都列入"例外清单",这无疑会影响广西优势产品的出口。再者,《中泰果蔬协议》也间接冲击了广西对东盟的农产品进出口结构。在广西与东盟的进出口贸易中,越南是广西的最主要的贸易伙伴。广西与泰国在"早期收获"产品范围内没有发生进出口贸易,但是在以往与越南的贸易额中包括有泰国通过越南、老挝转口的货物,也包括越南进口广西

---

① "早期收获"(Early Harvest)计划,即在达成自由贸易区协定之前,先期给予东盟国家一些现实的贸易利益,不对等地开放农产品贸易。参见中国商品网:http://ccn. mofcom. gov. cn/ad/show. php? id=338.

产品转口其他东盟国家的货物。《中泰果蔬协议》签订之后,中泰果蔬产品双方都实施零关税,很明显,与泰国进行低值农产品贸易,通过澜沧江—湄公河进入云南省口岸的水运运输成本相对较低。因此,中泰果蔬产品实施零关税会分流一部分原有经广西—越南辐射中南半岛诸国的货源,影响广西对越南的贸易以及对东盟的农产品进出口规模。①

二、农产品进出口结构对主要农产品产量的影响

表 7-1　广西边境贸易主要农产品进出口金额　　　单位:万元

年份		粮食	肉禽蛋	蔬菜	水产品	干鲜果	中草药
2003 年	进出口	6179	84	—	—	69817	29726
	进口	74	64	—	43020	30775	1244
	出口	6105	20	20043	—	39042	28482
	差额	6031	−44			8267	27238
2004 年	进出口	10091	—	15190		81361	2843
	进口	2109	—	1828	56309	28073	872
	出口	7982	31	13362		53288	1971
	差额	5873	—	11534		25215	1099
2005 年	进出口	7271	357	12169		92994	—
	进口	1485	342	1428	83747	39033	818
	出口	5786	15	10741		53911	—
	差额	4301	−327	9313		14878	
2006 年	进出口	11505	830	17361		125742	25316
	进口	2387	550	2699	105269	66268	1224
	出口	9118	280	14662		59474	24092
	差额	6731	−270	11963		6974	22868
2007 年	进出口	21418	—	23137		129778	43214
	进口	2438	—	4230	134957	75155	4422
	出口	18980	—	18907		54623	38792
	差额	16542	—	14677		−20532	34370

数据来源:历年《广西壮族自治区统计年鉴》。

---

① 杨亚非:《中国—东盟自由贸易区与广西农业》,《东南亚纵横》2003 年第 12 期。

近年来广西与越南之间边境贸易迅速增长,广西与越南的进出口额占了广西与东盟进出口总额的绝大部分,因此广西与越南之间的边境贸易情况可以大致反映广西与东盟之间的对外贸易情况,广西近年来边境贸易中主要农产品的进出口变化情况(如表7-1所示)可以大致反映出广西与东盟国家的农产品进出口结构。

表7-1中数据显示,粮食作物无论是出口额还是进口额,2007年较2003年都有大幅度的增长,特别是进口额增长了32倍,进出口额增长了2.5倍,出口额增长了2.1倍;肉禽蛋类由于某些数据缺失,但可以看出2006年比2003年进出口额增长了50%,进口额增长了130%,出口额增长了40%;蔬菜2007年的出口额较2004年进出口额增长了90%,进口额增长了140%,出口额增长了40%;水产品只有进口额,一直在增长,2007年的进口额较2003年增幅达到210%;干鲜果2007年较2003年进出口额增长了50%,进口额增长了260%,出口额增长了40%;中草药2007年较2003年进出口额增长了50%,进口额增长了130%,出口额增长了40%;但2003—2007年期间的进出口额、进口额、出口额波动性较大,不稳定。

表7-2　主要农产品产量　　　　单位:万吨

指标	1990年	1995年	2000年	2001年	2002年	2003年	2004年	2005年	2006年	2007年
粮食	1402.57	1553.3	1667.24	1607.35	1549.38	1484.82	1473.19	1516.29	1427.58	1396.60
油料	25.19	45.35	58.61	57.23	55.99	55.7	58.32	63.18	33.60	33.82
甘蔗	1501.84	2556	2937.89	3653.33	4593.38	4861.84	5003.87	5154.69	6376.40	7737.47
水果	91.61	266.6	360.14	406.28	455.78	462.2	526.44	766.84	812.04	904.71
肉类	104.15	195.61	287.26	306.98	329.67	353.52	383.05	418.60	321.00	329.04
水产品	32.35	103.29	239.86	247.77	255.15	264.61	274.31	284.19	236.36	246.06

数据来源:历年《广西壮族自治区统计年鉴》。

同时选取1990年、1995年、2000—2007年广西主要农产品产量(表7-2),结合表7-1中的数据,可以大致分析广西农产品进出口结构对农产品产量的影响。首先从表7-2中数据分析农产品的产量变化:在所有的农产品中,粮食作物和甘蔗是广西的特色作物,它们产量占绝对优势。从1990年到2000年,粮食作物产量逐年增加,但从2001年到2007年(2005年产量增加)逐年递减,油料作物产量的变动趋势呈波动性,很不稳定。甘蔗、水果、肉类以及水产品的产量从1990年至2004年一直呈逐年增加的趋势;其中水果的产量在2004年以后增长幅度较大;甘蔗产量的增长速度2002年以后明显趋缓,2005年后增幅又窜高,比2002年以前增幅还大,这与近几年国际糖价飙升有关。

再来分析农产品进出口结构对农产品产量的影响:广西稻谷、玉米等粮食作物虽然具有比较优势,东盟相对品质优良的粮食(尤其是泰国的优质大米)越来越受到中国人的接纳与喜爱,粮食作物在2007年的进口远远超过2003年,增幅达到32倍,这种变化趋势与近年来广西粮食作物产量递减的趋势相吻合,说明广西粮食作物的比较优势近年来开始下降。广西优良水果国际竞争力较高,水果及坚果的进出口额也较大;但2007年相对2003年干鲜果的进口额增长了260%,出口额只增长了40%,而且2007年开始出现贸易逆差;这说明广西干鲜果的国际竞争力遭受极大的挑战,需要在质量方面提高。实施"早期收获"计划以及《中泰果蔬协议》之后,特别是东盟自由贸易区建成之后,广西龙眼、荔枝必将受到东盟国家低成本的严重冲击和考验,其产量也必将受到一定的影响,但柑橘不会受到太大的影响。广西盛产甘蔗,在国内外具有一定的影响力,故其产量逐年递增,但由于泰国和菲律宾有大量的且成本相对较低的甘蔗供出口,因此广西甘蔗的出口面临很大的挑战,其2002—2005年产量的增长速度趋缓。广西畜牧业产品具有一定的国际竞争力,但由于东盟盛产鸡蛋、猪肉等,广西2003年以来肉禽蛋类商品的进口远远超过出口,可以看出广西近年来畜牧产品产量的增加主要是供应国内居民的消费,其他畜牧产品的出口具有一定的潜力。东盟盛产对虾、石斑鱼、红鱼等水产品,故广西2003年以来每年的水产品进口额都有大幅的增长,同时广西水产品虽具有一定的优势,故2005年以前的水产品产量逐年小幅递增,2006年以后小幅递减,这也有东盟进口水产品的影响因素在起作用。

三、第一产业内部产值结构

下面,我们对2000—2007年广西第一产业内部产业增加值和产值结构进行综合比较,数据如表7-3所示:

表7-3　广西主要年份第一产业总产值构成

	产业增加值(亿元)							产值结构(%)						
	2001	2002	2003	2004	2005	2006	2007	2001	2002	2003	2004	2005	2006	2007
第一产业合计	568.18	600.4	659.59	817.88	912.50	1032.47	1241.35	100	100	100	100	100	100	100
农业	310.93	334.4	355.04	437.92	499.70	576.08	668.12	54.73	55.70	53.83	53.54	54.76	55.80	53.82
林业	31.78	31.95	43.04	46.22	48.50	62.27	77.79	5.59	5.32	6.53	5.65	5.32	6.03	6.24
牧业	148.16	155.02	173.26	233.20	257.70	281.13	348.23	26.08	25.82	26.27	28.51	28.24	27.22	28.06
渔业	71.65	74.31	80.94	92.79	98.90	104.83	120.73	12.60	12.38	12.27	13.35	10.84	10.15	9.74
一产服务业	5.66	4.72	7.31	7.74	7.70	8.16	26.48	1.0	0.79	1.10	0.95	0.84	0.80	2.14

数据来源:历年《广西壮族自治区统计年鉴》,按照国家最新统计口径,2003年起第一产业总产值包括农业、林业、牧业、渔业以及农林牧渔服务业产值,为方便比较,此表对2000年、2001年、2002年的第一产业总产值也做了相应的调整。

表7-3中数据显示,2000年以来广西第一产业的总产值是增加的,农业、林业、畜牧业以及渔业、一产服务业的产值都是逐年增加的,但由于增长的幅度不同,导致农业、林业、牧业、渔业的产值在第一产业总产值中的比重一直处于不断的变化之中,但是变化不大。第一产业内部农业的产值占绝对比较优势,牧业次之,渔业、林业再次之,农林牧渔服务业的比重最小。农业的比重呈波动性的变化,与粮食作物产量呈波动性的变化一致;林业、牧业在产业增加值不大的年份,产值比重下降;渔业的产业增加值逐年递增,但产值比重除2004年上升外,其余年份均有所下降;农林牧渔服务业的比重也是波动性的变化,2007年比上一年有较大增幅,翻了一番。总之,2000年以来广西第一产业内部产值比重均呈波动性变化,但变化不大,比重按农、牧、渔、林、一产服务业顺序排列不变。

四、第一产业内部产值结构调整对就业结构的影响

我们选取1998年至2007年的数据,分析第一产业内部产值比重以及从业人员比重变化的大致趋势,数据如表7-4所示。

表7-4　近年广西第一产业产值比重与从业人员比重情况

年份	产值比重(%)				从业人员比重(%)			
	农	林	牧	渔	农	林	牧	渔
1998	18.17	1.60	7.07	3.33	59.63	1.27	2.82	1.12
1999	16.85	1.55	6.68	3.31	59.18	1.25	2.81	1.15
2000	14.58	1.53	6.84	3.32	61.03	0.18	0.02	0.004
2001	13.91	1.42	6.63	3.20	60.95	0.17	0.03	0.006
2002	13.59	1.30	6.30	3.02	60.94	0.17	0.02	0.004
2003	12.96	1.57	6.32	2.95	59.63	0.15	0.02	0.005
2004	12.75	1.35	6.79	2.70	57.62	0.15	0.02	0.004
2005	12.26	1.19	6.32	2.43	56.00	0.16	0.02	0.004
2006	11.93	1.29	5.82	2.17	54.90	0.17	0.04	0.006
2007	11.22	1.31	5.85	2.03	54.58	0.24	0.07	0.009
平均值	13.82	1.41	6.46	2.85	58.45	0.39	0.59	0.23

数据来源:历年《广西壮族自治区统计年鉴》。此表产值比重是指各产值占国内生产总值的比重,从业人员比重亦是指各产业从业人员占总从业人员的比重。

表7-4中数据显示,一方面作横向比较:农业的产值在第一产业中占绝对优势,牧业次之,渔业再次之,林业比重最小。农业从业人员占全社会从业人员一半以上的比重,牧业次之,林业再次之,渔业最小;但2000年开始林业从业人员超过牧业从业人员。另一方面作纵向比较:近年来农业占国内GDP的比重持续下降,10年时间下滑了5.95个百分点,尤其在2000年的下降幅度最大,农业从业人员比重总体上为下降,10年时间下降了4.05个百分点;林业和牧业占国内GDP的比重总体上略为下降,从业人员比重则逐年递减,尤其是在2000年从业人员比重大幅度降低,分别减少了1.07个百分点和2.79个百分点;渔业占国内GDP的比重略有下降,从业人员比重在2000年以后大幅度降低,其占全社会从业人员的比重微乎其微。值得一提的是10年来占从业人员比重平均值为58.45%的农业从业人员创造的农业产值比重平均值仅仅为13.82%。

综合数据说明:一方面,广西第一产业内部就业比重与产值比重较为相似,从业人员比重变化趋势也与产值比重变化趋势大致一致,产值结构的调整影响就业结构的变化。另一方面,林业、牧业和渔业的大部分剩余劳动力基本上已经转移,第一产业内部出现的问题主要在于农业,农业内部存在巨大的剩余劳动力资源,有待转移。

总之,农业产值比重的降低,在一定程度上意味着自由贸易区的构建对广西农业产生了严重的冲击。农业从业人员比重降幅不大说明农业剩余劳动力人数转移困难。再者,中国—东盟自由贸易区的构建对于继续留在农业从事农业生产的劳动者,在技术上和技能上也有了新的要求。因此,第一产业的就业将面临需求数量的减少和素质要求高的双重压力。

7.2.2　CAFTA 构建对广西第二产业结构的影响

第二产业主要包括工业和建筑业,具体的工业包括采掘业、制造业、电力煤气及水的生产和供应业。下面分别从这几个行业分析中国—东盟自由贸易区的构建对第二产业结构调整的影响,继而分析产业结构调整对就业结构的影响。

一、CAFTA 构建对工业的影响

1. 采掘业:广西有着丰富的锰、锡、砷、钒、钨、锑、银、铝、滑石、重晶石、膨润土等矿产资源,多数为金属矿床,但有不少为难采、难选、难冶的贫矿和共伴生矿,并且技术条件低下,综合利用程度不高。东盟有着丰富的金、银、铜、铁、锡、铅、锌、钨、锑、锰、镍、钾盐、各种宝石、煤、石油和天然气资源等。其中,金属矿产资源中最为丰富的是锡、铜、铅土、铁等矿种。广西与东盟矿产资源存在很大程度上的雷同性,也存在一定的互补性。中国—东盟自由贸易区的启动,一方面将在一定程度上冲击广西采掘业的发展,另一方面也会促进广西与东盟之间的合作,资金的引进与投入、技术的引进与采用,将会在很大程度上提高广西矿产资源的综合利用率,还可能找到新的矿产地或使矿产新增储量,这在一定程度上可以促进广西采掘业的发展。

2. 制造业:中国—东盟自由贸易区的构建对广西制造业的影响,主要是结合东盟的产业状况分析对广西部分优势产业和支柱产业的影响,集中在制糖业、造纸业、制药业、有色金属工业、汽车工业、建材工业。

3. 制糖业:一方面,广西将面临成本更低的泰国糖业的挑战。"由于广西和泰国在制糖的效率方面存在差距,广西甘蔗进厂价为 190 元/吨,

189

泰国甘蔗进厂价合人民币 116 元/吨,广西白砂糖售价 2762 元/吨,泰国白砂糖国内售价合人民币约 2307 元/吨。据了解,泰国糖业成品糖的生产成本仅为 1300 元人民币/吨左右,大大低于广西,极具竞争力"①。一旦"早期收获"协议实行,泰国糖业能以零关税进入中国市场,广西糖业将承受巨大压力。再者,由于广西的食糖市场体系不完善,食糖的流通网络建设仍处于初级阶段,政策法律法规体系不完善,从而导致广西制糖企业对市场不敏感。随着对东盟国家制糖企业关税的降低乃至取消,国内糖业市场竞争加剧,国内食糖市场不再是企业竞争的避风港,国内市场食糖价格必然会受到国际糖价波动的影响,而国际糖价是世界农产品交易价格中波动最大的,这对广西制糖业的冲击无疑是巨大的。另一方面,随着中国—东盟自由贸易区的推进,广西糖业同样也能以低关税乃至零关税进入东盟市场,这对占据中国一半以上市场的广西糖业来讲,无疑是一片尚未很好开发的新市场。东盟 10 国中,除了泰国以外,几乎都是食糖进口国,其国内糖价都远高于中国。广西糖业可以充分发挥自身优势,通过各种方式,例如承揽国际原糖精炼加工,输出副产品深加工及其他糖业专利技术等,来加强与东盟各国在技术方面的合作。再者,中国—东盟自由贸易区的推进,使中国和东盟的经济联系更趋紧密,广西和东盟国家在糖业上的合作也逐渐加强。由于糖业在广西和泰国都是支柱产业,甘蔗种植量与成品糖产量都位居世界前列,故双方的合作将更有针对性。

4. 造纸业:一方面,中国—东盟自由贸易区构建后,纸业竞争必然更加激烈。例如印度尼西亚最大的造纸企业 APP 公司已经开始抢滩广西市场,计划在广西钦州建设一个 50 万吨的浆厂。东盟的大型纸厂一旦进入广西,必将对广西的纸业发展带来冲击,因为这些外资纸厂具有非常明显的优势:企业形成了经济规模,资金充足,设备一流,技术先进,管理规范。企业的优势又转化为产品的优势,产品档次高、质量好,加上先进的销售网络和完善的服务,在市场上极具竞争力。而广西的造纸工业是一个传统原材料工业,多数企业的技术装备还相当落后,生产规模小、污染严重、劳动生产率较低,企业包袱较重,经济实力远不及印尼、新加坡的同

---

① 广西大学东南亚研究中心、中国—东盟研究院、中国—东盟博览会秘书处研究中心编:《中国—东盟自由贸易区与广西产业经济发展研究》,接力出版社 2005 年版。

类企业,因此难以与他们的企业和产品竞争,可能有一部分缺乏竞争力的企业将难以生存。再者,与进口纸张相比,广西造纸行业在产品价格性能比方面处于劣势。中国—东盟自由贸易区构建后,纸业市场将进一步开放,降低关税,大量造纸产品进入广西市场,无疑会在短期内对广西的造纸企业造成严重影响。另一方面,贸易区建成后税率将降低,有利于广西造纸企业引进东盟大型现代化纸厂的先进技术和设备,从而提高广西造纸工业的生产技术水平。由于广西的纸业市场潜力巨大,已经引起了东盟主要造纸商的注意,良好的市场需求必然增大了自由贸易区建成后东盟大型纸厂投资广西的可能性,这种投资,不仅带来了大量资金,同时也带来了先进的技术和管理经验。在建厂模式及管理模式上,将刺激和带动广西造纸企业走集约化经营、规模化发展的道路。最后,相对于东盟纸业落后国家而言,在部分产品上,广西产品具有较强的竞争优势。贸易区建成后,整个中国都将享受到成员国应该享有的好处,广西也不例外,这将极大地改善广西的出口环境,对于广西的造纸产品出口将十分有利,不断地在国际市场游戏规则中发展壮大自己,以此带动广西造纸工业的发展。如越南造纸工业较为落后,每年都需要进口大量的纸及纸制品,广西如能抓住建立自由贸易区的机遇,大力开拓越南的市场,增大对越南的出口,必然会促进广西造纸业的发展。

5. 制药业:广西是中国中药材的主要产区之一,得天独厚的资源优势为广西的中药产业发展奠定了坚实的基础,中医药制药工业经过几十年的发展,现已具相当规模。东盟是海外华人最集中的地区,中国与东盟国家具有亲缘的地理、民族和文化关系,形成了相近的用药习惯。近年来中药逐步得到东盟国家市场的认可,极大地促进了广西中药的出口,同时拓展了广西与东盟中药业经贸合作的市场空间。随着中医、中药在东盟各国逐步合法化和中药出口环境得到改善,广西与东盟中药经贸合作面临商机,发展潜力巨大。

6. 有色金属工业:广西素称“有色金属之乡”,是中国 10 个重点有色金属产区之一,正是利用了本地丰富的矿产资源,有色金属工业成为广西具有地方特色的支柱产业。广西有色金属工业拥有资源优势,但技术上无法实现低成本的深加工,以氧化铝、电解铝等初级产品为主。在中国—东盟自由贸易区构建的背景下,中国东部沿海地区可以凭借港口优势,大量引进东盟矿产品兴建大型原材料工业基地,广西在国内市场需求中的资源优势将没有实际经济意义。2007年以来广西有色金属工业加速资源整合,组建了广西河池有色集团有限公司、广西有色金属集团有限公司,其中广西有色金属集团有限公司由广西国资委牵头组建的集团公司,将以华锡集团为母体,整合全区的有色产业,并向有色金属深加工领域延伸,开发一批有色金属高新材料、复合材料及高精深加工产品,同时还将酝酿建立有色金属价格联盟,以确立广西在有色金属领域的话语权。

7.汽车工业:泰国、马来西亚等国都将汽车工业作为支柱产业,广西也不例外。随着汽车工业分工的深化,一般而言,汽车整装企业往往采取接近市场的战略,广西与泰国、马来西亚空间距离相对较远,因此,很可能各自都会拥有自己的整装企业,彼此会有竞争,但不会太激烈,竞争很可能主要体现在汽车零部件企业之间。广西出口东南亚的农机产品主要为单缸柴油机、柴油机零件、液体泵、液体泵零件及其他发动机零件,这些产品的技术含量不高,产品附加值也较低。而像拖拉机、收割机、农用运输车、粮食加工机械等技术含量和产品附加值较高的农机产品出口量较少,但这些正是东南亚地区普遍需要的产品。总之,广西农用车、轻型车和中型货车竞争具有很强的国际竞争力,中国—东盟自由贸易区建立后,广西汽车业受益匪浅。

8.建材工业:广西建材工业主导产品有水泥、平板玻璃、卫生陶瓷、墙地砖、花岗岩和大理石板材、水泥制品等,其中水泥的产量位居全国前列。以水泥为主的建材工业作为广西的传统工业,生产能力低下,技术落后,污染严重。越南基础设施薄弱,正在积极改善交通和城市建设,对水泥和水泥制品的需求持续攀升。中国—东盟自由贸易区的建立对于广西建材工业,尤其是水泥的生产和发展,是一个契机,可以在调整中稳步发展。

9.电力煤气水业:以水电为主的电力工业作为广西的主导产业,是又一项凭借本地资源优势(丰富的水电资源)发展起来的具有地方特色的传统工业。广西是"西电东送"省区之一,但2003年广西电力生产量在全国只排名第20位,为履行中央赋予的职责,不得不"买电东送"。随着中国—东盟自由贸易区的创建,广西的工业将会得到快速增长,随之电力的消耗也会越来越多,电力的紧缺状况将会更加严重,这无疑会刺激电力工业的发展,但受到自然资源有限性的局限,电力工业的发展会受到瓶颈制约。

二、CAFTA 构建对建筑业的影响

中国—东盟自由贸易区的启动,一方面,随着市场的繁荣,房产市场需求会不断增加,其中非住宅类房地产需求将首先增加,经济活动趋于频繁,将首先刺激对外销房、办公楼、宾馆、商场、厂房等非住宅类房屋的需求;其次随着人民生活水平的进一步提高,将刺激住宅类房产的需求。需求的增加促使建筑业产出也将会大量增加。另一方面,由于大量外资进入广西建筑业市场,从短期来看对广西现有建筑业会有一定的冲击,但从长期来看,有利于建筑业市场的竞争,提高建筑工程质量。

三、广西第二产业结构调整对就业结构的影响

我们选取 1998—2004 年第二产业产值比重和从业人员比重的数据来分析第二产业内部产值结构调整对就业结构的影响(表7-5)。

表7-5　广西第二产业产值比重与从业人员比重情况

年份	产值比重(%)				从业人员比重(%)			
	采掘业	制造业	电煤水生产供应业	建筑业	采掘业	制造业	电煤水生产供应业	建筑业
1998	5.72	21.97	2.26	5.69	0.39	6.64	0.32	3.97
1999	3.79	23.40	2.47	5.97	0.37	6.39	0.32	3.90
2000	3.56	24.07	2.61	6.25	0.34	6.24	0.33	3.94
2001	2.95	23.31	2.80	6.44	0.33	6.05	0.33	3.97
2002	2.60	23.10	2.80	6.70	0.27	5.68	0.34	4.14
2003	2.70	24.10	2.90	7.10	0.22	5.88	0.32	4.32
2004	1.85	25.79	2.79	7.30	0.23	5.87	0.33	4.41
2005	1.52	26.51	3.01	8.03	0.75	5.87	0.41	4.88
2006	1.55	28.36	3.06	8.93	0.77	5.87	0.43	5.03
2007	1.62	29.89	3.59	9.63	1.20	7.69	0.51	5.73

数据来源:历年《广西壮族自治区统计年鉴》,此表产值比重是指各产值占地区生产总值的比重,从业人员比重亦是指各产业从业人员占地区总从业人员的比重。

表中数据显示,近年来广西采掘业产值占国内生产总值的比重在2003年以前逐年递减,2003年略有上升后又下降,采掘业从业人员比重大体上则呈逐年下降的趋势;制造业产值占国内生产总值的比重稳中有升,从业人员比重2003年以前呈逐年递减之势,2002年以后略有上升;电力、煤气及水生产供应业的产值占国内生产总值的比重相对较低,但逐年递增,从业人员比重亦稳中略有上升;建筑业产值占国内生产总值的比重逐年递增,且增长速度相对较快,从业人员比重也基本保持较强的逐年增加势头。

结合前面中国—东盟自由贸易区的构建对广西第二产业结构调整的影响分析可以知道,广西采掘业的发展由于自然资源的不可再生性以及开采技术的落后等原因受到越来越严重的束缚,采掘业的发展前景不是很乐观。制造业近年来产值增长较快,但从业人员没有得到相应的增加,这说明在原来计划经济体制下依靠大量劳动力发展起来的广西传统的制造工业(尤其是重工业),面临越来越残酷的国际竞争,不得不通过技术引进、资本引进等手段来进行改造,提高产品技术含量以求生存,这些都不可避免地导致制造业就业人数的减少;但对于食品加工业、纺织品以及服装行业等轻工业,由于大都是劳动力密集型和较具出口倾向的部门,中国—东盟自由贸易区的构建使得这些行业的就业人数大量增加。电力、煤气及水的生产供应业由于需求的大量增加,其产值比重也越来越大,但由于中国惯有的对这些行业的保护及垄断措施,使得进入这一行业的条件及门槛障碍较高,因此从业人员并没有得到相应的增加,但随着市场化程度的提高以及以后这些行业管制的进一步放开,其更具有吸纳劳动力就业的潜力和空间。建筑业既是经济增长的主导产业,更是重要的劳动密集部门。其对就业的拉动效应非常大,是今后拓展广西就业渠道的主要领域之一。建筑业之所以能够较大地带动就业,主要是由于建筑业的产业关联度很高。它既能带动上游建材业的发展,又能带动下游装修市场和物业管理服务的发展。特别是市场化程度提高以后,将带动房地产业的逐步成熟发展,房产的租赁、买卖交易等将日益频繁。因此,建筑业对就业的带动是多层面的。

总的来说,近年来随着中国—东盟自由贸易区的逐步构建,广西第二产业从业人员的增加主要归功于轻工业、电力、煤气及水的生产供应业以及建筑业。第二产业内部还蕴藏着部分吸纳劳动力就业的潜力,只有解决了第二产业内部产值结构与就业结构之间的矛盾,才能缓解产业结构与就业结构之间的矛盾,最大限度的吸收劳动力就业,拓宽就业的渠道。

7.2.3 广西第三产业结构的调整对就业结构的影响

一、CAFTA 构建对第三产业结构的影响

与工农业相比,广西第三产业发展受山地、丘陵影响较小,再加上广西是沿边、沿海、沿江的"三沿"省区,第三产业发展有较大优势。但从目前广西第三产业的内部结构上看,也存在着一些全国普遍存在的缺陷,如传统的批发零售贸易和餐饮业、运输仓储和邮电业仍居主导地位,属于市场经济新兴行业的金融保险业、房地产业、信息咨询、科技服务等社会服务行业的发展相对不足。中国—东盟自由贸易区的构建以及中国—东盟博览会的举行无疑会促进广西新兴产业的发展,有利于改善广西目前第三产业内部结构矛盾。下面将从传统产业(包括交通运输业、邮电通信业、批发和零售贸易业)和新兴产业(包括金融保险业、房地产业、社会服务业等)两个方面来分析中国—东盟自由贸易区的构建对广西第三产业结构的影响,继而分析产业结构调整对就业结构的影响。

交通运输业:目前广西水路方面已有防城港至下龙湾及北海至下龙湾两条航线直通东盟;公路方面有东兴和凭祥两条通往东盟的最便捷公路通道,2006 年建成南宁市至友谊关高速公路,全长 179.2 公里,其终点友谊关与越南贯穿南北的 1 号公路相接,使南宁至河内的车程由目前的8 小时减少到 4 小时。但目前的口岸仍不能适应中国—东盟博览会落户南宁后的发展形势,因此广西正在增设通往东盟的口岸。在建的除外,广西还加大了沿海港口的建设力度,使之向大型化、深水化发展。在钦州港,3 万吨级进港航道建设和钦州港二期工程也正在加紧进行。根据规划,到 2010 年,广西沿海港口的吞吐能力将从目前的 2000 多万吨达到5000 万吨。因此,一方面,为了满足中国—东盟自由贸易区发展的需要,构架广西公路、航空、海运网络和服务体系势在必行,加快建设和完善现代综合交通运输体系,交通运输需求的产生和增长,使得交通运输业具有良好的发展前景。但是另一方面,根据中、老、缅、泰四国签署的《澜沧江—湄公河商船通航协定》,四国商船可从云南的思茅港至老挝的琅勃拉

邦港间的 893 公里航道上自由航行,同时开放四国沿岸的 14 个港口和码头,所以这条"黄金水道"的效益一旦发挥,广西作为"大西南出海通道"的海上运输优势将面临巨大挑战。另外,连接昆明和新加坡的泛亚铁路一旦建成,南昆铁路、广西铁路网乃至海河港口的货物运输必将面临巨大冲击。[①]

邮电通信业:随着中国—东盟自由贸易区的启动以及中国—东盟博览会的举行,广西邮电通信业总量得到不断扩大,尤其是电信业的增长速度更快。2007 年完成邮电通信业务总量 479.47 亿元,完成邮政业务总量 15.76 亿元,比 2003 年增长 52.1%,年均增长 11.1%;完成电信业务总量 463.71 亿元,比 2003 年增加 3.05 倍,年均增长 32.2%。[②] 2007 年,邮电通信业完成固定资产投资 51.36 亿元,其中,邮政业完成投资 1.65 亿元。资金重点投向投递网建设、终端设施改造,着重提高核心业务竞争能力建设,优化资源配置;电信业在 PSTN、GSM 等传统通信网络基本完成了大规模能力建设后,逐步转入稳定扩容期,主要进行网络升级、扩容和优化完善。互联网应用蓬勃发展,企业信息化及电子商务进程明显加快,越来越多的企业开始借助互联网等现代信息技术手段,进行企业信息化建设,促进自身关键业务能力的发展,电子商务在支付方式、运营模式、物流配送、渠道建设等方面不断创新。广西邮电通信网络已较完善,通信能力大幅度提高,为广西的经济发展提供便利高效的通讯平台。

批发和零售贸易业:批发零售贸易业作为广西传统的商品流通业,一直以来都占第三产业的主导地位。随着居民收入的稳步提高和国家拉动内需政策的持续奏效,消费品市场始终繁荣活跃,批发零售贸易业不断发展壮大。2003 年批发和零售贸易餐饮业完成增加值 375.96 亿元,占第三产业比重为 31.91%;2007 年广西批发和零售贸易餐饮业完成增加值 672.56 亿元,占第三产业比重为 29.38%,比 2003 年下降了 2.63 个百分点。[③] 建立中国—东盟自由贸易区还意味着广西零售市场以及批发市场

---

① 郭琼丽:《中国—东盟自由贸易区催生新兴经济带》,南方网 www.southcn.com/,2003年11月7日。

② 广西统计局:《邮电通信业日新月异——广西改革开放三十年系列分析之十四》,广西统计信息网,http://www.gxtj.gov.cn/show.asp?typid=81&id=3643。

③ 数据来源:《2008 年广西统计年鉴》。

的开放,国外大型商业服务企业的进入,会在一定程度上冲击广西传统的批发和零售贸易业的发展。

金融保险业:金融保险业的活跃程度,在一定意义上反映了一个地区经济的兴旺程度。随着中国—东盟自由贸易区的启动,中国政府将加快在自由贸易区内对国外金融服务放宽政策,扩大开放地域,放松市场准入条件,扩大外资金融机构业务范围,允许外资金融机构向中国公民提供服务。由于广西在金融方面不具备比较优势,而东盟部分国家如新加坡在这些方面具有相对较强的比较优势,因此,中国—东盟自由贸易区的启动,一方面,随着金融管制的逐渐放开,将有更多的外资投向金融服务市场,从而对广西金融业造成较大的冲击。由于国内银行,特别是四大国有商业银行,经过多年的发展,建立了较为健全的银行服务网络,这相对于外资银行有明显的优势,因此,外资银行暂时不会在传统业务领域与国内银行展开竞争,如果他们参与竞争,受影响较大的将会是一些新兴的商业银行。外资进来之后首先冲击的是风险小、成本低、利润高的国际结算等中间业务。

另一方面,随着金融业垄断地位的消失和业务上的冲击,必将激励国内银行提高竞争力。目前国内银行除了在资产质量方面存在问题外,其经营管理水平也缺乏竞争力,比如管理水平低下、技术落后、服务成本高等。外资银行的进入,将给国内银行起到示范作用,引导其提高管理水平、加强电子化投入,积极开发金融产品等,促进银行业经营管理水平的提高。

保险业是国际金融服务市场中较大的服务行业之一。相对某些东盟国家保险业的发展而言,广西保险服务业的水平很低。内资保险公司保险产品单一,投资渠道狭窄,中介服务、市场运行不规范,经营管理水平低下。由于广西保险市场的潜力巨大,随着中国—东盟自由贸易区的构建,大量外资保险公司的涌进将会严重冲击广西保险业的发展。

房地产业:一方面,中国—东盟自由贸易区的构建将会推动广西房地产业的发展。首先,进口建材、建筑设备等关税的降低有利于房地产建造成本下降,从而推动广西房地产业的发展。其次,随着各项经贸活动的频繁以及国外大型商业零售业的进入,写字楼(特别是高档写字楼)、酒店、大型商场以及投资性购房等房产市场需求的增加将会在很大程度上推动广西房地产业的发展。再次,外国金融业在中国市场的空间得以拓展,受益的将是所有依赖于金融支持得以发展的行业,其中房地产业将会是受益较大的行业。最后,随着整个经济形势好转,国民就业机会的增加,居民实际收入上升,可用于购买住房的资金将会增加,居民的住房消费也将会进一步增加,扩大国内有效需求,为房地产业的发展提供动力,从而促进房地产业的发展。另一方面,建立中国—东盟自由贸易区以后,必将大大增加房地产市场的透明度,中国政府也势必会在房地产税费政策等方面降低标准。随着投资的软、硬环境日趋改善,房地产市场游戏规则愈加透明,投资的非经营性风险降低,将提高房地产业投资的吸引力,从而增强外商的投资信心。外商对房地产业投资规模的扩大,将会在一定程度上冲击广西本土房地产企业的发展。但是,本土企业在竞争与合作中学习和借鉴先进的经营和管理理念,有利于改变广西房地产业的粗放经营状态,再者,由于外商大量介入房地产业,促进中国房地产中介代理、咨询、物业管理等行业水平的全面提升,从而使得广西房地产企业加速升级换代、重新组合的步伐,将会涌现一批与国际先进水平接近的优秀房地产开发企业。

社会服务业:社会服务业包括旅游业、会展服务业、公共设施服务业、居民服务业、旅馆业、租赁服务业、信息咨询服务业、计算机应用服务等等。除了旅游业等一些传统的服务业之外,其他新兴的社会服务业在广西发展相当的滞后,某些行业才开始起步。中国—东盟自由贸易区的构建将会极大地刺激社会服务业的发展,尤其是新兴服务业的发展。

例如,2007年,广西国际旅游入境游客达到205.2万人次,比2000年增长65.4%,其中,新加坡游客增长177.9%,泰国游客增长410.1%,越南游客增长152.8%,印度尼西亚游客增长42.2%,马来西亚游客增长817.2%;国际旅游收入41.85亿元,比2000年增长91.1%;在所有国际旅游人次中,越南游客和马来西亚游客占绝对优势,分别占国际旅游游客总人次的11.4%和5.79%。南宁、桂林两个国际机场已开通了到东盟各国的空中航线,包括到越南胡志明、马来西亚吉隆坡、泰国曼谷、柬埔寨金边和吴哥、印尼雅加达和巴厘岛、菲律宾马尼拉、老挝万象以及新加坡等城市。铁路方面,桂林、南宁至越南河内、下龙开启了旅游专列;公路方面,南宁有直达快班直达越南河内、下龙、海防等地;海上有中国第一条跨国海上豪华油轮航线北海至越南下龙,并将延伸到泛北部湾各主要旅游港口城市。国内旅游人数也创历史新高,2007 年国内游客达到 8254 万人次,增长 12%;国内旅游收入 487 亿元,同比增长 21.2%。这说明中国—东盟自由贸易区的启动,随着商品贸易的活跃,国内外客商、友人进出增多,走动频繁,极大地促进了广西旅游业的发展。相比旅游业的蓬勃发展,会展服务业在广西是一个新兴的行业,服务的项目仅限于展厅装修、展位搭建、美工广告、卫生清理、水电维修等,完全还处于起步阶段,其包括的服务项目还很多,如展品的装卸、运输、保卫以及专门为参展商、目标观众、管理人员提供餐饮、住宿、旅游等服务项目也在逐步细分中。借中国—东盟自由贸易区的构建,尤其是中国—东盟博览会的举办,广西会展服务业的综合竞争优势势必得到逐步培养。

二、第三产业结构调整对就业结构的影响

我们选取 1998—2007 年第三产业部分产业产值比重和从业人员比重的数据来分析第三产业内部产值结构调整对就业结构的影响(表 7-6)。

表 7-6　近年广西第三产业部分产业产值比重与从业人员比重情况

年份	产值比重(%)						从业人员比重(%)					
	批发零售贸易	交通运输仓储	邮电通信	金融业	房地产业	社会服务	批发零售贸易	交通运输仓储	邮电通信	金融业	房地产业	社会服务
2000	10.93	6.08	1.76	0.88	2.25	2.64	5.47	2.24	0.128	0.31	0.08	0.90
2001	10.50	6.61	1.80	1.18	2.73	2.99	5.54	2.30	0.132	0.31	0.08	1.00
2002	10.80	7.10	2.10	1.20	2.80	3.10	5.25	2.34	0.138	0.31	0.09	1.15
2003	10.60	6.70	2.30	1.90	3.00	2.40	8.84	3.99	0.131	0.31	0.09	—
2004	9.81	5.99	2.11	2.16	3.57	–	10.00	4.05	0.146	0.29	0.26	–
2005	9.55	5.36	2.39	2.33	4.03		9.76	3.99	0.139	0.33	0.42	
2006	9.10	5.26	2.89	2.28	3.98		10.03	4.11	0.142	0.34	0.54	
2007	8.57	5.08	2.92	2.52	4.02		9.21	4.29	0.15	0.31	0.59	

数据来源:历年《广西壮族自治区统计年鉴》,此表产值比重指各产值占国内生产总值的比重,从业人员比重指各产业从业人员占总从业人员的比重。由于 2003 年以后第三产业行业分类与以往不同,故某些数据暂时缺失。

从表7-6可以看出,广西第三产业中的传统产业(如批发零售贸易业、运输仓储业等)增加值占GDP的比重远远大于新兴产业(如金融业、房地产业、社会服务业等)产值的比重,传统产业从业人员比重亦远远高于新兴产业从业人员比重。批发零售贸易业增加值占GDP的比重从1998年至2000年逐年递增,2001年下降,2002年回升,2003年以后略为下降,从业人员比重从1998年至2001年逐年递增,2002年后波动性变化;交通运输仓储业增加值占GDP的比重2004年呈上升的趋势,2004年后呈下降趋势,从业人员比重一直保持逐年递增的趋势;邮电通信业产值增长速度较快,从业人员比重亦逐年递增,但从业人员增长速度相对产值增长速度明显较慢;金融业近年来产值比重逐年递增,且增长速度较快,但从业人员比重却基本保持不变;房地产业产值比重递增,从业人员比重也保持稳步提升的趋势;社会服务业产值比重从1998年至2002年一直逐年增加,但2003年突然减少,这与2003年"非典"有很大的关系,从业人员比重一直呈逐年递增的趋势,且社会服务业在第三产业所有产业中,其从业人员比重增长最为稳定,且速度也较快。

结合前面中国—东盟自由贸易区的构建对广西第三产业结构调整的影响分析可以知道,虽然中国—东盟自由贸易区的构建使得国外大型商业服务企业进入广西,会在一定程度上冲击广西传统的批发零售贸易业,但却能够带来就业的大幅度增长。交通运输仓储业以及邮电通信业随着投资和贸易的增加,将显著促进广西交通运输服务业的发展,促进对仓储和邮电通信业的需求,具有较大增加就业的潜力,邮电通信业从业人员增长速度较为缓慢是因为其本身相对属于资本密集型行业,其产值的增加对吸纳劳动力就业的拉动效应不是很大,但也具有一定的拉动效应。金融业的发展虽然在一定程度受到了冲击,但随着外资银行的进入将促进广西金融市场的发展,从而活跃实体经济,带动就业的大幅度增长,同时也将促进金融业从业人员素质的提高。同样保险业内资保险公司将会受到一定程度的冲击,但由于广西自身保险市场的潜力巨大,保险业的从业人员数也将有所增加。房地产业的发展近年来较为稳定,但随着中国—东盟自由贸易区的逐步构建将首先刺激对外销房、办公楼、宾馆、商场、厂房等非住宅类房屋的需求,随之就是住宅类房产需求的增加。相对于非住宅类房产而言,住宅类房产对就业的带动更大,因为其更多的使用劳动而非资本。再者就是房地产业的发展将带动房地产中介服务机构以及物业管理从业人员的增加,因此房地产业吸纳劳动力就业的潜力非常大。社会服务业包含的门类多,就业门槛低,其吸纳劳动力就业的数量最多,尤其是刚起步发展起来的新兴服务产业,其就业的前景更为广阔。

7.2.4　广西产业结构的调整对就业总量的影响

中国—东盟自由贸易区的构建将打破广西原有的产业结构和就业结构格局,冲击广西传统产业,使得就业机会减少,就业总量下降。广西传统产业尤其是受到严重负面影响的行业为抵御外资企业及其产品的冲击,将不得不加大结构调整的力度,进行企业重组、经济性裁员,甚至是破产都不可避免,从而导致失业人员的增加。再者,传统产业通过改造,使得经济效益的大规模提高有一个过程,而在这段时间里,外资的进入和货物、服务进口的转移效应会大于出口的创造效应,从而导致就业总量的减少。

表 7-7　2004—2007 年的广西就业基本情况

年份	总就业人员(万人)	第一产业		第二产业		第三产业	
		人数(万人)	比重(%)	人数(万人)	比重(%)	人数(万人)	比重(%)
2004	2649.1	1531.79	57.83	287.1	10.83	830.21	31.34
2005	2703.1	1518.8	56.20	302.1	11.18	882.2	32.64
2006	2760.0	1521	55.11	334	12.10	905	32.79
2007	2769.0	1521.1	54.93	419	15.13	829	29.94

数据来源:历年《中国统计年鉴》、《广西壮族自治区统计年鉴》。

中国—东盟自由贸易区的构建将打破广西原有的产业结构和就业结构格局,促进新兴产业的快速发展,使得就业机会增多,就业总量增加。某些新兴产业在广西的发展非常滞后,中国—东盟自由贸易区的构建尤其是中国—东盟博览会在广西南宁的举行,将极大地刺激这些新兴产业的发展,这将在很大程度上吸纳一部分高素质的劳动者就业,增加劳动力的就业总量。

中国—东盟自由贸易区的构建使得广西产业结构调整进程加快,有利于协调经济增长与就业增长之间的关系,从而加大经济增长对就业的拉动效应,增加更多的就业机会。首先,广西劳动力资源丰富,劳动成本较低,劳动密集型产品相对具有比较优势,由于享受贸易自由化的好处,在打开更大的市场后,具有比较优势的劳动密集型产品的出口增加,推动劳动密集型产业的进一步发展,从而增加更多的就业机会。其次,中国—东盟自由贸易区的构建,尤其是中国—东盟博览会在广西南宁的举行,极大地促进了第三产业特别是服务业的发展,产业的升级可以带动就业的扩展,在同样经济发展速度下,整体的就业弹性得到了提高,从而增加了更多的就业机会。最后,贸易的自由化使得广西的市场日益繁荣,有利于富有创业精神的个体抓住机会,自主创业、自谋出路,从而增加更多的就业机会。

7.3 广西产业吸纳就业能力趋势分析

由于就业的弹性跟产值增长和就业增长两个因素有关,纯粹地分析就业弹性的大小不能准确理解产业吸纳就业的能力,需结合产业的产值增长率和产业从业人员的增长率,共同分析各产业经济增长对就业的拉动效应,从而判断产业吸纳就业能力的趋势。

7.3.1 产业吸纳就业能力分析

我们对广西三大产业的产值增长率和从业人员增长率,以及根据就业弹性公式(就业弹性=从业人员增长率/产值增长率)计算出来的就业弹性系数进行比较,分析广西产业吸纳就业的能力(表7-8)。

从表7-8中数据可以看出,就业总弹性系数变化1996—2007年就业弹性系数平均值为0.116,这说明在经济增长对就业增长的拉动较大,广西经济的长期持续增长为劳动就业提供了大量的就业机会。

表7-8　广西三大产业就业弹性变化

年份	产值增长率				从业人员增长率				就业弹性系数			
	总值	一产	二产	三产	总数	一产	二产	三产	总弹性	一产	二产	三产
1996	0.083	0.072	0.093	0.082	0.014	0.010	0.003	0.033	0.169	0.139	0.032	0.405
1997	0.080	0.112	0.064	0.073	0.015	0.006	-0.007	0.051	0.188	0.054	-0.109	0.704
1998	0.100	0.068	0.128	0.098	0.008	0.009	-0.055	0.036	0.080	0.132	-0.430	0.363
1999	0.080	0.076	0.066	0.098	0.004	0.000	-0.034	0.035	0.050	0.000	-0.515	0.352
2000	0.079	0.020	0.083	0.134	0.020	-0.030	0.002	0.160	0.253	-1.500	0.024	1.191
2001	0.083	0.034	0.080	0.118	0.005	-0.001	0.001	0.021	0.060	-0.029	0.013	0.175
2002	0.106	0.073	0.113	0.112	0.011	0.000	0.023	0.029	0.104	0.000	0.204	0.258
2003	0.102	0.040	0.146	0.110	0.012	-0.011	0.061	0.043	0.118	-0.275	0.418	0.393
2004	0.118	0.054	0.171	0.107	0.018	-0.016	0.028	0.085	0.153	-0.296	0.164	0.790
2005	0.132	0.071	0.184	0.114	0.020	-0.009	0.052	0.063	0.152	-0.127	0.283	0.549
2006	0.136	0.065	0.193	0.122	0.021	0.002	0.106	0.026	0.154	0.031	0.549	0.212
2007	0.151	0.055	0.207	0.146	0.003	0.000	0.254	0.084	0.020	0.000	1.227	0.575

数据来源:历年《广西壮族自治区统计年鉴》。产值增长率按照可比价格计算,以上一年为100。

　　第一产业1996—2007年产值增长率为正值,1996—1999年从业人员增长率为正增长,对就业增长起的是"拉动"效应,但从业人员增长率在1999年以后基本为负增长,体现在就业弹性系数为负数上,表明这一阶段第一产业经济增长对就业的"挤出"效应。考虑到第一产业在经济结构中的作用,第一产业就业弹性系数实际上很难反映该产业有效就业的变化;其就业弹性的这一变化特点实际上也反映了该产业对就业的贡献表现为一种剩余劳动力"蓄水池"的作用,当第二产业和第三产业吸纳就业能力下降的时候,第一产业的就业弹性就会升高;当第二产业和第三产业吸纳就业能力提高的时候,第一产业的就业弹性就会下降。

　　第二产业产值增长率从1996—2007年一直为正,尤其在2001年以后产值增长较快,从业人员增长也较快,仅在1997—1999年间,从业人员基本为负增长,就业弹性系数也出现负值,这一段时间正是开始国企改革、建立现代企业制度的时期,出现负的就业弹性在很大程度上反映了工业企业减员增效的结果。第二产业就业弹性的这种趋势,表明该产业劳动生产率的提高,同时第二产业经济增长对就业的影响较多的表现为"吸入"效应。值得注意的是2003年以后第二产业产值增长率较快,从业人员也为正增长,就业弹性系数增幅较大,这说明近年来第二产业在得到大规模技术改造后得到了新的发展,因此还具有一定的吸纳就业的空间。

第三产业产值增长率从1996—2007年一直保持为正值,同时从业人员增长率也一直保持为正值,因此就业弹性系数也一直保持为正值。相对第一产业和第二产业,第三产业的就业弹性系数较大,平均弹性系数为0.497,这说明第三产业经济增长对就业的拉动作用远远大于第一产业和第二产业,尚有很大的吸纳就业的潜力。目前就业的增加主要靠第三产业来拉动。

总之,从三大产业的就业弹性系数变化可以看出,随着中国—东盟自由贸易区的构建,广西第一产业吸纳劳动力就业的潜力不大,第二产业还存在一定的吸纳就业的空间,第三产业有着很大的吸纳劳动力就业的潜力。目前广西就业渠道拓展的主要领域是第二产业和第三产业。

7.3.2 产业内部行业吸纳就业能力分析

我们对1998年至2007年广西三大产业内部行业的产值增长率和从业人员增长率,以及就业弹性系数进行比较,分析广西三大产业内部吸纳就业能力的情况。

一、第一产业内部行业吸纳就业能力分析

下面,我们从第一产业就业弹性系数的变化来分析广西第一产业就业吸纳(表7-9)。

由表7-9中数据可知,1998年至2000年农业产值增长率出现负增长,但从业人员增长率为正值,就业弹性为负值,说明这两年农业的经济增长对就业表现出"吸入"效应;2001年以后农业产值一直为正增长,但从业人员一直为负增长,就业弹性为负值,农业的经济增长对就业表现为"挤出"效应。1998年林业产值为负增长,从业人员为正增长,就业弹性为负值,经济增长对就业表现为"吸入"效应,2000、2003年产值呈正增长,从业人员数却减少,就业弹性为负值,经济增长对就业表现为"挤出"效应,其余年份林业产值保持增长,从业人员也呈小幅增长,就业弹性为正值,总体上看近年来林业产值有所增加,从业人员有所增加,就业弹性系数大多为正值,林业经济的增长对就业表现为"吸入"效应。牧业在1998年至2007年产值增长为正,从业人员增长除了2000、2002年外均为正,就业弹性为正值,牧业经济增长对就业表现为"吸入"效应,2000年和2002年就业弹性绝对值较大,表现为对就业严重的"挤出"效应,整体上牧业经济的增长对就业表现为"吸入"效应。渔业经济增长对就业同样在2000年表现为严重的"挤出"效应,2001年之后渔业产值逐年递增,但由于从业人员总数过小,从业人员增长率变化幅度较大,因此渔业就业弹性系数变化较大,实际上没有太多的参考价值,不必考虑其就业弹性系数。从总体情况来看,近年来第一产业内部农业的就业弹性系数基本上是负值,这意味着该行业的经济增长不仅不会带来就业机会的增长,相反在一定程度上还会带来就业机会的减少,而林业、牧业近年来表现出吸引一定劳动力就业的潜力。

表7-9 广西第一产业内部行业就业弹性变化

	产值增长率				从业人员增长率				就业弹性系数			
	农业	林业	牧业	渔业	农业	林业	牧业	渔业	农业	林业	牧业	渔业
1998	-0.04	-0.02	-0.27	0.109	0.008	0.061	0.008	0.056	-0.21	-2.57	-0.03	0.516
1999	-0.05	-0.009	-0.03	0.021	-0.001	-0.007	0.003	0.035	0.025	0.796	-0.10	1.679
2000	-0.09	0.036	0.075	0.053	0.052	-0.86	-0.99	-1.0	-0.57	-23.6	-13.2	-18.7
2001	0.04	0.014	0.056	0.052	-0.001	0	0.40	0.507	-0.02	0	7.14	9.75
2002	0.075	0.005	0.046	0.037	-0.006	0.004	-0.33	-0.33	-0.08	0.8	-7.17	-8.93
2003	0.062	0.347	0.118	0.089	-0.007	-0.114	0.005	0.256	-0.11	-0.33	0.04	2.874
2004	0.211	0.180	0.303	0.146	-0.016	0.018	0.018	-0.18	-0.08	0.1	0.06	-1.23
2005	0.141	0.049	0.105	0.066	-0.008	0.088	0.019	0.029	-0.057	1.796	0.181	0.439
2006	0.153	0.346	0.091	0.060	-0.001	0.021	0.022	0.019	-0.007	0.061	0.242	0.317
2007	0.160	0.249	0.239	0.152	-0.005	0.032	0.020	0.021	-0.031	0.129	0.084	0.138

数据来源:历年《广西壮族自治区统计年鉴》。

二、第二产业内部行业吸纳就业能力分析

下面,我们用广西第二产业内部的就业弹性系数来分析广西第二产业就业吸纳能力(表7-10)。

表7-10 广西第二产业内部就业弹性变化

	产值增长率				从业人员增长率				就业弹性系数			
	采掘	制造	电煤水	建筑	采掘	制造	电煤水	建筑	采掘	制造	电煤水	建筑
1998	0.186	-0.23	0.209	0.209	-0.038	-0.011	0.042	0.016	-0.204	0.048	0.201	0.077
1999	-0.32	0.093	0.120	0.076	-0.035	-0.031	0.024	-0.01	0.109	-0.333	0.200	-0.132
2000	-0.02	0.080	0.110	0.099	-0.075	-0.004	0.049	0.032	3.750	-0.050	0.445	0.323
2001	-0.10	0.054	0.167	0.121	-0.012	-0.025	0	0.011	0.120	-0.463	0.000	0.091
2002	-0.04	0.089	0.114	0.147	-0.169	-0.058	0.035	0.049	4.225	-0.652	0.307	0.333
2003	0.155	0.166	0.158	0.178	-0.191	0.040	-0.057	0.048	-1.232	0.241	-0.361	0.270
2004	0.239	0.270	0.447	0.254	0.045	-0.002	0.031	0.021	0.188	-0.007	0.069	0.083
2005	-0.029	0.220	0.283	0.176	2.385	0.020	0.271	0.129	-82.241	0.091	0.958	0.733
2006	0.212	0.268	0.205	0.164	0.046	0.020	0.068	0.054	0.217	0.075	0.332	0.329
2007	0.288	0.300	0.444	0.171	0.564	0.316	0.187	0.142	1.963	1.053	0.420	0.830

数据来源:历年《广西壮族自治区统计年鉴》。

表7-10中数据显示,采掘业2004年前虽然就业弹性基本为正值,但由于产值基本为负增长(即使2003年产值增长为正),从业人员增长仍为负值,就业弹性为负采掘业经济增长对就业表现为"挤出"效应,但随着2003年开始产值复苏增长后其就业形势有好转的迹象,2004年开始从业人员增长为正,就业弹性也转为正采掘业经济增长对就业表现为"吸入"效应。制造业除了1998年外产值增长都为正,从业人员增长2003年前都为负,就业弹性大多呈现负值,表明这段时间制造业经济增长对就业表现为"挤出"效应;2003年开始制造业产值正增长,从业人员也表现为正增长,就业弹性为正值,说明制造业就业形势在2003年有好转的迹象,虽然2004年从业人员增长为负,就业弹性2004后三年从业人员增长又转为正值,就业弹性系数也为正值。这跟政府近几年也注意鼓励发展劳动

力密集型制造业有关,而且泛珠三角区域经济全面合作转移来了不少发达地区的企业,这说明广西制造业还是具有一定的吸纳劳动力就业的潜力。电力、煤气及水的生产供应业近年来一直保持正增长,就业弹性也基本保持正值,唯独2003年从业人员为负增长,就业弹性也出现负值,但从业人员总量基本保持较低水平的正增长,2007年刚达到14.11万人,这说明该行业吸引劳动力就业的能力不强。建筑业近年来无论是产值增长率还是从业人员增长率,基本保持正值,就业弹性也基本保持正值,说明该行业具有较大的吸纳劳动力就业的能力。

三、第三产业内部行业吸纳就业能力分析

下面,我们用广西第三产业内部的就业弹性系数来分析广西第三产业就业吸纳能力(表7-11)。

表7-11　广西第三产业内部行业就业弹性变化

年份	产值增长率					从业人员增长率					就业弹性系数				
	批发零售贸易餐饮	交通运输仓储邮电通信	金融保险	房地产业	社会服务	批发零售贸易餐饮	交通运输仓储邮电通信	金融保险	房地产业	社会服务	批发零售贸易餐饮	交通运输仓储邮电通信	金融保险	房地产业	社会服务
1998	0.089	0.041	-0.4	0.16	0.08	0.094	0.001	-0.01	0.02	0.19	1.056	0.024	0.025	0.125	2.375
1999	0.069	0.162	-0.5	0.17	0.04	0.065	0.048	-0.02	0.05	0.06	0.942	0.296	0.040	0.294	1.500
2000	0.067	0.107	0.22	0.08	0.1	-0.01	0.029	-0.01	0.17	0.04	-0.149	0.271	-0.045	2.125	0.400
2001	0.063	0.167	0.26	0.32	0.23	0.016	0.028	0	0	0.12	0.254	0.168	0.000	0.000	0.522
2002	0.079	0.203	0.25	0.14	0.14	-0.05	0.027	0.01	0.23	0.15	-0.633	0.133	0.040	1.643	1.071
2003	0.097	0.099	0.78	0.18	-0.13	0.684	0.665	0	0	—	7.052	6.717	0.000	0.000	—
2004	0.108	0.147	0.32	0.50	—	0.097	0.039	-0.027	0.362	—	0.898	0.265	-0.084	0.724	—
2005	0.203	0.067	0.23	0.34	—	0.001	0.004	0.127	0.690	—	0.005	0.060	0.552	2.029	—
2006	0.134	0.160	0.21	0.17	—	0.049	0.050	0.061	0.312	—	0.366	0.313	0.290	1.835	—
2007	0.183	0.212	0.364	0.246	—	0.031	-0.066	-0.086	-0.280	—	0.169	-0.312	-0.236	-1.139	—

数据来源:历年《广西壮族自治区统计年鉴》,因2003年以后第三产业行业分类与以往不同,故某些数据暂时缺失。

由表7-11中数据可知,批发零售贸易餐饮业在2000年和2002年产值为正增长,但从业人员为负增长,就业弹性为负值,其他年份就业弹性为正值,就业弹性系数变化的反复,尤其是2003年其从业人员增长较大,就业弹性系数非常高,表明外部环境的变化对批发零售贸易餐饮业的影响较大,该行业本身具有一定的吸纳劳动力就业的潜力,但这种潜力需要外部因素的刺激来提高,具有很大的增长空间。交通运输仓储邮电通信业产值增长为正,从业人员增长为正,就业弹性也为正值,但其就业弹性系数越来越小,说明交通运输仓储邮电通信业由于具有较高的资本密集度,经济的增长对就业的拉动效应正在逐年减少,未来的就业空间不是很大。金融保险业2000年前产值为负增长,从业人员也为负增长,2000年开始产值都为正增长,但只有全国房价、股市普遍高涨过热的2005、2006年是从业人员也大幅增长外,其他年份从业人员几乎没有什么增长,2007年就回复就业负增长了,就业弹性保持在很低的水平,说明金融保险业吸纳劳动力就业的能力虽然也具有一定的增长空间,但依赖于房价、股市的虚高,而这又是国家宏观调控不允许,因此其近10年整体上经济增长对就业几乎没有什么拉动作用。房地产业产值增长为正,从业人员表现了较大幅度的正增长,只有2000年为零值、2007年为负值,所以就业弹性系数基本保持正值,且就业弹性系数绝对值相对较大,说明房地产业经济的增长对就业的拉动效应较大,吸纳劳动力就业的潜力非常大,是拓展就业渠道的主要行业。因2003年以后第三产业行业分类调整,没有社会服务业的统计数据;分析2003年前的社会服务业产值增长为正值,从业人员增长也为正值,就业弹性也为正值,而且对2003年租赁和商务服务业、居民服务业和其他服务业(这两种新的分类与原社会服务业相近)的数据分析就业弹性系数呈现逐年递增的趋势,说明社会服务业作为劳动相对密集的行业,其经济增长对就业的拉动效应非常显著,且这种拉动效应会越来越大,是吸纳劳动力就业的主渠道。

综上所述,随着中国—东盟自由贸易区的构建,第一产业吸纳劳动力就业的潜力不大,主要是由于农业、渔业的就业弹性系数为负值,但林业和牧业还存在吸引劳动力就业的可能。第二产业还是具有不少的吸纳劳动力就业的空间,采掘业、制造业有一定潜力,其中建筑业具有非常大的吸纳劳动力就业的潜力,就业渠道的拓展将主要依靠建筑业和部分轻工业以及电力、煤气以及水的生产供应业,同时尽量对采掘业、制造业进行挖潜。第三产业具有很大的吸纳劳动力就业的潜力,传统的劳动密集型产业对就业的吸纳程度仍然较高,但未来就业渠道的拓展领域将主要集中在新兴的劳动密集型产业。

7.4 CAFTA 背景下拓展广西就业渠道的基本措施

广西人口基数较大,劳动力资源丰富,但劳动力资源的利用率相对较低,丰富的劳动力资源与有限的就业人员之间形成显著的矛盾,广西面临着巨大的就业压力。这就要求我们从总量和结构两方面入手寻求拓展就业渠道、缓解就业压力的途径。总量方面,近年来广西劳动力资源率呈逐年上升的趋势,而劳动力资源利用率却呈逐年下降的趋势,二者截然相反,这意味着广西劳动力资源总量与就业总量之间的矛盾将会越来越突出,就业压力将会越来越大。结构方面,广西产业总体结构中,第一产业产值比重相对较高,从业人员比重过高,内部存在大量的剩余劳动力,急需向第二产业和第三产业转移;第二产业产值比重过低,从业人员比重相对更低,从业人员已经饱和,不仅无法吸收从第一产业转移出来的劳动力,某些行业还存在冗员有待向第三产业转移;第三产业产值比重偏低,从业人员比重太低,第三产业内部结构中,传统产业遭遇困顿,无法发挥其作为劳动力就业主渠道的作用,新兴产业发展迟缓,无法吸纳大量的适龄就业人员,不利于就业渠道的拓展。总的说来,产业结构的不合理使得就业渠道的拓展缺乏基础性条件。因此,为缓解就业压力,拓展就业渠道,需要对广西产业结构进行调整与升级。

中国—东盟自由贸易区的构建对广西产业结构产生了重大的影响,继而影响着就业结构的变化,这种就业结构的变动对广西就业渠道的拓展产生正反两方面的作用。从总量上说,中国—东盟自由贸易区的构建使得广西产业结构调整进程的加快,有利于协调经济增长与就业增长之间的关系,从而加大经济增长对就业的拉动效应,增加更多的就业机会。从结构上说,中国—东盟自由贸易区的构建对广西农业产生了严重的冲击,使得广西第一产业的就业面临着需求数量的绝对减少和素质要求提高的双重压力;对第二产业采掘业、传统重工业的冲击较大,其就业前景不乐观,食品加工业以及服装纺织业等劳动密集型轻工业具有出口比较优势,就业人数将会大量增加,电力煤气及水的生产供应业具有一定的吸纳劳动力就业的潜力和空间,建筑业对就业的带动效应最大,是广西拓展就业渠道的主要领域之一;对第三产业传统的劳动密集型产业产生一定的冲击,影响其吸纳劳动力的就业,但其在很大程度上促进了广西新兴服务产业的发展,拓宽了就业的领域,使得就业的前景更为广阔。总的说来,中国—东盟自由贸易区的构建将打破广西原有的产业结构和就业结构格局,对传统产业尤其是传统的劳动密集型产业的冲击使得就业机会大量减少,但新兴产业的快速发展使得就业机会大量增加。

中国—东盟自由贸易区的发展对广西产业结构调整的影响与广西缓解就业压力对产业结构调整提出的要求不完全一致,这就要求广西产业结构的调整必须要同时兼顾"构建中国—东盟自由贸易区的桥头堡"的战略定位以及缓解广西就业压力两个方面。因此需要进一步讨论如何调整广西产业结构才能使广西融入中国—东盟自由贸易区的同时最大限度地扩展就业渠道,缓解就业压力。

7.4.1 旨在拓展就业渠道的产业结构调整措施

产业结构的合理化升级是拓展广西就业渠道的关键。针对中国—东盟自由贸易区的构建,建议从以下几个方面对广西产业结构进行合理化升级,拓展就业渠道。

一、加大第一产业内部结构调整力度,内部消化剩余劳动力

广西作为一个落后的农业省区,农业多年来一直占据主导地位,无论是产值比重还是就业比重都相对太高,存在大量的剩余劳动力有待转移,解决广西的就业问题主要是解决处于隐蔽失业条件下的大量农业剩余劳动力的就业问题。一方面,农业剩余劳动力转移是一个必然趋势,也是促进农村社会经济发展的必要途径。但应当注意尽量避免知识型、年轻型劳动力的过度转移,以保证科技农业对高素质劳动力的要求。另一方面,在第一产业劳动力比重占优势的就业格局难以根本改变的现实条件下,只能加快第一产业内部结构调整的步伐,最大限度地在第一产业内部消

化剩余劳动力。

中国—东盟自由贸易区的构建,一方面有利于调整广西农业产业结构和农牧产品进出口结构,有利于促进广西第一产业结构的战略性调整;另一方面广西与东盟的农产品将在同等条件下竞争,失去了政府对农产品的保护,广西的农产品市场面临着农产品进口的压力。因此必须在提高广西劳动密集型农产品的国际竞争力上下工夫,只有增强了其国际竞争力,不断扩大出口,才能实现内部消化劳动力的目的。第一产业内部种植业比重偏大,畜牧业、水产业、林业的比重偏小,为此,需要对第一产业内部结构做如下调整:首先,加快水果和蔬菜的生产结构调整步伐。做好热带、南亚热带大宗优质水果的规划布局,优先发展优质柑橘和春夏熟落叶水果,加快建设一批对东盟有竞争优势的水果出口基地,特别是在抓好桂北优质脐橙生产基地的同时,积极发展桂中、桂西南地区的柑橙生产。蔬菜在广西也具有出口比较优势,再加上具有劳动密集型的特征,有着吸纳劳动力就业的良好前景。当前,应大力发展泰国及东盟国家市场需求量大的大蒜、洋葱、马铃薯、生姜、辣椒、莲藕等品种;加快发展蘑菇、香菇等适宜加工和出口的冬季食用菌生产;扩大甜竹笋等特色蔬菜生产。在大力开发广西特色名优蔬菜品种的同时,高度重视国内外名优蔬菜品种的引种,筛选一批适应广西气候条件、畅销国内外市场的蔬菜品种,扩大种植规模。根据国际市场对蔬菜产品的要求,以吸纳劳动力就业为目的,进一步优化蔬菜生产结构。其次,大力发展水产畜牧业。发挥广西渔业生产技术和水产苗种的输出优势,大力发展水产业。加快对虾无特定病原亲本培育和苗种繁育基地、标准化对虾养殖示范基地、水产品良种场和良种繁育场的建设。养殖业和培植业具有投资少、受益高、吸纳劳动力多的特点,在农村有着良好的发展前景。最后,积极发展优势林业。抓住近年来越南积极引进广西的八角、油茶、白果、板栗、麻竹等优良品种的契机,积极组织苗木出口,提供种植和加工技术服务。大力推广种植八角,并利用法国在越南的香水制造技术,开发八角提炼茴油、茴香脑的深加工。这在一定程度上也会吸纳一部分农业剩余劳动力就业。

二、适当提高第二产业的比重,促进第二产业内部结构调整,拓展就业空间

从总体上看,广西工业化发展规模不足,工业化水平比较低,工业增

加值在国内生产总值中的比重明显偏低;加之第二产业是第三产业发展的基础,第三产业的不发达根植于第二产业的发展水平低、规模小,因此工业发展滞后,已经成为制约广西经济持续健康发展的全局性问题,必须适当提高第二产业的比重,增强其对国民经济的推动力,同时带动第三产业的发展,有利于就业空间的拓展。中国—东盟自由贸易区的建立,给广西工业的发展带来了新的机遇,但同时广西与东盟部分国家存在一定的工业结构的趋同性以及竞争大于互补性,这使得广西工业的发展面临着严峻的挑战。为此广西第二产业内部结构调整的过程中应对与东盟国家合作的中长期计划予以通盘考虑,按照中国与东盟建立自由贸易区的框架,培育多元化的出口主体。同时,必须综合考虑广西的经济增长点和就业增长点,大力寻找和培育二者兼备的增长性行业,发掘优势产业、朝阳产业的潜力。

总的说来,广西应以中国—东盟自由贸易区为导向,大力开发优势资源,着力培育发展一批符合国家产业政策、产业关联度高、就业带动作用强、市场前景广阔的、与东盟互补的新优势产业,努力把潜在的资源优势转化为产业竞争优势。具体说来,一要发挥水电资源,建好龙滩水电站;北部湾以及南海地区丰富的油气资源建立新的沿海天然气电厂;利用丰富的铝土矿产资源优势,大力发展铝工业,重点加快桂西氧化铝一期、平果铝氧化铝三期工程;充分发挥亚热带林业资源优势,大力发展林浆纸一体化工业产业,着重建设钦州林浆纸一体化、北海林浆纸一体化工程,逐步形成能满足国内以及东盟各国需求的重要的造纸基地;充分利用广西丰富的南亚热带农林资源产品和海淡水产品资源优势,大力发展食品工业等农产品加工业,形成初加工、深加工、精加工分工协作的生产体系,形成产销一条龙的经营体系,建成全国重要的农产品加工业基地;充分利用丰富的中草药资源和海洋生物资源,大力发展以中成药为主的医药工业,建成全国重要的现代中成药工业基地,而中药业正是东盟极具发展潜力的行业;同时加快发展高新技术产业,重点推进电子信息、光机电一体化、生物医药、新材料、环保工程、现代中药等一批高新技术产业项目建设。总之,通过加快开发优势资源,培育发展新的优势产业群,提升工业经济的整体实力和产业竞争力,形成传统优势产业、新优势产业和高新技术产业竞相发展的局面,以此推动广西工业的发展,提高第二产业的比重,同时这些优势产业的发展必将吸纳相当数量的劳动者就业。

此外,第二产业中制造业是决定就业结构的关键,要将其技术选择的整体水平引导到劳动密集型的轨道上来,拓展第二产业的就业空间。建议制造业积极承接国际国内产业转移,调整优化产业结构。一方面应广西寻求与东盟国家的国际产业内分工与合作。作为中国与东盟贸易合作前沿的广西,可以利用中国—东盟博览会作为合作平台,寻求与东盟国家实现产业内贸易的分工合作。尽管与东盟都生产出口劳动密集型产品,但产品结构并不完全相同,有一定互补性,产业内贸易将强化双方的产品结构的互补性,增强整个地区的实力。另一方面广西要主动融入泛珠江三角洲,接受粤港澳的产业转移。随着珠江三角洲地区劳动力、土地、能源价格的上升和产业结构升级,劳动密集型产业势必向西部转移,广西可以根据自己的实际需求,接纳珠江三角洲一些劳动密集型产业,与珠江三角洲形成产业链,发展自己的产业,把广西建设成为中国—东盟自由贸易区的制造中心。在构筑产业梯次转移体系方面,应以广西为第二阶梯,构筑粤港澳——广西——越老柬缅的分工梯次。广西接受产业转移的一个不可比拟的优势是毗邻越南,并可扩展至整个东盟市场。越、老、柬、缅等国家对中国工业品和消费品需求量很大,因此,发展产业梯次体系不仅能够解决广西与部分东盟国家区域经济发展的产业结构趋同和竞争大于互补问题,而且更为重要的是,劳动密集型产业的承接能够在很大程度上解决剩余劳动力就业的问题。

三、大力发展第三产业,优化第三产业内部结构,改造传统产业扩大就业容量,发展新兴产业拓展新的就业领域

第三产业门类广,劳动密集、技术密集和知识密集的行业并存,可以吸收大量不同层次的劳动力就业,具有巨大的就业增长潜力。但是目前广西第三产业发展相对不足,作为拓宽就业渠道的主战场,作用还没有得到相应的发挥。从目前广西第三产业的内部结构上看,存在着一些全国普遍存在的缺陷,如传统的批发零售贸易和餐饮业、交通运输仓储和邮电业仍居主导地位,属于市场经济新兴行业的金融保险业、房地产业、信息咨询、会展服务等行业的发展相对不足。经济结构调整必然要求产业结构不断升级,劳动密集型的传统产业必然要向资本和技术含量较高的新兴产业过渡,这就不可避免地出现了破坏广西传统产业主导地位发展的

延续性,同时又由于经济基础薄弱,资金人才和科技资源短缺等原因而不能给予新兴产业足够支持的问题。中国—东盟自由贸易区的构建对广西第三产业中传统的劳动密集型产业产生一定的冲击,但同时也在很大程度上促进了新兴服务产业的发展,因此借中国—东盟自由贸易区的构建,大力发展第三产业,改造传统产业尽可能挖掘就业潜能,同时发展新兴产业尽可能拓展新的就业领域,从这两个方面调整和优化广西第三产业内部结构,是目前解决劳动力就业的最主要的途径。

1. 改造传统的交通运输仓储业,向现代物流产业的转变,扩大就业容量

中国—东盟自由贸易区的构建,使广西作为沟通中国与东盟两大市场最重要和最便捷的海陆空立体通道的优势日益显现。但仅仅成为一个面向东盟的最便捷的交通通道是远远不够的,更为主要的是通过交通基础设施的完善来带动搬运、运输、仓储、装卸、加工、配送、信息等相关服务领域的整合,即现代物流产业的发展。现代物流产业在广西的发展还相当滞后,应该借中国—东盟自由贸易区的构建,以市场为导向,依托交通枢纽和中心城市,规划并逐步推进南宁、柳州、防城港、玉林等地的物流园区建设,大力发展现代物流业尤其是第三方物流业。建立在传统交通运输仓储业基础之上的现代物流产业的发展不仅对广西、甚至整个中国—东盟自由贸易区的商贸业、制造业和服务业产生巨大的拉动作用,最为关键的是可以带动搬运、运输、仓储、装卸、加工、配送、信息等相关服务领域的劳动力的就业,以此扩大现有交通运输仓储业的就业容量。

2. 大力发展现代服务业,开拓新的就业领域

发展现代服务业是经济发展的需要。现代服务业中,房地产业作为一项关联度大、拉动性强的行业,是一项蕴涵着巨大发展潜力和就业潜能的新兴产业,是拓展就业渠道的主要领域之一。从海外房地产业发展的经验看,经济发达的国家或地区,房地产业在国内生产总值中的比重一般都占10%左右,有的甚至占20%左右,而广西房地产业增加值仅占GDP的3%左右,这说明广西房地产业发展潜力也较大。中国—东盟自由贸易区的构建对广西现有房地产企业产生较大的冲击,但同时这些房地产企业也面临着无限的商机。因此,随着中国—东盟自由贸易区的构建,外资逐渐进入广西房地产业,由于外企良好的示范作用,广西本土房地产企

业必须在竞争与合作中学习和借鉴先进的经营和管理理念,从而提升自身的综合竞争力。同时要加快国有房地产企业的转制进程,尽快适应市场经济体制的需求,增强企业竞争力,才能在未来的房地产市场中占据一定的份额。此外,房地产业在今后的发展过程中必须进一步放开住房租售二、三级市场,使新旧住房资源在一个统一的市场中重新配置,从而带动新建商品住房销售,最终促进房地产的新一轮投资,形成房地产市场的良性循环。目前广西房地产业的发展较为迅速,但主要集中于二级市场,人们倾向于选择新开发的楼盘,对三级市场的关注相对较少。但是国外或者是国内经济发展较好的沿海城市,三级市场的活跃程度明显超过二级市场,人们大多选择二手房交易,其主要原因在于住房观念不同。其实,三级市场的繁荣同样可以带动相关行业的发展,尤其是房地产中介代理、咨询以及物业管理等行业,这些行业内部蕴含着巨大的就业潜力,可以吸引大量劳动力就业。因此,促使人们的住房观念改变,房地产三级市场的日益繁荣,才能拓宽就业渠道,吸纳劳动力就业,缓解就业压力。

　　旅游业作为第三产业中一个重要分支,具有市场需求量大、产业关联度高、带动就业作用强的特点,是解决就业压力的重要途径。大力发展旅游业,不仅可以依靠自身产业的发展吸纳劳动力就业,还将带动与旅游业相关产业(交通运输业、邮电通信业、批发零售贸易业、餐饮业以及其他相关社会服务业)的旅游就业效应。广西有丰富的旅游资源,自然风景优美,民族风俗独特,文化底蕴丰厚,是西部地区乃至全国旅游资源种类最多的省区之一,但是其旅游业起步相对较晚。东盟一些国家如新加坡、泰国、印尼等的旅游业早已迅速崛起,新的旅游产品不断面世,新的旅游点不断涌现,并且它们的产品已获得了较高的知名度,占领了广泛的市场。中国—东盟自由贸易区构建以及中国—东盟博览会的举行将给广西旅游业带来重大机遇的同时,也使广西旅游业面临着巨大的挑战。因此,广西的旅游业必须加快发展,迎头赶上,才能在自由贸易区市场占领更大的份额。为此,广西除了在完善旅游基础设施、努力实现旅游产业结构平衡、大力开发旅游产品,实现旅游产品的新颖多样化、加强旅游宣传促销工作等方面下工夫之外,更重要的是努力发展与东盟国家的旅游合作,例如简化东盟游客在广西的出入境手续、建立双方的旅游合作组织机构、制定旅游合作计划、交换旅游信息等。此外,还应依托奇异的民俗风情,大力发展文化及娱乐旅游。广西是少数民族地区,居住着壮、汉、瑶、苗等多个民族,壮族的歌、瑶族的舞、苗族的节以及侗族的楼等民俗风情,已成为具有广西特色的重要的旅游资源。绚丽多姿的民俗风情是一种动态旅游景观,随着参与性及求新、求异旅游时尚的兴起,民俗风情旅游资源将越来越受到重视。总之,要抓住机遇,充分发挥自身的优势,积极开展旅游合作,东盟国家旅桂市场的总体规模和发展潜力还是很大,旅游业吸纳劳动力就业的空间还是很大,其带动旅游业相关产业的旅游就业效应更大。

会展服务业特有的展品、展地和展期三个要素,决定参展商和贸易商的地域和时间的局限性,承展地必须为参展商提供商品展览、研讨会议、新闻通讯、宾馆业等"一条龙"服务,这样带动承展地的咨询业、保洁业、广告业、印刷业、旅游业等的快速发展;另外会展业能够推动举办地加强交通业、运输业、电信业、环保业等基础产业的发展,从而全面提升举办地的综合经济实力。"据英联邦展览业联合会的调查,每增加 1000 平方米的展览面积,可以创造 100 个就业机会。①"因此国内一些城市已将会展服务业与房地产、旅游业当作未来城市发展的三大支柱产业。广西的会展业近年来进入了高速发展时期,但相对于我国京津、长江三角洲和珠江三角洲三大会展经济带而言还处于初级阶段,其发展还相对落后的,甚至与一些西部省区和东盟部分国家相比,也存在一定的差距。中国—东盟博览会的举办将给广西会展服务业的发展带来良好的机遇,大力发展会展服务业,将为广西解决就业问题作出积极贡献。广西会展服务业的发展,关键是要借中国—东盟博览会的举办,确立会展业的综合竞争优势。具体的对策有:其一,在举办中国—东盟博览会期间,发挥区位优势和经济资源优势,结合其他有代表性的产业,如制糖、制药、制纸,推出一些具有本地特色的精品展会,进一步推动南宁将南宁国际民歌节、经贸洽谈会与中国—东盟博览会联动举行,扩大展会规模,提高展会质量和水平;其二,会展的成功很大程度取决于专业化的组织工作,组织机构的水平以及组织人员素质的高低,这些都会直接影响会展的档次和质量。因此,要尽快成立专业的会展服务公司和培养一批专业会展人才,设立专门的培训

---

① 转引自杨梅:《论中国西部会展业的发展》,《重庆大学学报》2002 年第 2 期。

机构或在高校开设此类专业,还要利用计算机网络技术等高科技手段,建立覆盖全国的信息网络,促进相关行业的经验交流和信息交流。另外,展会服务要以人为本,在提高服务质量上下工夫,最大限度满足甚至超越参展商的期望;其三,按照国际会展业的发展趋势看,会展业要逐步市场化和产业化,因此,要壮大培育自己的会展企业,需要有意识地组建展览集团,以市场运作方式增强政府在会展中的组织管理水平,逐渐使政府部门从具体的组展中退出来,以获取更大的经济效益和社会效益。

7.4.2　政府的就业促进与保障政策措施

产业结构的调整将是一个长期的过程,就业问题的解决不可能一蹴而就,因此政府的就业促进与保障是非常有必要的,它将主要通过增进就业的政策引导和相关配套体系的完善等途径实现对就业的促进作用。

一、促进就业的政策引导

新型的就业促进政策应从传统体制下片面强调"产业保护"的误区中摆脱出来,转向"以人为本"的就业促进政策,增强政策对就业促进的引导性,引导他们进行就业创造以及合理转移,淘汰劣势产业,营造新的优势产业。在这一就业政策的指引下,结合中国—东盟自由贸易区的构建对广西产业结构的影响,广西政府应着重从以下几个方面进行引导:

1. 加快推进农业产业化

着眼于有效扩大农村内部的就业容量,建议从自治区到各地市、县、镇、乡、村等都应该对农业产业化尤其是具有出口倾向的农副产品加工业加大投入,并积极引导民间资本投入,为推进农业产业化和扩大就业创造条件,在小规模、大群体的组织形式中,形成初加工、深加工、精加工分工协作的生产体系,形成产销一条龙的经营体系,也形成技术、信息、人才、运输等一系列的社会化服务体系,使之成为农产品生产的集散地和生产要素的集中地,既能提高农民收入,又能大量吸纳农村剩余劳动力,减缓城镇就业压力,形成产业投入、吸纳农村劳动力、农民增收的良性循环机制,这是广西农村劳动力转移的主要出路。

2. 促进中小企业的发展

中国—东盟自由贸易区的构建为广西中小企业的发展提供了契机,大量有自主发展能力的中小企业应运而生。中小企业具有经营灵活、就业吸纳力强的特点,由于许多小企业属于自主创业的结果,因此蕴含着较强的自主发展动力。"小企业大就业"已成为人们的共识,政府应积极营造平等和开放的就业环境,鼓励和帮助失业人员自谋职业乃至创办新的中小企业,采取资金援助和技术指导等多种手段扶持中小企业的健康发展,通过提供低息贷款途径促进各类中小企业积极发展对外贸易,支持中小企业"走出去",向东盟拓展,进一步拓宽就业渠道。

同时必须指出,中小企业在自主创业过程中初始资本的形成较为困难,因此政府通过中小企业发展的就业促进政策的实施,必须依赖金融体系的有效支撑。充分利用金融杠杆,完善劳动者创业机制,形成扩大就业的金融支撑体系,并使之成为政府促进就业的制度性安排,可能收到事半功倍的效果。第一,增强商业银行对非国有企业的贷款支持力度。建议设立主要面向中小企业的城市、乡村信用社组织或商业银行。发放贷款的主要对象应该是小型企业或个体企业,贷款规模的下限不能太高,特别对于某些就业吸纳贡献较大的中小企业应实行优惠贷款,提供无息或贴息贷款,无息或贴息部分由财政部如数拨付,同时在呆账坏账核销方面给予一定的政策支持。第二,调整政府就业服务体系的职能,为建立就业金融支撑体系提供组织保证。一方面,运用政府促进就业基金为劳动者自主创业提供一定的贷款担保,实现银行运作与政府扶持相结合;另一方面组织创业项目的论证,有针对性地开展创业培训和指导,保障贷款的有效性、安全性和就业促进基金的循环使用。在某种意义上说,劳动者自主创业机制和扩大就业的金融支撑体系的形成,为市场导向的就业机制的运行奠定了基础。

3.加强基础设施建设,为拓宽就业渠道提供基础性服务

政府加强对国计民生的基础设施产业的投资,则会产生全局性的经济效益和社会效益。建立中国—东盟自由贸易区使广西不仅成为西南地区出海大通道,而且将成为中国连接东南亚最便捷的国际大通道。广西应在完善和提升西南出海通道的同时,加快沿海大型组合港、出海出省出边高等级公路、铁路、航空等交通基础设施建设,为建立中国—东盟自由贸易区构筑立体、开放、现代化和最便捷的国际大通道,并把建设和经营大通道与加快工业化进程结合起来,依托大通道展开新的生产力布局和工业布局,引导工业向交通主干线相对集中布局,引导乡镇工业向交通干

线周边主要城镇适当集中,形成若干与城镇带相衔接的通道工业带和小型工业区。重点抓好黔桂线通道工业带、南昆线通道工业带、南宁至友谊关高速公路通道工业带、桂梧公路通道工业带、西江通道工业带、桂海高速公路通道工业带、兴业至岑溪公路通道工业带的建设,形成通道大建设与工业大发展的良性互动,从而带动其他众多相关产业的发展,促进就业总量的增加。

4. 重新定位灵活就业,开辟就业新渠道

灵活就业的形成和发展首先起因于就业压力,它既是改革开放的产物,也是经济结构变化、企业经营管理方式变革、科学技术发展以及人们就业观念变化的结果。在目前总体就业压力大、结构性矛盾突出、正规部门就业岗位相对不足的情况下,促进灵活就业发展是解决下岗失业人员生存和发展的重要途径。因此,要切实转变观念,从解决就业问题和维护社会稳定的战略高度来认识发展灵活就业的意义,出台鼓励支持灵活就业的政策措施,采取切实有效的措施促进灵活就业的健康发展。

以开拓灵活就业为契机,目前开辟就业新渠道的重点包括:一是拓展和完善社区服务业。随着社区建设的加强和居民生活水平的提高,社区服务业为灵活就业拓展一个巨大的就业空间。因此,要建立有效的就业管理和组织体系,形成以社区为依托的灵活就业的新机制。包括落实街道就业管理人员编制以及社区专职人员经费;在街道一级将就业管理、失业保险、城市低保等针对就业困难和生活困难人员的业务和活动与促进就业紧密结合起来,实现由单纯保障生活向促进就业的转变。二是以企事业单位后勤服务社会化为契机,开拓灵活就业新市场。企事业单位后勤服务社会化是改革的必然趋势,其物业管理、保洁保绿、商品快递等提供了大量就业岗位和就业市场,是一个新的就业增长点。因此,要加强信息网络建设,落实相关组织机构建设,尽量使得灵活就业组织化和规范化。三是适应大中型企业发展的需要,通过"劳务派遣",组织下岗失业人员到大中型企业从事灵活就业;开辟小型加工服务领域的灵活就业,让更多下岗失业人员以各种形式从事大中型企业的零部件加工、包装等生产和服务项目,拓展就业空间。四是开展国际劳务输出。随着中国—东盟自由贸易区的构建,东盟国家已经是中国重要的承包工程和劳务合作的市场。广西企业在东南亚积极开展工程承包和劳务合作,既可以减轻就业压力,又可以带动设备和材料的出口,有极大的发展潜力。与东盟许多国家相比,广西的劳动力成本相对还是较低,在许多大型工程方面,工人技术水平和熟练程度相对较高,开展劳务输出具有一定的优势。建议各级政府部门或劳动服务公司大力抓好和规范劳务输出工作,特别对农村剩余劳动力和下岗失业职工,要通过各种信息和渠道,增加劳务输出,既缓解了就业压力,又使失业者和剩余劳动力增加了收入。

5.开展劳务输出,拓展就业渠道

随着中国—东盟自由贸易区的构建,东盟国家已经是中国重要的承包工程和劳务合作的市场。广西企业在东南亚积极开展工程承包和劳务合作,既可以减轻就业压力,又可以带动设备和材料的出口,有极大的发展潜力和广阔的发展空间。与东盟许多国家相比,广西的劳动力成本相对还是较低,在许多大型工程方面,工人技术水平和熟练程度相对较高,开展劳务输出具有一定的优势。建议各级政府部门或劳动服务公司大力抓好和规范劳务输出工作,特别对农村剩余劳动力和下岗失业职工,要通过各种信息和渠道,增加劳务输出,既缓解了就业压力,又使失业者和剩余劳动力增加了收入。

二、完善就业服务体系

1.发展职业技术培训,加强就业培训建设

中国—东盟自由贸易区的构建,一方面,在一定程度上对广西农业的发展构成了威胁,对劳动者就业的素质提出了更高的要求;另一方面,广西传统产业的进一步改造以及新兴产业的快速发展,也需要高素质的劳动者。如果现有的劳动力素质不能获得全面提升,劳动力市场供给必然会出现结构性的短缺,也就是说,劳动力市场可能会充斥大量没有就业机会的劳动力,但是企业迫切需要的岗位却没有合适的人选,劳动力市场的供求关系必然会因为这种结构性矛盾而趋于紧张,这就必须完善就业培训机制,提高培训质量,增强失业人员的就业能力。

产业结构调整是政府干预经济发展的一种手段,发挥着不可或缺的引导作用。在开放经济条件下,广西各级政府需要搭建一个有效理性的决策平台,这就需要政府的许多决策必须做好前期调查研究,做可行性、效益性分析,以至能制定科学性的政策;但是仅依靠政府自身去完成这些调查研究以及分析,难以完成。因此,政府可以通过政策引导、委托合作、公开招标等形式动员高校和科研机构,进行专业的专项调查研究以及分析。在开放经济条件下,对劳动者就业的素质也提出了更高的要求,特别是广西传统产业的进一步改造以及新兴产业的快速发展,更需要高素质的劳动者。如果现有的劳动力素质不能获得全面提升,劳动力市场供给必然会出现结构性的短缺,有大量没有就业机会的劳动力,但是企业又招不到合适的人选。因此,第一,引导区内高校适时调整高校现有的专业设置,培养社会紧缺的专业人才。第二,完善就业培训机制,提高培训质量,增强失业人员的就业能力,特别注意积极发展职业技术培训,将正规培训与短期培训相结合、就业前培训与在职培训相结合,并逐步实行社会化职业技能资格鉴定制度,全面提高劳动者素质。只有教育和培训双管齐下,才能保证产业结构升级和就业结构调整的顺利进行。

2.培育和发展规范统一的劳动力市场体系

一方面,要加速培育和发展劳动力市场,为劳动者提供直接见面、相互选择、正常交流的场所,促进劳动力合理流动;另一方面,要完善市场机制,健全市场功能,加快市场立法,彻底打破传统的固定型的就业方式,逐步实现市场调节劳动供求关系,使劳动就业纳入市场经济范畴。在形成劳动力市场的运转机制的同时,还需要加强对就业中介组织的管理,协调好就业中介组织与劳动者以及企业三者之间的关系,营造良好的合作氛围,保护劳动者的创新能力,促进就业的创新和扩张。这是保证职业流动的重要措施。

3.完善就业公共服务体系,为拓宽就业渠道提供就业制度保障

广西要适应经济结构调整的需要,制定和实施积极的就业政策,加快完善公共服务体系和社会保障体系,为拓宽就业渠道提供制度支持和制度保障。首先,完善就业公共就业服务体系,包括实现就业服务制度化、就业服务专业化和就业服务社会化,充分动员和利用社会资源,推动就业服务工作面向社会服务,实行社会化发展,接受社会监督。其次,按照"劳动者自主择业、市场调节就业、政府促进就业"的原则,地方政府在坚持市场就业导向机制的基础上,实施积极的就业政策,努力改善就业环境,支持劳动者自谋职业和自主创业,鼓励企业多吸纳就业,帮助困难群体就业,包括落实好中央政府的宏观经济政策、产业结构政策、收入分配政策等等,为就业渠道拓展提供制度保障。再次,改革和完善社会保障制度,

形成保障制度规范化、管理服务社会化的社会保障体系,充分保障劳动者的合法权益,为企业创造一个公平的竞争环境,为拓宽就业渠道提供制度保障。

本章基于柯布道格拉斯生产函数与微观主体企业利润最大化,构建劳动力需要模型对粤桂两省的劳动力需求进行实证分析,得出结论:影响广东、广西两省区劳动力需求的因素大致相同,资本存量、技术进步及职工工资等因素对他们的就业增长起到推动作用。短期来看,应增加资本存量、技术的投入,这将有效解决两省的就业问题。本章还分析了我国周边四省区及东盟十国就业政策,基于以上分析,给出促进粤、桂、滇、琼四省区的就业结构优化的政策。

第 8 章
基于劳动力需求模型的相关省区就业推进策略

8.1 劳动力需求模型与实证

经济的增长取决于资本投入、技术进步以及劳动力,而这些影响主要是通过市场经济中的微观主体——企业行为来发挥作用的,一个国家或者地区经济的增长会对这个地方产业结构产生影响从而影响了就业结构。本章节采用柯布—道格拉斯生产函数,同时结合微观利益主体——企业最大利润化行为构建劳动力需求模型。

8.1.1 模型的构建

生产函数是指在一定的时期内,在技术水平不变的情况下,生产中所使用的各种生产要素的数量与所能生产的最大量之间的关系。柯布—道格拉斯(Cobb-Dauglas)生产函数是由数学家柯布和经济学家道格拉斯于20世纪30年代初通过对美国1899—1922年期间的有关经济资料分析和计算得出来的。

生产函数具体形式为:

$$Y = A^{\theta}K^{\alpha}L^{\beta} \quad\cdots\cdots\cdots\cdots\cdots\cdots\cdots\cdots\cdots\cdots\cdots\cdots\cdots\cdots\cdots\cdots \quad (8-1)$$

其中,Y_t、A_t、K_t、L_t 表示在时间 t 时的产量、技术投入量、资本以及劳动力投入量,θ、α、β 为三个参数。

生产函数中参数 α 和 β 的经济含义是:当 $\alpha + \beta = 1$ 时,α 和 β 分别表示资本和劳动在生产过程中的相对重要性,α 为资本所得在总产量中所占份额,β 为劳动力所得在总产量中所占份额。

但是柯布—道格拉斯(Cobb-Dauglas)生产函数仅仅只是反应了技术、资本以及劳动力与总产量之间的关系,若要用此来推导劳动力需求模型,就没有考虑到职工工资对劳动力的影响。职工工资对劳动力影响主要存在着替代效应和收入效应,一般情况下,在工资比较低的阶段,替代效应大于收入效应,因为工资带来的收入变化不大,所以劳动力供给会随着工资的上升而上升;但是当工资达到一定水平之后,收入效应反应更加明显,劳动者宁愿少工作,多休息,劳动力供给会随着工资的上升而下降。

宏观经济运行反应在微观主体上时就是企业的行为,劳动力需求会受到劳动力成本和劳动力边际产出影响,当劳动力边际产出小于劳动力成本时,企业会减少劳动力需求量;当边际产出大于劳动力成本时,企业会增加劳动力需求量。在推导劳动力需求模型时候,把柯布—道格拉斯(Cobb-Dauglas)生产函数与企业利润最大化生产相结合,得到下列等式:

$$\frac{dY}{dL} = W \quad\cdots\cdots\cdots\cdots\cdots\cdots\cdots\cdots\cdots\cdots\cdots\cdots\quad (8-2)$$

对 3.1 方程求导得:$\frac{dY}{dL} = \beta A^\theta K^\alpha L^{\beta-1}$ $\cdots\cdots\cdots\cdots\cdots\cdots\cdots$ (8-3)

由以上两个等式推导得:$\beta A^\theta K^\alpha L^{\beta-1} = W$ $\cdots\cdots\cdots\cdots\cdots$ (8-4)

对 3.4 两边取对数整理可得:

$$\log(L) = \frac{1}{1-\beta}\log(\beta) + \frac{\theta}{1-\beta}\log(A) + \frac{\alpha}{1-\beta}\log(K) + \frac{1}{\beta-1}\log(W) \text{ 设}$$

$$f_1 = \frac{1}{1-\beta}\log(\beta) \text{,} f_2 = \frac{\theta}{1-\beta} \text{,} f_3 = \frac{\alpha}{1-\beta} \text{,} f_4 = \frac{1}{\beta-1}$$

$$\log(L) = f_1 + f_2\log(A) + f_3\log(K) + f_4\log(W) \quad\cdots\cdots\cdots\cdots\quad (8-5)$$

方程 3.5 就是所求的劳动力需求模型,它表示劳动力的需求受到技术进步、资本存量和职工工资的影响,f_1、f_2、f_3 分别表示当技术进步、资本存量和职工工资每变动一个百分点的时候,劳动力(就业量)变动的百分率。

8.1.2 模型的估计和分析

一、数据选取

本文选取的数据均是来自《广东统计年鉴》和《广西统计年鉴》1993—2009 年相关数据(表 8-1、表 8-2),1993 年,广东省提出了大力发展个体、私营经济的措施和政策;经济发展较为落后的地区农村剩余劳动力开始慢慢向广东等沿海发达城市移动,从就业人数总量来看,1993 年广东省城镇从业人数为 1107.97 万人,到了 2009 年末为 2286.27 万人,近 15 年间增加了 1178.3 万人。其中具体变量选择:(1)劳动力需求量 L(就业量)选取的是 1993—2009 年广东、广西两省城镇就业人员数[①];(2)

---

① 城镇就业人员数是用 1993—2009 年每年总的就业人数扣除第一产业就业人数。

资本存量 K 选取的是以 1993 年为基期的各年的社会固定资产投资额；(3)技术进步往往在现实反映就是劳动生产率的提高，所以技术进步因素用劳动生产率来表示，用 1993—2009 年每年两省的第二、三产业生产总值与从业人员比重来表示；(4)职工工资用两省城镇职工平均工资来表示。

表 8-1 广东省数据选择

年份	城镇从业人员数 L(万人)	劳动生产率 A	全社会固定资产投资(指数)K	城镇职工平均工资 W(元)
1993	1107.97	2.63	100.00	5327
1994	1147.96	3.42	103.61	7117
1995	1156.80	4.38	104.41	8250
1996	1235.23	4.78	111.49	9127
1997	1253.83	5.42	113.16	9698
1998	1276.30	5.90	115.19	10233
1999	1258.02	6.55	113.54	11309
2000	1199.34	8.13	108.25	13823
2001	1199.92	9.21	108.30	15682
2002	1349.98	9.25	121.84	17814
2003	1571.40	9.40	141.83	19986
2004	1737.31	10.16	156.80	22116
2005	1933.49	10.93	174.51	23959
2006	2018.53	12.41	182.18	26186
2007	2167.28	13.88	195.61	29443
2008	2227.04	15.64	201.00	33110
2009	2286.27	16.39	206.35	36355

数据来源：广东统计年鉴(1993—2009 年)。

表 8-2　广西壮族自治区数据选择

	城镇从业人员数 L(万人)	劳动生产率 A	全社会固定资产投资(指数)K	城镇职工平均工资 W(元)
1993	681	0.91	100	3368
1994	747	1.16	137.59	4468
1995	800	1.31	152.25	5105
1996	818	1.42	171.33	5397
1997	848	1.46	172.55	5540
1998	879	1.51	205.60	5779
1999	895.6	1.57	223.04	6212
2000	995	1.53	237.35	6772
2001	1008	1.69	262.97	8214
2002	1015	1.89	300.28	10774
2003	1045	2.07	355.06	11953
2004	1117	2.34	451.27	13148
2005	1184	2.59	636.20	14895
2006	1239	3.00	807.92	17571
2007	1248	3.67	1068.11	21251
2008	1271	4.38	1360.74	24798
2009	1288	4.89	2052.25	27322

数据来源:广西统计年鉴(1993—2009 年)。

二、模型估计

在此模型中,因变量是就业量,自变量是资本存量、技术进步以及城镇职工平均工资。它们均是时间序列,由于时间序列都是由随机数据生成的,存在平稳性的问题,如果不平稳的话,建立的回归模型往往会出现"伪回归"现象,使得各种统计检验毫无意义。

1.广东省模型方程的估计和检验

以广东省 1993—2009 年劳动力需求量作为因变量,1993—2009 年社会固定资产额、职工的平均工资以及劳动生产率作为自变量,因为时间序列所以首先对其因变量和自变量进行平稳性检验,通过对各个变量作单位根检验,结果可以看出,因变量和自变量都是都是非平稳变量(见附表一)。接着对各个变量作一阶差分,对其进行迪克—福勒检验(ADF),结果显示各个变量一阶差分后仍是不平稳的(见附表二)。为了消除非平稳性,接着对各个变量作二阶差分,通过迪克—福勒检验(ADF),可以看出这些变量均为二阶单整变量(见附表三),这样便可以对其进行协整关系检验,检验结果如下表8-3。

表8-3 影响就业增长主要因素的协整关系检验

logL (劳动需求量)	logA (技术进步)	logK (资本存量)	logW (职工工资)	C
1.00	0.58	-0.17	-0.24	-0.06
(-2.82)	(1.05)	(0.81)	(2.35)	

接着运用 ADF 单位根检验方法检验上述回归方程残差序列(记为 e)的平稳性,结果见下表8-4。

表8-4 序列残差 e 的 ADF 检验

		t-Statistic	Prob. *
Augmented Dickey-Fuller test statistic		-3.094337	0.0049
Test critical values:	1% level	-2.754993	
	5% level	-1.970978	
	10% level	-1.603693	

残差序列 e 在1%、5%、10%的显著水平下,单位根检验的 Mackinnon 临界值为-2.754993、-1.970978、-1.603693,t 检验统计量为-3.094337,小于临界值,从而可以认为残差序列是平稳的,则 Dy 与 $Dx1$、$Dx2$、$Dx3$ 存在协整关系,于是可以得到就业量、资本存量、职工工资及技术进步的协整方程:

$$\log(L) = 0.06 - 0.58\log(A) + 0.17\log(K) + 0.24\log(W)$$
$$(2.35)\ (-2.82)\qquad (1.05)\qquad\quad (0.81)$$

上式表明,虽然劳动需求量、资本存量、职工工资以及技术这些经济变量都是非平稳变量,但是它们存在长期均衡关系。劳动需求量随着资本存量、职工工资增加而增加,随着技术的不断进步而下降。

从协整检验的结果可以看出劳动需求量、资本存量、职工工资以及技术存在长期均衡关系,但从这一关系中不能判定它们之间相互影响的因果关系及方向,所以本节对模型的相关变量进行 Granger 因果关系检验,来研究这几个变量之间的因果关系。我们从一个滞后期开始依次选择了5 个滞后阶数对广东的 logL、logA、logK 和 logW 这几个变量进行了格兰杰因果关系检验,依照相对稳定性的标准判断,滞后二期和滞后三期的检验结果比较稳定,在此以二阶滞后期的检验结果来分析。

表 8-5 广东 logL 和 logA、logK、logW 的格兰杰因果检验结果

原假设	滞后期	F 统计量	显著性水平 P	结论
logL does not Granger Cause logA	2	1.76841	0.22	接受
logA does not Granger Cause logL	2	6.70441	0.0142	拒绝
logL does not Granger Cause logK	2	0.63252	0.5512	接受
logK does not Granger Cause logL	2	5.09797	0.0298	拒绝
logL does not Granger Cause logW	2	0.88875	0.4413	接受
logW does not Granger Cause logL	2	4.19342	0.0476	拒绝

注:统计量的 P 值为检验的概率值,若 P 值小于 0.05,表示因果关系在 5% 的显著水平下成立;若 P 值小于 0.1,表示因果关系在 10% 的显著水平下成立。反之,因果关系不成立。

由此可以得出以下结论:

一是,在二阶滞后期、5% 显著水平的格兰杰因果关系检验下,广东劳动需求量与技术进步具有显著的单向因果关系,即劳动需求量并不能影响技术进步,而技术进步可以影响劳动需求量。

二是,在二阶滞后期、5% 显著水平的格兰杰因果关系检验下,广东的劳动需求量与资本存量存在显著的单向因果关系,即劳动需求量的变动不能影响资本存量,而资本存量的改变却会对就业产生影响。

三是,在二阶滞后期、5% 显著水平的格兰杰因果关系检验下,广东的

劳动需求量与职工平均工资同样具有显著的单向因果关系。劳动需求量的变动不会引起职工平均工资的变动,但是反过来职工工资的变动却会对劳动需求量产生影响。

格兰杰检验从数理统计的角度验证,劳动需求量与技术、资本存量、职工工资存在显著的因果关系。至此,可以运用统计软件 Eviews.6,对变量进行多元回归,可以得到广东省劳动力需求方程为:

$$\log(l) = 4.13 - 0.32\log(A) + 0.63\log(K) + 0.03\log(W)$$
$$(1.98) \quad (-1.46) \quad\quad (3.97) \quad\quad\quad (0.09)$$

$$R^2 = 0.96 \quad D.W = 0.98 \quad \frac{F-statistic}{= 126.8183} \quad \frac{Prob(F-statistic)}{= 0.00}$$

在该组结果数据中自变量系数无法通过 T 检验值(远小于 2),但是该方程的 R-squared 为 0.96 远大于 0.7,说明该模型方程的拟合优度好,D-W 值 = 0.98,远远低于 2,说明存在序列相关,因此需要对方程进行修正。通过杜宾两步法消除序列相关,对方程进行调整最后得到:

$$\log(l) = -0.77\log(a) + 0.32\log(K) + 0.74\log\left(\frac{W}{P}\right) + 1.21AR(1) - 0.77AR(2)$$
$$(-10.62) \quad\quad (3.88) \quad\quad (20.83) \quad\quad\quad (6.86) \quad\quad\quad (-4.28)$$

$$R^2 = 0.99 \quad\quad D.W = 1.75$$

结果显示,R-squared = 0.99,拟合优度很好;各个变量的 t 值的绝对值均大于 2,T 检验通过;D.W 为 1.75,接近于 2,说明序列相关得以消除;Prob(F-statistic) = 0.00,说明 F 检验通过。所以 1993—2009 年间的数据经过回归分析,变量系数可以通过 5% 的显著性水平检验,说明劳动力需求模型是成立的。

上式劳动力需求模型表明,技术每增加 1%,就业量就减少 0.77%;而当资本存量每增加一个 1%,可以使得就业量增加 0.32%;工资每增加 1%,就业量增加 0.74%。虽然资本存量对就业存在着较大的拉动作用,但是远远低于技术因素对就业的挤出效应。但是 1993 年到 2009 年资本存量即社会固定资产投资额从 1307.33 亿元增加至 10395.03 亿元,增加了 6.95 倍,而技术即劳动生产率从 2.63 增加至 16.39 增加了 5.2 倍,这样资本存量所拉动的就业量还是稍大于技术因素引起就业减少量。在三个解释变量中,资本存量和工资与就业量正相关,就业与技术进步呈反向运动,而且工资对就业影响很显著。

由广东省模型可以看出,工资增加与资本存量对劳动力需求量的带动作用为正,同时工资增加对劳动力需求拉动的作用远远大于资本存量的作用。这与广东省的现实是相符合的,在广东省近十几年经济发展过程中,劳动者对于工资要求意识逐年增强,尤其是在各地经济也逐渐发展起来的今天,在广东一些规模较小、工资水平较低的中小企业甚至出现了民工荒,招不到人。技术因素对劳动力需求存在挤出效应,虽然技术对劳动力挤出效应较大,但是由于目前在广东还是劳动密集型产业,如制造业,装配业和加工业等占据主导地位,所以对于劳动者素质要求还不甚明显。第三产业特别是服务行业,一般技术含量较低,对从业人员的素质要求不高,而且就业进入壁垒较低,对转移劳动力的吸纳能力较强。因此,整体上就业人数从 1993 年到 2009 年还是逐年增加的。

2.广西壮族自治区模型方程的估计和检验

与广东省类似,以广西 1993—2009 年劳动力需求量作为因变量,1993—2009 年社会固定资产投资额、职工的平均工资以及劳动生产率作为自变量。首先对因变量和自变量进行平稳性检验,通过对各个变量作单位根检验,结果可以看出,因变量和自变量都是非平稳变量(见附表四),所以不能做多元回归分析。接着对各个变量作一阶差分,对其进行迪克—福勒检验(ADF),结果显示各个变量一阶差分后仍是不平稳的(见附表五)。接着对因变量和自变量进行二阶差分平稳性检验,最后结果表明这些变量都是二阶单整变量(见附表六),这样便可以对其进行协整关系检验。检验结果见表 8-6。

表 8-6　影响就业增长主要因素的协整关系检验

lnL (劳动需求量)	lnA (技术进步)	lnK (资本存量)	lnW (职工工资)	C
1.00	0.12	−0.03	−0.06	−0.04
	(−0.49)	(0.26)	(0.36)	(1.90)

接着运用 ADF 单位根检验方法检验上述回归方程残差序列(记为 e)的平稳性,结果见表 8-7。

表 8-7　序列残差 e 的 ADF 检验

		t–Statistic	Prob.
Augmented Dickey–Fuller test statistic		–3. 619877	0. 0188
Test critical values：	1% level	–3. 959148	
	5% level	–3. 081002	
	10% level	–2. 681330	

残差序列 e 在 5%、10% 的显著水平下,单位根检验的 Mackinnon 临界值为–3. 081002、–2. 681330,t 检验统计量为–3. 619877,小于临界值,从而可以认为残差序列是平稳的,则 Dy 与 Dx1、Dx2、Dx3 存在协整关系,于是可以得到就业量、资本存量、职工工资及技术进步的协整方程:

$$\log(L) = 0.04 - 0.12\log(A) + 0.03\log(K) + 0.06\log(W)$$
$$(1.90)\ (-0.49) \qquad (0.26) \qquad\quad (0.37)$$

上式表明,虽然劳动需求量、资本存量、职工工资以及技术这些经济变量都是非平稳变量,但是它们存在长期均衡关系。劳动需求量随着资本存量、职工工资增加而增加,随着技术的不断进步而下降。

表 8-8　广西 logL 和 logA、logK、logW 的格兰杰因果检验结果

原假设	滞后期	F 统计量	显著水平 P	结论
logL does not Granger Cause logA	2	9. 15725	0. 0055	拒绝
logA does not Granger Cause logL	2	0. 01754	0. 9826	接受
logL does not Granger Cause logK	2	0. 56703	0. 5844	接受
logK does not Granger Cause logL	2	0. 45199	0. 6487	接受
logL does not Granger Cause logW	2	18. 9304	0. 0004	拒绝
logW does not Granger Cause logL	2	0. 28771	0. 756	接受

注:统计量的 P 值为检验的概率值,若 P 值小于 0. 05,表示因果关系在 5% 的显著水平下成立;若 P 值小于 0. 1,表示因果关系在 10% 的显著水平下成立。反之,因果关系不成立。

与对广东的劳动力需求模型的处理一样,本节对广西劳动力需求模

型的相关变量进行 Granger 因果关系检验,来研究这几个变量之间的因果关系。我们也从一个滞后期开始依次选择了 5 个滞后阶数对广西的 logL、logA、logK 和 logW 这几个变量进行了格兰杰因果关系检验,依照相对稳定性的标准判断,滞后二期的检验结果比较稳定,因此以二阶滞后期的检验结果来分析,如下表8-8所示。

由上表可以得出以下结论:

一是,在二阶滞后期、5% 显著水平的格兰杰因果关系检验下,广西劳动需求量与技术进步具有显著的单向因果关系,即技术进步并不能影响劳动需求量,而劳动需求量可以影响技术进步。

二是,在二阶滞后期、5% 显著水平的格兰杰因果关系检验下,广西的劳动需求量与资本存量不存在因果关系,即劳动需求量的变动不能影响资本存量,而资本存量的改变也不会对就业产生影响。

三是,在二阶滞后期、5% 显著水平的格兰杰因果关系检验下,广西的劳动需求量与职工平均工资具有显著的单向因果关系。劳动需求量的变动会引起职工平均工资的变动,但是反过来职工工资的变动却不会对劳动需求量产生影响。

需要说明的是,格兰杰因果关系检验只是从数理统计的角度对变量的因果关系进行检验分析,与实际上的经济理论意义无关。广东的劳动力需求模型通过了格兰杰因果关系检验,说明无论是从经济意义上还是从数理统计上论证,劳动需求量和技术、资本存量、职工工资都具有显著的因果关系,该劳动力需求模型成立。而上述广西各经济变量之间的格兰杰因果关系检验结果虽然得出了技术进步、资本存量和职工工资不是劳动需求量的格兰杰原因这一结论,但这与实际经济理论不符,并不能说明这几个变量之间的因果关系不成立。究其原因,造成变量之间这一格兰杰因果关系检验结果可能有以下几个方面:首先,变量的不稳定性,如全社会固定资产投资额是一个存量概念,从数据角度分析,每年的固定资产投资额都是随机变动的,没有什么规律,波动幅度较大;而劳动需求量则是逐年缓慢变动的,数据变动显得比较平稳。相比而言,广东的全社会固定资产投资额从 1993 年到 2009 年仅增长了 6.95 倍,而广西的固定资产投资额增长了 21 倍,可见广东该经济变量序列比广西的稳定;其次是滞后期的选择问题。格兰杰因果关系检验中滞后期的设定是一个很复杂的问题,每扩大一次滞后期数,最佳滞后期的确定值就会发生变化,造成滞后期选择不当,从而导致因果关系检验发生偏差;第三个是数据样本空间的容量问题。格兰杰检验中,大样本空间在一定程度上可以避免检验结果的偏离。本次因果关系检验所选取的是1993—2009年的数据,样本空间只有17个,样本空间较小,这也可能是造成此次检验结果不合理的原因。但由于1993年以前我国实行的是计划经济体制,1993年开始进行经济体制改革,此后我国实行的是市场经济体制。两个不同经济体制时期的经济变量数据不适合放在一起用来进行格兰杰因果关系检验,因此如果是小样本容量造成的检验结果的偏离,则这个影响在此无法通过扩大样本空间消除。

广东的劳动力需求模型从经济意义和数理统计上论证都成立,而广西的劳动力需求模型所选取的变量与广东相同,从经济意义上论证该模型也是成立的,并且检验误差不可避免,因此可以断定广西的劳动力需求模型也是成立的。

至此,可以运用统计软件Eviews.6,对各个变量进行多元回归,得到广西的劳动力需求方程:

$$\log(L) = 3.27 - 0.16\log(A) + 0.01\log(K) + 0.4\log(W)$$
$$(3.08) \quad (-0.57) \quad\quad (0.08) \quad\quad\quad (3.52)$$

R-squared	F-statistic	D.W	Prob(F-statistic)
=0.95	=82.28	=0.68	=0.00

数据结果显示,lnA和lnK变量系数不通过T检验(T值远小于2),但是该方程的R-squared为0.95,大于0.7,说明该模型方程的拟合优度很好;D-W值=0.68,小于下界0.82,说明存在正的序列相关,因此需要对方程进行修正。通过对方程运用杜宾两步法消除序列相关,进行调整最后得到:

$$\log(L) = 3.13 - 0.57\log(A) + 0.26\log(K) + 0.29\log(W)$$

R-squared	F-statistic	D.W	Prob(F-statistic)
=0.98	=90.92	=1.92	=0.00

结果显示,R-squared=0.98,拟合优度很好;各个变量的t值的绝对值均大于2,T检验通过;D.W为1.92,接近于2,说明序列相关得以消除;Prob(F-statistic)=0.00,说明F检验通过。所以1993—2009年间的

数据经过回归分析,变量系数可以通过5%的显著性水平检验,说明我们劳动力需求模型是成立的。

该劳动力需求模型表明,技术每增加1%,就业量就减少0.57%;而当资本存量每增加1%,可以使得就业量增加0.26%;工资每增加1%,就业量增加0.29%。与广东相同,虽然资本存量对就业具有较大的拉动作用,但该效应低于技术因素对就业的挤出效应。然而,从1993年到2009年资本存量即社会固定资产投资额从278.07亿元增加至5706.7亿元,增加了近21倍,而技术即劳动生产率从0.91增加至4.89,增加了5.4倍。这些数据表明,1993—2009年资本存量总的变动所带来的就业的增长量大于技术进步总的变动导致的就业的减少量,所以就业总量还是增加的。在三个解释变量中,资本存量和工资与就业量呈现正相关关系,就业与技术进步则呈反向运动,而且工资对就业影响很显著。

综上,通过对广西、广东两省劳动力需求模型的分析可知,粤桂两省劳动力需求的影响因素大致相同。① 国内学者王旭升根据劳动力需求模型系统地分析了我国资本存量、技术进步和职工工资对就业的影响,并利用统计数据对其进行定量分析。其结果显示,资本存量的投入每增加1%,就业量就增加0.15%;技术因素每增加1%,就业量就减少0.34%;实际工资每增加1%,就业量就增加0.06%。这表明资本存量、技术进步及职工工资等影响因素对就业的带动作用均较小。但是从粤桂两省的劳动力需求模型分析来看,广东省的情况是,技术每增加1%,就业量就减少0.77%,资本存量每增加1%,就业增加0.32%,工资每增加1%,就业量增加0.74%。广西的情况是技术每增加1%,就业量就减少0.57%,而当资本存量每增加1%,可以使得就业量增加0.26%,工资每增加1%,就业量增加0.29%。通过数据对比可知,资本存量、技术进步及职工工资等影响因素对粤桂两省的就业增长具有较为显著的拉动作用,加大这几个方面的投入可以在短期内解决两省的就业问题。

---

① 王旭升:《中国经济增长与就业增长非一致性问题研究》,辽宁大学硕士学位论文,2008年。

8.2　我国周边四省与东盟就业政策分析

　　一个地区经济的发展会受到劳动力资源因素的影响,这是由于在产业发展的过程中,劳动力作为生产要素的重要内容。一个地区的就业政策往往也会影响一个地方的劳动力状况,因为就业政策的本意就是为了促进就业,推动经济的发展,最终实现社会的稳定发展。当一个地区的就业政策实施得不恰当甚至出现滞后性时,必然会影响就业结构,从而最终影响产业结构对经济发展的促进。同时培训等措施作为就业政策的重要内容,政府实施劳动力培训政策会促进劳动力素质的不断提升,而劳动力素质结构也会成为产业结构升级演进的重要支撑力量。因为随着一个地区经济发展,传统服务业所占比重是越来越低的,而一些科技含量高的产业所占比重将逐渐增大,这样就需要有高素质劳动力的支撑;而低素质劳动力将不能适应技术提升发展,因而只能停留在劳动密集型企业内如加工业、制造业等,这样就会使得某些行业出现劳动力膨胀,另外一些行业出现劳动力短缺,产业结构与就业结构不匹配状态。所以从某种意义上来说,产业结构发展与就业政策的目标具有一致性,那就是为了促进地区经济的稳定发展。在中国—东盟自由贸易区这样一个大的背景下,随着东盟十国与中国经济贸易的不断合作以及加深,在双方进行产业转移、产业结构提升过程中必然会带来劳动力的流动。这样就需要对各个地区的就业政策进行考察,考察在产业结构升级、转移的过程中劳动力能否与其匹配,一些稍微落后的地区在承接产业转移的过程中是否有足够的劳动力资源进行支撑。

　　就业政策一般是指政府实施的为了促进就业采取的措施,这里讨论的就业政策主要是指人才储备政策,由于劳动力是可以自由流动的,因而一个地方人才储备包括两方面的内容:一方面是地方自己培养的人才,也就是一个地区本身就有的劳动力资源,另一方面是在劳动力流动过程中,由于工作等各种原因从其他的地方或者国家转移过来的人才。

8.2.1 东盟十国就业政策分析

东盟十国由于经济发展的程度不一样,所以分为四个等级来分别考察,第一个等级是最发达的国家:新加坡和文莱;第二个等级是较为发达国家:马来西亚和泰国;第三个等级是发展中国家:印度尼西亚和菲律宾;第四个等级是较为落后的国家:越南、老挝、缅甸以及柬埔寨。

根据亚洲开发银行的数据显示,新加坡和文莱成人(15 周岁以及以上)识字率在 2000 年分别为 92.5% 和 92.7%,到了 2009 年分别增加至 94.5% 和 95%。新加坡非常注重教育,每个儿童都需接受 10 年以上的常规教育(小学 6 年,中学 4 年)。截至 2007 年年底,新加坡共有各类教育机构 363 所,在校学生 70.1 万人,其中高等院校学生 16.56 万人;从新加坡劳动力的文化程度来看,1996 年小学及小学以下的人数为 386.6 万人,到了 2009 年为 254.1 万人,下降幅度为 34.27%,初中和高中文化程度的人数基本变化不大,持有理工学院文凭的人数从 1996 年的 87.6 万人上升至 2009 年的 229 万人,增加了 1.61 倍,持有学位资格的人数在近 15 年中急剧上升,在 1996 年为 131.1 万人,2009 年为 502.1 万人,增加了 2.83 倍。传统上文莱是一个经济结构比较单一的国家,其经济主要建立在传统农业和沿海渔业的基础上。随着 20 世纪初文莱境内发现石油和天然气后,文莱经济主要依赖于石油、天然气的出口。随着政府加大经济部署,逐步开始由传统的单一经济,向渔业、农业、运输业、旅游业和金融服务业等多种行业组成的多元化经济模式转变,取得了一定的效果。由于文莱市场以及人口数量较小,外国劳工在文莱经济发展中发挥着重要作用,截至 2010 年 3 月,在文莱私营领域就业的外国劳工共计 87867 人,其中,印尼、菲律宾及马来西亚 3 国劳工最多,分别为 32216 人、16575 人和 14795 人。

根据亚洲开发银行的统计数据,马来西亚小学教育完成率在 1999 年为 94%,到了 2006 年达到了 96.4%,马来西亚和泰国成人(15 周岁及以上)识字率在 2000 年分别为 88.7% 和 92.6%,到了 2008 年马来西亚成人识字率上升至 92.1%,泰国在 2005 年高达 93.5%。从马来西亚劳动力学历结构来看,1999 年拥有小学学历的人数为 238.02 万人,到了 2000 年为 260.43 万人,从 1999 年到 2000 年间小学学历的占比是不断下降

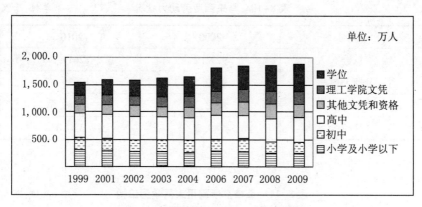

图 8-1　新加坡就业人员学历基本情况

数据来源：http://www.mom.gov.sg。

的,经预测到了 2010 年占比将下降至 12.7%,约下降了 21.1 个百分点;中学学历和大学学历的人数整体上呈现稳步上升的趋势,中学学历人数从 1999 年 404.21 万人增长至 2010 年的 676.74 万人,增加了 0.67 倍,在总人数中的占比也不断提高;大学学历人数比重从 1999 年的 8.8% 增长至 2010 年的 35%,人数总量增加了 6.3 倍。在马来西亚劳动力结构中,外来劳工所占比重也相当大,截至 2008 年 9 月 30 日,合法外来劳工人数达 209.6675 万人,其中,在工厂领域工作的外来劳工有 74.9173 万人,建筑业 30.7779 万人,其次是园丘领域为 34.7730 万人和农业 18.4602 万人以及家庭女佣 26.6334 万人、服务业 21.1057 万人。

表 8-9　马来西亚劳动力学历结构　　　　单位:千人

学历结构	1999	%	2000	%	2010	%
小学	2380.2	33.8	2604.3	27.2	1643.3	12.7
中学	4042.1	57.4	5624.5	58.8	6767.4	52.3
大学	619.7	8.8	1343.7	14.0	4528.9	35.0

数据来源:大马政策经济网 http://chinese.cpiasia.net。

表 8-10　马来西亚劳动力状况　　　　　　　　单位:千人

	2000	2010
总数	9271.2	12611.3
劳动人口	9572.5	12939.6
本地	8823.3	12589.6
外国	749.2	350.0

表 8-11　菲律宾所聘用人员学历结构　　　　　　单位:万人

	1990	2000	2005	2006	2007	2009
总计	2221.2	2745.2	3231.3	3263.6	3356	3506.1
初中	1003.7	1045.3	1101.5	1091.4	1102.4	1106.6
高中	673.9	956	1207.9	1243.6	1287.8	1363.3
学院	454.2	657.3	851.2	863.6	899.4	972
本科	197	320.2	405.3	411	428.8	461.7
研究生	257.2	337.1	445.9	452.6	470.5	510.3

数据来源:菲律宾国家统计局,综合住户统计调查,劳动力调查 http://www.phil-lmi.dole.gov.ph/。

作为发展中国家的印度尼西亚和菲律宾,印度尼西亚成人识字率 2004 年为 90.4%,到了 2006 年这个数值为 92%,菲律宾成人识字率 2000 年为 92.6%,到了 2008 年上升至 93.6%。根据菲律宾国家统计局 数据显示,1992 年菲律宾的劳动力人数为 2629 万人,到了 2008 年增长至 3680.5 万人,其中 25—34 这个年龄阶段的劳动力人数从 1992 年的 641.6 万人上升至 980 万人,增加了 0.53 倍。从劳动力文化程度来看,对 于初中学历劳动力的聘用从 1990 年到 2009 年变化基本不大,1990 年为 1003.7 万人,到了 2009 年为 1106.6 万人,近 20 年间仅仅增加了 102.9 万人;高中劳动力聘用人数从 1990 年的 673.9 万人增长至 2009 年的 1363.3 万人,增加了 1.02 倍;对于本科以及研究生学历劳动力的聘用人 数逐年稳步上升,其中对于研究生学历劳动力聘用人数从 1990 年的

257.2 万人增加至 2009 年的 510.3 万人,可以看出用人单位对于劳动力的素质要求越来越高。同时菲律宾作为最大的劳工输出国,截止到 2008 年菲律宾共有 1236.03 万人在海外务工,菲律宾海外劳工汇款高达 164.27 亿美元。

表 8-12　越南劳动力平均入学年数　　　　　　单位:年

	2002	2004	2006	2008
总计	7.48	8.13	8.3	8.74
男性	7.78	8.47	8.61	8.9
女性	7.18	7.78	7.99	8.58
城市	8.96	9.81	9.84	9.91
农村	6	6.45	6.76	7.57

数据来源:Vietnam Household Standard Survey-VHLSS data,GSO,2002—2008. http://www.vfr.vn/index。

　　越南、缅甸、柬埔寨及老挝四国是最后加入东盟的国家,同时也是东盟十国中经济比较落后的几个国家,根据亚洲开发银行数据统计,越南和缅甸的成人识字率(15 周岁及以上)2000 年分别为 90.2%、89.9%,2008 年分别增加至 92.5%、91.9%;柬埔寨和老挝的成人识字率低于 80%,其中柬埔寨在 1998 年为 67.3%,到了 2008 年增长至 77.6%,老挝在 2000 年为 69.6%,但是到了 2007 年仍然为 72.7%,近 8 年时间仅增长了 3.1 个百分点。目前越南主要是低技能的劳动力,2008 年将近有 40% 劳动力没有参加任何学校的学习或者只有小学学历水平,34% 完成初中教育,21.5% 完成了高中教育仅仅只有 4.5% 到了大专或者大专以上学历。在技术教育中也存在着严重的性别差距,妇女在获得职业培训等方面的存在障碍,这主要是因为在农村地区或者山区资源有限以及妇女不需要学习的传统观念的流行。根据越南财务回顾的数据可以看出,越南劳动力平均入学年数从 2002 年以来逐渐增加,从 2000 年的 7.48 年增加至 2008 年的 8.74 年。但是从整体上来看也显示出了男性和女性,城市和农村的差异,其中男性在 2000 年为 7.78 年到了 2008 年为 8.9 年,女性 2002 年为 7.18 年到了 2008 年为 8.58 年,平均比男性低了 0.56 年;城市劳动力年均入学年数为 9.63 年,农村劳动力年均入学年数仅为 6.69 年,两者相差了 2.94 年。

8.2.2 粤桂滇琼四省区就业政策分析

一、广东就业政策分析

前文已经提及,这里的就业政策分析是指人才储备政策分析,即一个地区劳动力的素质结构,但是劳动力资源往往会受到一个地区社会保障水平等社会因素的影响,因而在考察就业政策的同时也需要考察一个地区的社会保障水平。人才是一个地方发展经济的第一生产力,培养和引进人才资源也是一个地方发展经济的必经之路。从(表 8- 13)可以看出,广东省从 2000—2006 年间,无论是参加职业技能鉴定的总人数还是获得国家资格职业证书总人数,整体上呈现出上升趋势,其中参加职业技能鉴定的总人数从 2000 年的 46.8 万人增加到 2006 年的 120.4 万人,增加了 1.57 倍,获得国家资格职业资格证书的总人数在 2000 年为 39.4 万人,2006 年为 90.6 万人,增加了 1.30 倍;从广东省 1991—2009 年教育基本指标可以看出,在校学生数逐年稳步上升,从 1991 年的 785.78 万人增长至 2009 年的 1797.61 万人,增加了 1.29 倍,其中普通专科的人数增长的最快,在 1991 年的时候仅仅为 15.58 万人,到了 2009 年人数为 133.41 万人,在近 12 年间增加了 7.56 倍;成人本专科、中等学校以及普通中学的人数整体上呈现上升趋势;从毛入学率来看,高等教育的毛入学率从 1991 年的 6.59% 上升至 2009 年的 27.5%,增长了 20 个百分点,高中的毛入学率也增加了近一倍,小学的毛入学率 1991—2009 年间基本持平,变化幅度不是很大。从以上数据可以看出,广东省教育发展的水平增长很快,这一方面说明了在经济发展过程中人们逐年意识到教育的重要性,另一方面也间接反映出了广东全省人力资源储备提高。

从社会保障方面来看,广东省 2009 年全社会参保人数继续增加,其中基本养老保险的参保人数 2422.27 万人,失业参保人数 1489.54 万人,医疗保险参保人数 4568.49 万人,医疗保险的人数增加的速度最快,较之与 2008 年相比,增长了 0.92 倍。

表8-13　2000—2006年广东省技能鉴定人数　　　　单位:万人

年份	2000	2001	2002	2003	2004	2005	2006
参加职业技能鉴定总人数	46.8	61.5	68.2	81.4	95.8	108.1	120.4
获得国家资格职业资格证书总人数	39.4	51.2	56.3	61.6	73.7	79.8	90.6

数据来源:广东省人力资源和社会保障厅。

表8-14　1991—2009年广东省教育的基本指标

指标	1991	2000	2005	2008	2009
在校学生数(万人)	785.78	1052.5	1444.24	1679.03	1797.61
普通专科	15.58	29.95	87.47	121.64	133.41
成人本专科	13.51	20.14	29.56	44.50	46.34
中等学校	417.23	541.72	715.52	833.24	921.75
普通中学	339.46	460.69	611.69	679.65	696.11
高等教育毛入学率(%)	6.59	11.4	22.0	27.0	27.5
高中毛入学率(%)	37.3	38.7	57.5	72.0	79.9
小学毕业升学率(%)	95.4	96.2	97.2	96.6	95.72

数据来源:《广东省统计年鉴》。

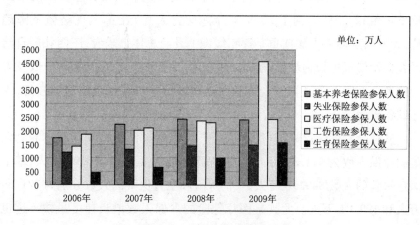

图8-2　广东省参保情况图

数据来源:《广东省统计年鉴》。

二、广西就业政策分析

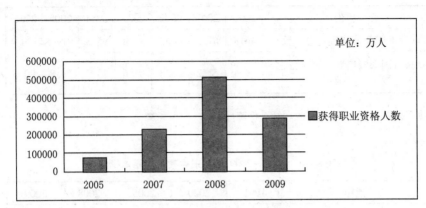

图 8-3　广西壮族自治区劳动力职业技能情况图

数据来源:《广西壮族自治区统计年鉴》。

从广西全省获得职业资格人数来看(图 8-3),2005 年为 80112 万人,到了 2008 年达到了顶峰值为 514301 万人,增加了 5.4 倍。从广西全省 6 岁及以上人口受教育程度来看,整体上来看小学文化所占比重是逐年降低,而初中、高中文化所占比重是逐年提高的,其中在 2000 年小学文化程度所占比重最大为 45.6%,其次是初中 35.2%,大专以及以上文化程度所占比重为 2.6%。到了 2007 年小学文化人数所占比重降至 34.46%,下降了 11.14 个百分点,初中和高中人数所占比重分别上升至 42.5% 和 12.37%。到了 2008 年,高中(含大专)比重呈现略微下降趋势,大专以及以上人数比重是逐年缓慢上升。总体上来看,广西壮族自治区教育发展水平较为缓慢,虽然初中所占比重逐年上升但是高中以及大专或者大专以上等高学历人数所占比重增长的程度还是比较缓慢的,人才储备较为贫乏。

从社会参保情况来看(图 8-4),广西壮族自治区 2009 年基本养老保险的参保人数为 411.32 万人,失业保险的参保人数为 236.99 万人,基本医疗保险的人数 849.96 万人,工伤保险和生育保险的人数分别为 221.69 万人和 199.01 万人。尤其是医疗保险的参保人数增长速度最快。这也说明了广西以"五险"为主体的城镇缴费型社会保障体系建设的不断发展和完善,使得社会保障水平有了大幅度的提高。

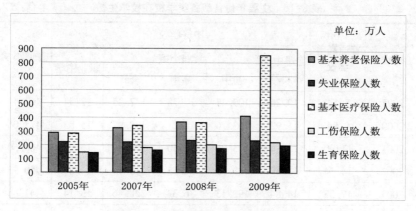

图8-4 广西壮族自治区参保情况图

表8-15 6岁及以上人口受教育程度构成 单位:%

年份	小学	初中	高中(含大专)	大专以上
2000	45.60	35.20	10.40	2.60
2005	39.84	38.19	9.89	3.96
2007	34.64	42.50	12.37	4.64
2008	34.70	43.63	11.39	4.51
2009	33.30	44.42	11.38	5.06

数据来源:《广西壮族自治区统计年鉴》。

三、云南省就业政策分析

从1995—2008年云南省各类学校在校生情况表来看(表8-16),各类高等教育的在校生人数急速上升,从1995年的5.14万人增长到2008年的59.83万人,增加了10倍左右;普通中等专业学校(包括技校、普通中专、成人中专)的在校生人数逐年上升,但是增长的幅度不是很大。普通中学的人数在1995年为127.25万人,到了2008年为259.41万人,增加了一倍左右,其中高中人数从1995年的17.78万人增加至2008年的59.47万人,增加了2.34倍,初中的人数也增加了一倍;小学人数基本上持平波动幅度不是很大;同时云南省统计局的数据显示2008年高等教育毛入学率达到16.17%,初中阶段教育毛入学率为102.21%,小学学龄儿

表8-16　主要年份各级各类学校在校学生数　　　单位:万人

| 年份 | 普通高等学校 | 中等学校 | | | | | 普通小学 |
| | | 普通中等专业学校 | 普通中学 | | | 职业中学 | |
			初中	高中	合计		
1995	5.14	10.26	109.47	17.78	127.25	12.54	462.41
2000	9.04	11.92	163.76	22.21	185.97	15.85	472.06
2001	11.90	12.86	173.96	26.50	200.46	15.26	460.50
2002	14.34	13.89	183.58	31.55	215.14	14.64	450.93
2003	17.53	14.84	192.13	36.33	228.46	13.14	441.88
2004	20.06	14.76	193.09	41.98	235.06	13.21	440.65
2005	23.21	15.56	190.58	48.31	238.88	14.08	441.23
2006	26.81	17.35	190.16	54.54	244.70	16.21	452.26
2007	30.21	18.63	194.12	57.64	251.77	19.64	453.31
2008	59.83	29.12	200.01	59.47	259.41	21.28	451.04

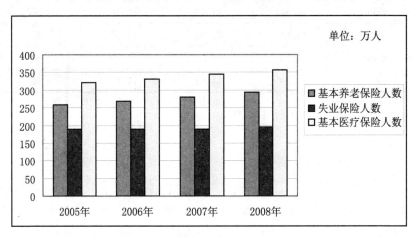

图8-5　云南省参保情况图

数据来源:《云南省统计年鉴》。

童毛入学率为107.31%。根据云南人力资源和社会保障厅的数据来看,截至2008年,全省参加职业技能鉴定590435人,比2007年增长37.38%,获得职业资格证书520227人,比2007年增长36.57%,其中:获得初级职业资格证书 291521 人,获得中级职业资格证书 185438 人,获得高级职业资格证书 37811 人,获取技师职业资格证书 5262 人,获得高级技师职业资格证书 465 人。

根据云南统计局的数据显示,2008 年全省各类参保人数达 1475 万人,新增 234 万人。其中基本养老保险达到 293.72 万人,城镇职工基本医疗保险参保人数达 356.82 万人(其中农民工 17.11 万人),失业保险参保人数达到 195.60 万人,工伤保险参保人数达到 202.47 万人(其中农民工 45.2 万人),生育保险参保人数达到 168.38 万人。

四、海南省就业政策分析

从劳动者文化程度来看,从下表 8-17 可以看出,接受高中教育人口由 1982 年的 11.07% 增加到 2008 年的 14.49%,增加了 3.42 个百分点;接受大专及以上教育的人口由 1982 年的 0.45% 增加到 2008 年 5.70%,不识字或者识字很少人数占比不断下降,从 1982 年的 29.71% 降至 2008 年的 7.83%,人均受教育的年限逐年稳步上升在 1982 年为 4.8 年到了 2008 年上升至 8.3 年。整体上来看海南省教育水平逐年提升,高素质人才的比重逐年加大,但是初中和高中等较低学历占比重仍然很大,这与海南省第二产业发展较为薄弱,而第三产业在发展传统服务业所需要劳动力对其素质要求不高有关。从海南全省参保情况来看,2008 年全省参加基本养老保险的人数为 114.42 万人,参加工伤保险为 86.12 万人,参加医疗保险的人数为 87.83 万人。

表 8-17 6 岁及以上受教育程度比率和人均受教育年限   单位:%

年份	受教育程度比率%					人均受教育年限(年)
	不识字或识字很少	小学	初中	高中	大专及以上	
1982	29.71	39.21	19.56	11.07	0.45	4.8
1990	20.55	40.01	26.02	11.97	1.44	5.6
2000	9.43	37.71	35.64	13.73	3.49	7.7
2008	7.83	26.57	45.41	14.49	5.70	8.3

数据来源:根据历年人口调查有关数据计算。

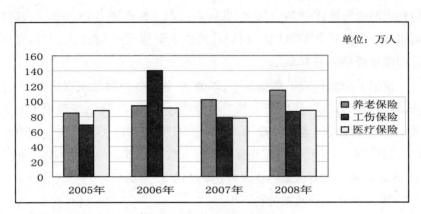

图8-6 海南省参保情况图

数据来源:《海南省统计年鉴》。

综上所述,东盟十国内新加坡、马来西亚等较为发达的国家产业结构呈现"三二一"的特征,同时就业结构与产业结构大体上能够相匹配,尤其是新加坡在第三产业就业的人数远远高于第一、第二产业,说明服务业已经成为促进经济发展的重要支撑力量。但是像越南、印尼、老挝等不发达地区仍然处于第一产业尤其是农业占据了主要地位,工业化发展程度低,第三产业发展缓慢的状况,从而造成了农村仍然有大量剩余劳动力。从劳动力素质结构来看,虽然东盟十国在这近十几年中教育水平都有了较为明显提高,但是新加坡等发达国家教育资源丰富,劳动力受教育程度高,而越南等欠发达地区劳动力素质仍然处于初级水平,像一些落后山区女性受教育仍然受到传统观念的限制。

粤桂琼滇四省区的情况也各不相同,广东省第一产业从业人员的比重持续下降,而第二、第三产业从业人员比重持续上升,从业人员就业构成逐步形成了"二、三、一"格局,广西、云南、海南三个省份的就业结构为"一、三、二",尤其是云南省第一产业就业人数下降幅度缓慢,说明了在经济发展的过程中由于第二、三产业发展缓慢不能使得农村劳动力有效转移;这三个省区工业化程度较低,第三产业发展缓慢从而不能充分吸纳农村剩余劳动力。从就业者素质结构来看,除了广东省劳动者受教育程度较高之外,其他三个省区还是受初等教育的人数居多,受到高等教育人数虽然持续增长但是增长速度缓慢。

8.3　粤桂滇琼四省区就业结构优化政策

8.3.1　完善劳动力市场,优化人力资本结构

完善的劳动力市场以及合理的人力资本结构,对一国经济的发展起着重要的作用。只有劳动力市场完善,劳动者才能自主择业;只有劳动力市场完善,才能实现资源的优化配置,才能使劳动者与生产资料高效而合理地结合,不断提高劳动生产率。同样,只有合理的人力资本结构,才能实现人力资源的合理利用,才能充分发挥社会的生产潜能,加快现代化进程。

要完善劳动力市场,就要采取以下措施:

一是政府不仅要致力于加强就业岗位的创造,同时也要控制就业岗位的流失。一方面,政府可以对在就业方面发挥重要作用的企业给予税收、资金方面的优惠;另一方面,政府应制定劳动力资源的开发计划,对就业困难的劳动者实行保护性就业措施。

二是加强就业信息的基础设施建设,建立完善的劳动力市场信息网络,保证信息的准确性、对称性。只有这样,就业服务机构才能有效地收集、整理、传达劳动力市场的就业信息,群众才能得到便捷有效的就业服务。

三是健全劳动就业法律制度,完善有关劳动保障方面的法律、法规,保护企业和劳动者双方的合法权益,使劳动力市场健康地运行。

四是规范就业指导,重视对劳动者的教育与培训,对培训计划和培训内容严格把关,针对不同的就业群体实施不同的培训方案,另外,对于培训市场和培训机构,政府也要加强监管,使这些机构真正为劳动者服务。

在优化人力资本结构方面,就要加强对劳动者的市场型教育,即以市场为导向对劳动者提供教育,市场需要什么样的劳动者,教育机构就提供相应的教育、培训,提高劳动者的市场适应能力。加强劳动者的市场型教育,一方面,政府应充分发挥其主导作用,每年应有合适的资本投入到职工的再教育,应保证相当数量的职工接受再教育;另一方面,企业可以根

据自身的发展特点,有针对性地开展培训,这不仅可以提高本企业的劳动生产率,同时可以提高劳动者的素质,增强就业能力。市场型教育应注重发展职业教育,应该针对现有的剩余劳动人口,开展相应的职业教育,使他们快速掌握至少一种生存技能。另外,对于未来的劳动力,要注重让他们了解现代生产过程,尽快掌握就业能力。

8.3.2　引进高层次的人才,加快高新技术产业的发展

人才的重要性是不言而喻的,人力资源是最具潜力、最可持续和贡献率最高的资源,是科学发展的第一资源。人才竞争已经成为当前国际竞争的焦点之一,拥有一支强大而富有创新精神的人才队伍,往往是一个国家或者一个地区走向繁荣的关键。可以说,高层次人才是建设创新型国家的根本动力,只有拥有一批高层次人才,高新产业的发展才有支撑,才能加快一个国家或者一个地区的发展。那么,怎样才能拥有一批高层次人才,为产业的发展服务呢？ 总的来说,可以采取以下几方面的措施:

第一,加强院士队伍的建设,院士作为高层次人才的领军人物,其规模对于高层次人才整体水平的提高,有着不可代替的作用。要使一个地区拥有相当规模的院士数量,就要高度重视院士的培养和增选工作,政府应重点资助有明显优势的科技拔尖人才,同时应选拔那些学术功底深厚、热爱祖国、学风正派、学科方向明确、在国内外同行中具有广泛影响的带头人作为院士培养的计划人选,国家应给予其重点资助和培养,使其尽快成为院士候选人。除了自身应加强院士队伍建设之外,同时,也应充分完善院士的引进制度,要充分利用一切机会吸纳各方面的院士。比如说,可以采取吸引院士的优惠政策、待遇,创造引进人才的良好社会环境。

第二,加强博士和博士后人才队伍的建设,博士和博士后是未来社会的高层次人才,同样,应有计划地创建博士点,增加招生的数量,扩大其培养规模。另外,对于那些优势学科、重点专业的项目和课题,政府应重点支持,使其尽快达到国内先进水平。对于博士以及博士后队伍的建设,仅仅依靠自己培养是不够的,要高度重视博士及博士后的引进工作,以事业的发展空间和良好的社会环境集聚国内外的博士人才。

第三,应加快企业创新人才的培养和引进,高新技术产业的发展离不开创新人才的作用,应跟科研院所以及各大专院校的创新人才多交流、沟

通,加大对高层次科技创新人才的培养和引进。各地区可以根据实际情况,建立多样化的创新培养基地,通过多种渠道、多个层次来提升高层次人才的知识水平、创新能力和技术水平。

第四,应充分吸收高层次的急需人才,各地要根据实际情况,对于高层次的急需人才要特别注重引进、吸纳,可以建立人才引进的绿色通道,在出入境管理、户籍管理、子女入学、社会保险、医疗保健等方面,给予便捷、快速、有效的服务,切切实实解决高层次人才所关心的问题,为高层次人才提供全方位的优质服务。对于海外的留学生,要吸引其回国,除了待遇的改善外,重点应放在改善创业环境、激发其爱国意识上。

8.3.3　大力发展农村教育,促进农村劳动力的转移

制约农村劳动力转移的其中一个重要因素是农村劳动力的文化素质不高,要促使农村劳动力顺利转移,就要大力发展农村教育,扩大农村劳动力可供选择的就业空间。对于农村的教育,首先要强化其基础教育,提高农民的基础素质,这可以从以下几个方面入手:

一、政府应重视对农村基础教育的投资,特别是贫困地区的投资

基础教育关系着一个国家整体素质的提高,是经济和社会发展的重要推动力量,对一个国家的长远发展有着不可代替的作用,能推动整个人类的文明进程。而由于城乡经济的发展不平衡,城乡居民之间的收入存在着很大的差距,农民的收入普遍较低。对教育的私人投资,农民的私人承受能力差,农村的教育水平远远低于城镇教育水平,特别是在贫困地区,由于教育经费的短缺,存在学生因贫辍学、拖欠教师工资、学校危房年久失修、公用经费短缺等异常突出的问题。因此,政府向农村,特别是贫困地区的投资,就显得特别重要。

而且,根据公共经济学理论,基础教育是一种公共物品,具有外部效应,不仅使个人获益,而且会对整个社会产生有利的影响,因此,政府应是其投资主体,各级政府应加大对农村基础教育的投资力度,改善贫困地区学校的办学条件,保证在贫困的农村实施义务教育。对于那些贫困家庭的学生,政府要给予助学补贴,使贫困学生有受教育的权利。

二、应注重改革和完善农村基础教育的投入体制

对于农村基础教育的投资,我国政府的政策是逐步演变的,2001年,

我国开始实施农村义务教育投入机制的改革,明确提出了要逐步实现两个转变,即把农村义务教育的责任从主要由农民承担逐步转到主要由政府承担,把政府承担的责任逐步从以乡镇为主转到以县为主。这一"以县为主"的农村义务教育管理和投入体制,有利于解决我国农村义务教育方面面临的突出问题和困难。但是,在现有的"分税制"财政体制下,我国农村义务教育投入体制依然存在着教育投入严重不足、农民教育负担太重、教育财政体制与国家财政体制不相适应等许多问题,在根本上,农村教育的基础条件并没有得到改善,城乡教育依然存在着一定的差距。要使这些问题及时得到解决,必须进一步改革和完善农村基础教育的投入体制。

要想建立一个有效的农村基础教育投入体制,一方面,我们必须建立以国家为主体,地方、学校为补充的农村基础教育经费投入机制,即根据各地经济的发展状况,加大中央、省、地市级政府对农村基础教育的财政责任,加大对农村义务教育的投入,保证教育经费。当然,中央政府要做好对教育投资的统筹工作,对发达地区以及落后地区农村的教育投入应有所不同。另一方面,必须建立规范的财政转移支付制度,中央的宏观调控手段应适时地发挥作用,应根据实际情况,调整各地的财力分配,减少不同地区教育水平的差距。此外,应拓宽农村基础教育的融资渠道,应号召社会各界以及个人努力增加对农村教育的投入,办学要采取多种渠道,确保农村劳动者素质的提高。

三、加强教师队伍的建设

建设好农村的教师队伍,是提高农村教育质量的基础,只有提高教师的质量,才能提高教育的水平。首先,应不断提高教师的工资待遇,特别是对一些贫困偏远地区的教师,中央和政府应加大扶植力度,因为这对于吸引优秀教师具有重要的作用。其次,应对教师实行合理的编制管理,打破教师资格终身制,严把教师"入口关"和"质量关",严格执行教师"持证上岗"制度,通过规范的教师聘用制度录用合格的教师,同时,国家应通过相应的政策激励措施,引导合格教师到农村任教,特别是一些贫困地区。农村教师和城市教师也要定期交流,提高教育水平。另外,教师的继续教育也不容忽视,加强教师培训机构建设,确保教师跟上时代的步伐。

四、注重农村劳动力的职业教育和培训

要想提高农村劳动者的素质,就要在发展基础教育的同时,注重职业教育和培训,提高农村劳动力的生存技能和就业竞争力。对于农村的职业教育和培训,首先要注重引导,加大教育宣传的力度,营造有利于职业教育发展的浓厚氛围;其次,政府应制定政策,加大扶持和投入力度,把它上升到国家战略发展的高度来统筹规划,制订培训计划,完善教学条件,提高培训的质量,也要广泛吸收社会力量的捐助用于农村劳动力的教育和培训,建立多元化的教育培训投入机制;再次,农村职业教育应按需施教、因材施教,在办学过程中紧紧围绕市场需求,注重实效,以"缺什么培训什么"的形式,开展职业教育和培训,使学有所长,学以致用,同时,根据不同地区、不同行业的要求,对不同的培训对象开展不同的培训课程,采用不同的培训方式,切实提高农村劳动者在就业市场上的竞争力。

五、保障农民工子女受教育权利

农民工子女是劳动力的后备队伍,应依法保障其平等受教育的权利。首先,必须转变观念,政府应切实重视农民工子女义务教育的问题,因为受传统观念以及户籍制度的影响,农民工和农民工子女往往被视为"外来者",农民工子女入学仍受到一定程度的排斥和歧视,政府应高度重视这一问题,把农民工子女义务教育问题作为其义不容辞的责任。同时,政府应加大对教育的投入,可以设立农民工子女接受义务教育的专项经费,进一步强化中央、省级政府的支出责任,建立和完善合理的筹措教育经费的机制。其次,应多渠道安排农民工子女就学,流入地政府应确保当地公办学校对农民工子女一视同仁,不高收费、乱收费,应让公办学校尽可能接受农民工子女,再次,对农民工子女多渠道就学要提供政策支持,制定相关的法律使农民工子女受教育权利法制化,从多方面保障其受教育的权利。最后,还应加快户籍制度的改革,尽快取消城乡户籍壁垒,扩大地方公共服务的范围,把城市常住人口纳入服务的范围,多关心农民工的生活。

8.3.4 完善社会保障体系

社会保障制度具有调节收入分配、维护社会公平等方面的作用,事关广大社会成员的切身利益,完善的社会保障体系是社会稳定的基础,是和谐社会的关键,是其他制度难以替代的。因此,应逐步完善我国的社会保

障体系,使其与经济发展相适应。根据我国的实际情况,要完善社会保障体系,应从以下几个方面入手:

一是应扩大社会保障体系的覆盖范围,应立足当前,放眼未来,逐步建立覆盖城乡所有劳动者的社会保障体系。政府要统筹规划社会保障体系的推进,有计划、分阶段地实施,对一些薄弱环节要高度重视,对城镇居民和从业人员已有的养老、医疗、失业、工伤和生育五项保险制度要不断完善,健全养老保险制度和医疗保险制度,同时要积极推进农民工参加社会保险。

二是加快社会保障的立法步伐,通过立法,逐步形成法治化、规范化、高效化的社会保障运行机制。目前,我国在社会保障立法方面存在着诸多问题,比如立法滞后、立法层次低、主体责任不明、法律的实施机制和监督机制比较薄弱等,这会使社会保障的力度大打折扣。通过立法,可以明确政府、社会、企事业单位和个人的权利和义务,保证有法可依,同时,应加强社会保障法的实施机制和监督机制的建设,保证执法必严,确保全体劳动者公平享受社会保障,推动建立符合社会公众利益的社会保障制度。

三是完善的社会保障制度还应确定合理的支付水平,使其与经济发展水平相适应。支付水平必须与我国社会主义初级阶段的国情相适应,既不能过高,也不能过低,过高的支付水平会使社会保障的对象滋生出懒惰思想,从而使社会保障成为滋生懒汉的温床,过低的支付水平又不能保证保障对象的基本生活需要。合理的支付水平,应是能保障基本生活需求,同时,应随经济发展情况,作出合理的变动。

四是建立多层次、多样化的社会保障体系,不同社会群体的保障需求是不同的,我国应注重多样化的社会保障模式建设,不仅要完善现有的社会保障制度,还要建立补充性的社会保障项目,各类社会保障管理机构要向参保人提供更多、更好的服务,给参保人提供更多的选择机会。国家建立的基本保障制度,能解决受保人的基本生活需求,尽可能地促进社会公平,而多样化的社会保障模式能满足不同个体的需求,在公平的基础上兼顾效率,有利于解决注重公平而造成的效率损失问题。

五是从多种渠道筹资,实现保障基金来源的多元化,并加大对基金的管理力度。如果社会保障基金的筹集和运用渠道过于狭窄,不但会限制其自身的保值增值能力,也会减弱其在宏观经济调控方面的作用。目前,我国社会保障基金的筹集,主要是依靠国家财政拨款和征收相关的费用,往往不能筹集到足够的基金以备未来之用;另外,对于基金的投资运营和监管也存在着一定的问题,对基金的管理尚显落后。针对以上问题,一方面,要实行规范的征收方式,加强社会保障基金的征收力度,同时,应逐步拓宽社会保障基金的来源渠道,保证其规模;另一方面,在社会保障基金的监管方面,要建立多层次的监管体系,防止基金被管理者不当使用、以公谋私等不法行为的发生,在基金的投资方面,要兼顾安全性和收益性,合理组合投资的品种,立足于国情,灵活地进行投资运作,规避市场风险,提高市场收益。为了实现基金的保值与增值,还应明确投资主体,提高投资效益,优化基金的投资结构,应逐步拓宽投资的范围,不断优化资产的配置和组合,对于银行存款以及国债方面的投资比例可适当降低,可加大对实业投资方面的力度,因为对实体的投资风险较低,能兼顾安全性与收益性。总体来说,既要保证社会保障基金的规模,同时要合理监管,保护投保人和社会的公共利益。

参考文献

1. 张建武、宋国庆、邓江年:《产业结构与就业结构的互动关系及其政策含义》,《经济与管理研究》2005 年第 1 期。

2. 梁向东、殷允杰:《对我国产业结构变化之就业效应的分析》,《生产力研究》2005 年第 9 期。

3. 周建安:《中国产业结构升级与就业问题的灰色关联分析》,《财经理论与实践》2006 年第 9 期。

4. 陈喜强:《区域经济结构调整背景下的就业渠道拓展分析——基于广西的考察》,《改革与战略》2007 年第 11 期。

5. 张梅、陈喜强:《CAFTA 进程中粤、桂、云、琼四省区产业结构与就业结构协调问题研究》,《经济问题探索》2009 年第 6 期。

6. 国家统计局:《新中国五十五年统计资料汇编》,中国统计出版社 2002 年版。

7. 刘吉发、龙蕾:《产业政策学》,经济管理出版社 2004 年版。

8. 广西大学东南亚研究中心、中国—东盟研究院、中国—东盟博览会秘书处研究中心:《中国—东盟自由贸易区与广西产业经济发展研究》,接力出版社 2005 年版。

9. 广西大学东南亚研究中心、中国—东盟研究院、中国—东盟博览会秘书处研究中心:《中国—东盟自由贸易区建设与我国的经贸策略相应》,接力出版社 2004 年版。

10. 汪同三、齐建国:《产业政策与经济增长》,社会科学文献出版社 1996 年版。

11. 邱丹阳、程永林:《泛珠三角区域合作——广东参与 CAFTA 建设的路径选择》,《经济管理研究》2005 年第 4 期。

12. 陈世瑞:《一种新的区域一体化模式——CAFTA》,《广西经济管理干部学院学报》2005 年第 4 期。

13. 小宫隆太郎、奥野正宽、铃村兴太郎:《日本的产业政策》(中译本),国际文化出版公司 1988 年版。

14. 李英勤:《区域合作与分工——泛珠三角、南贵昆区域合作与贵州经济起飞战略》,中国经济出版社 2005 年版。

15. 张震:《构建中国—东盟自由贸易区的障碍性因素分析》,《世界经济研究》2002 年第 6 期。

16. 范祚军:《中国—东盟自由贸易区推进策略与欧盟经验借鉴》,《东南亚纵横》2004 年第 12 期。

17. 曹云华:《前景光明 道路曲折——评中国—东盟自由贸易区构想》,《东亚区域经济合作研究》,中国社会科学出版社 2002 年版。

18. 沈红芳:《中国东盟自由贸易区谈判与运作:艰巨性初探》,《南洋问题研究》2003 年第 3 期。

19. 陈璟、牛慧恩:《区域产业政策实施机制及其应用探讨》,《地域研究与开发》1999 年第 4 期。

20. 陆昂:《20 世纪 90 年代以来美国和日本产业政策调整评析》,《经济问题探索》2004 年第 2 期。

21. 于立新、王佳佳:《区域经济合作:战略目标与模式选择》,《国际经济合作》2002 年第 11 期。

22. 张萍:《泛珠三角区域合作背景下广东与东盟经贸合作的思路与对策》,《现代乡镇》2005 年第 5 期。

23. 林卫:《广东省在中国—东盟自由贸易区建设中的发展战略探讨》,《广东财经职业学院学报》2006 年第 5 卷第 3 期。

24. 郑一省:《中国—东盟自由贸易区:广东面临的挑战与机遇》,《东南亚纵横》2005 年第 1 期。

25. 何雄浪、李国平:《基于分工演进、社会资本的产业集群形成与发展机理分析》,《科技管理研究》2006 年第 9 期。

26. 刘继光:《中国区域产业政策的效力分析》,《中国经济评论》2003 年第 7 期。

27. 江世银:《论区域产业政策》,《天津行政学院学报》2002 年第 3 期。

28. 格申克龙:《从历史的角度看经济落后》,谢立中、孙立平,《二十世纪西方现代化理论文选》,上海三联书店 2002 年版。

29. 江小涓:《经济转轨时期的产业政策》,上海人民出版社 1996 年版。

30. 汤敏、茅于轼:《现代经济学前沿专题(第 2 集)》,商务印书馆 1962 年版。

31. 杨小凯、黄有光:《专业化与经济组织——一种新兴古典微观经济学框架》,经济科学出版社 1999 年版。

32. 牛建英:《市场失灵下的资源产业布局策略》,《金属矿山》2006 年版。

33. 张维迎:《博弈论与信息经济学》,上海人民出版社 1999 年版。

34. 石大立:《专业化产业区生成机理研究》,中国农业科学技术出版社 2007 年版。

35. 代燕、杨栋锐:《城镇化对区域产业布局效益的推动机理分析》,《商业研究》2005 年第 9 期。

36. 黄利民、刘成武:《论区域分工和角色定位》,《咸宁学院学报》第 24 卷第 4 期第 6 页。

37. 陈端计:《中国经济增长的新路径:中国市场经济中的供给问题研究》,经济科学出版社 2004 年版。

38. 杨先明、李娅、梁双陆等:《泛珠江"9+2"区域合作与云南的选择——基于能力结构的角度》,云南大学发展研究院社会科学处,2005 年 10 月,总第 31 期。

39. K·阿罗、杨小凯、黄有光、庞春(译):《对分工网络进行超边际分析的早期文献综述》,《报酬递增与经济组织》2001 年。

40. 杨小凯:《发展经济学——超边际与超边际分析》,社会科学文献出版社 2003 年版。

41. 柯武刚、史漫飞:《制度经济学——社会秩序与公共政策》,商务印书馆 2000 年版。

42. 张可云:《区域大战与区域经济关系》,民主与建设出版社 2001 年版。

43. 刘易斯:《二元经济论》,北京经济学院出版社 1989 年版。

44. 魏后凯:《区域经济发展的新格局》,云南人民出版社1995年版。

45. 罗斯托:《从起飞进入持续增长的经济学》,四川人民出版社1988年版。

46. 肖文韬:《产业结构协调理论综述》,《武汉理工大学学报》2003年第6期。

47. 胡荣涛:《产业结构与地区利益分析》,经济管理出版社2001年版。

48. 黎鹏:《区域经济协同发展研究》,经济管理出版社2003年版。

49. 张平:《中国区域产业结构演进与优化》,武汉大学出版社2005年版。

50. 魏杰:《振兴支柱产业与优化区域产业结构》,《探索》2001年第2期。

51. 刘威等:《路径依赖与区域产业结构》,《理论探讨》2004年第3期。

52. 程选:《调整区域产业结构要尊重市场选择》,《政策》2002年第10期。

53. 肖文韬:《产业结构协调理论文献综述》,《武汉大学学报》2005年第6期。

54. 陈秀山、张可云:《区域经济理论》,商务印书馆2003年版。

55. 汪斌:《全球化浪潮中当代产业结构的国际化研究》,中国社会科学出版社2004年版。

56. 陈建军:《中国现阶段产业区域转移的实证研究》,《管理世界》2002年第6期。

57. 戴宏伟、田学兵、陈永国:《区域产业转移——以"大北京"经济圈为例》,中国物价出版社2003年版。

58. 刘姣兰:《基于开放条件下的广西与"泛珠三角"经济圈的产业合作》,《集团经济研究》2006年第7期。

59. 霍伟东:《中国东盟自由贸易区研究》,西南财经大学出版社2005年版。

60. 唐文琳、范祚军《中国—东盟自由贸易区与广西产业经济发展研究》,接力出版社2005年版。

61. 陈栋生、王崇举、瘳元和:《区域协调发展论》,经济科学出版社2005年版。

62. 刘秀兰,《西部地区产业结构问题研究》,西南交通大学出版社2005年版。

63. 李玉红、麻卫华、于大海:《产业融合论》,人民出版社2006年版。

64. 王天津,《西部环境资源产业》,东北财经大学出版社2002年版。

65. 马云译:《产业结构软化理论研究》,中国财政经济出版社2006年版。

66. 罗勇:《区域合作背景下广西产业结构调整的战略考虑》,《学术论坛》2006年第4期。

67. 王传民:《县域经济产业协同发展模式研究》,中国经济出版社2006年版。

68. 曹云华:《广西如何与广东合作共同开发东南亚市场》,《东南亚纵横》2004年第7期。

69. 蒙荫莉:《泛珠三角背景下粤桂经济合作的新思路》,《经济与社会发展》2006年第5期。

70. 毛新平、吴世福:《粤桂区域差距分析及对策探讨》,《市场论坛》2007年第4期。

71. H. 哈肯:《高等协同学》,科学出版社1989年版。.

72. 郭治安、沈小峰:《协同论》,山西经济出版社1991年版。

73. 刘旭宁:《利用外资与优化中国产业结构的辨证分析》,《经济管理》2006年第4期。

74. 孙军:《外商直接投资对我国产业结构的影响分析》,《北京科技大学学报(社会科学版)》2006年第1期。

75. 郭克莎:《外商直接投资对我国产业结构的影响研究》,《管理世界》2000年第2期。

76. 张中华:《论产业结构、投资结构与需求结构》,《财贸经济》2000年第1期。

77. 曹均伟:《利用外资与产业结构的阶段性转换——中国利用外资对产业结构阶段性调整的分析》,2002,06,32-40.

78. 江小涓:《吸引外资对中国产业技术进步和研发能力提升的影

响》,《国际经济评论》2004 年第 3 期。

79. 傅强、彭选华:《"十一五"期间我国利用外资总量预测及其对经济增长与产业结构调整影响的分析》,《经济与管理研究》2006 年第 5 期。

80. 吴林海、罗佳、杜文献:《跨国 R&D 投资技术溢出效应的理论分析框架》,《中国人民大学学报》2007 年第 2 期。

81. 张娟:《国际直接投资区位理论综述》,《经济纵横》2006 年第 8 期。

82. 杨秀芝、尚庆为、唐小旭:《投资结构与产业结构优化研究》,《商业经济》2007 年第 2 期。

83. 刘宝成:《FDI 对中国区位环境的动态要求》,《生产力研究》2007 年第 16 期。

84. 吴晓军、赵海东:《产业转移与欠发达地区经济发展》,2004,06,96-99。

85. 吴仪:《改善投资环境更多更好利用外资》,《中国经贸》2002 年第 9 期。

86. 熊广勤:《FDI 在中国的区位选择:1992—2005》,《改革》2007 年第 8 期。

87. 江世银:《西部大开发新选择——从政策倾斜到战略性产业结构布局》,中国人民大学出版社 2007 年版。

88. 祝尔娟:《利用外资加快老工业基地产业结构调整升级问题研究》,中国经济出版社 2007 年版。

89. 张健:《外商直接投资区域选择》,经济科学出版社 2006 年版。

90. 付晓东、文余源:《投资环境优化与管理》,中国人民大学出版社 2005 年版。

91. 简新华:《产业经济学》,武汉大学出版社 2001 年版。

92. 王晓红:《利用外资与中国经济新跨越》,社会科学文献出版社 2006 年版。

93. 张建平、赵海云:《东西部区域经济合作问题研究》,中央民族大学出版社 2007 年版。

94. 杨宜勇等:《就业理论与失业治理》,中国经济出版社 2000 年版。

95. 陆益龙:《超越户口——解读中国户籍制度》,中国社会科学出版社 2004 年版。

96. 张杰:《广东产业结构变化过程中的就业特征分析》,《岭南学刊》2004 年第 5 期。

97. 王金铎:《中国区域保险的理论与政策研究》,中国财政经济出版社 2006 年版。

98. 刘子操:《中国社会保障制度研究》,中国金融出版社 2006 年版。

99. 罗润东:《中国劳动力就业》,经济科学出版社 2002 年版。

100. 孙蚌珠:《中国工业化进程中就业的产业结构变动》,《北京师范大学学报(社会科学版)》2005 年第 5 期。

101. 王云平:《产业结构调整与升级——解决就业问题的选择》,《当代研究》2003 年第 3 期。

102. 王艾青:《过度劳动及其就业挤出效应分析》,《当代经济研究》2007 年第 1 期。

103. 卜欧:《重庆产业结构与就业结构相关性问题与对策研究》,《重庆师范大学学报(哲学社会科学版)》2006 年第 2 期。

104. 夏杰长:《中国劳动就业结构与产业结构的偏差》,《中国工业经济》2000 年 1 期。

105. 赵雅玲:《再就业培训工作问题与对策》,《中国社会保障》2004 年第 8 期。

106. 劳动和社会保障部培训就业司:《对积极的就业政策的解读的解析》,中国劳动社会保障出版社 2003 年版。

107. 蔡文武、刘睦平:《金保工程带来新思维》,《中国社会保障》2004 年第 7 期。

108. 胡鞍钢、杨韵新,《就业模式转变——从正规化到非正规化》,《管理世界》2001 年第 2 期。

109. 吴宏洛:《论劳动力市场的制度性分割与非农就业障碍》,《福建师范大学学报》2004 年第 5 期。

110. 沈琴琴:《当前劳动和社会保障制度改革面临的主要问题与对策》,《理论学刊》2004 年第 7 期。

111. 韩玉堂、任元军:《深化我国户籍制度改革的经济学思考》,《青岛科技大学学报 (社 会科学版)》,2002 年第 4 期。

112. 杨艳琳、兰荣蓉：《我国就业结构变化与失业保险制度创新》，《华中师范大学学报（人文社会科学版）》，2003 年第 2 期。

113. Enright, Robert D. *Conuseling Within The Forgiveness Triad: On Forgiving.* Counseling&Values,1996(2):107—127.

114. Maryann Feldman, Johanna Francis, Janet Bercovitz. *Creating a Cluster While Building a Firm: Entrepreneurs and the Formation of Industrial Clusters.* Regional Studies,2005 (1):129-141.

115. Charles Core Metheu. *Regions in Question.* London and New York, 1984. PP37 -39.

116. Barney, J. B, Firm resources and sustainable competitive advantage, Journal Management, 1991, 1, PP42-62.

117. Michael E. Porter: *The Competitive Advantage of Nations* [*New York*],The Free Press. 1990.

118. Isard, W, Location and Space–Economy, Cambridge, Mass, MIT Press. 1956.

119. Apolte,T. , *Die Ekonomische Konstitution Eines Foderativen Systems*, Mohr Siebeck, Tubingen. 1999.

120. Breton, A. , *Competitive Governments, An Economic Theory of Politic Finance*, Cambridge University Press. 1996.

121. Samuleson, P. A. , *The Pure Theory of Public Expenditures*, Review of Economics and Statistics, 36,387-389. 1954.

122. Samuleson, P.A. , *Diagrammatic Exposition of Public Expenditures*, Review of Economics and Statistics, 37,350-356. 1955.

123. Siebert, H. , *The Harmonization Issue in Europe,Prior Agreement or a Competitive Process in,The Completion of the Internal Market*, Horst Siebert (*Hrsg.*), Institute fuer Weltwirtschaft, Kiel, 1990,PP62-68.

124. Tiebout, C. M, *A Pure Theory of Local Expenditures*, Journal of Political Economy , 1956(64) :416-424.

125. Yan Wang. In Old Age Security ,*Pension Reform in China.* World Bank, Washington DC, 1997.

126. Dunning J. H. *Explaining Changing Patterns of International*

Production, " In Defense of the Eclectic Theory ", Oxford. Bulletin of Economics and statistic, 1979 (4), 269-295.

127. P. E. Hart, *Unemployment and Labour Market Policies*, Aldershot, Hants, England; Brookfield, Vt., Gower, 1986.

128. Chenery. H, *Structuralist Appproach to Development Policy.* American Economic Review. May 1975.

129. Castells, Manuel, AoyamaYuko, *Paths towards the informational society, Employment structure in G-7 countries*, 1920-90, International Labor Review, Geneva, 1994. Vol. 133, Iss. 1.

130. Hu Angang, *Chinese Employment Problems, Analysis and Solutions*, China&World Economy, Volume 9 Number 1 Jan. -Feb. 2001.

131. Lewis, W. A., *Economic Development with Unlimited Supplies of Labor*. Manchester School of Economic and Social Studies, XXII, May, 1954.

132. Mornan K. and Pair brother. Steel Communities Study, *Implications for Employment, Learning and Regneneration.. Volumel, Closure and Communities.* Final Report and Recommendations, Cardiff, Cardiff University, 2001.

133. Nick Parsons and Alan Storey. *Redundancy, Training and Employment in South Wales, the Case of Corus . VolumeII*, The matic Reports Economic Perspective, Cardiff, Cardiff University. 2003.

134. Tobaro, M. T. (1969), *A Model of Labor Migration and Urban, Unemployment in Less Developed Countries.* American Economic Review. vol 69, March, P45.

135. Yao, Y., *Rural Industry and Labor Market Integration in Eastern China.* Journal of Development Studies, 1984, 20.

136. ZagLer, martin., *Growth and Unemployment, Theory Evidence and Policy, Dept. of Econ.* working paper, Vienna Uienna University of Economics and Business administration. January. 2002.

137. Syrquin and Chenery (1989), *Three Decades of Industrialization*, The World Bank Economic Reviews, Vol. 3, pp. 152-153.

138. H. Raff, M. Ruhr. *Foreign Direct Investment in Producer Services*, Theory and Empirical Evidence. CE Sifo Working Paper 598, 2001.

139. Barney, J. B, Firm resources and sustainable competitive advantage, Journal Management, 1991, 1, PP42–62.

140. Isard, W, *Location and Space – Economy*, Cambridge, Mass, MIT Press. 1956.

141. Dunning J. H. *Explaining changing Patterns of International Production, In Defense of the Eclectic Theory* , Oxford. Bulletin of Economics and statistic, 1979(4) ,269–295.

142. Padilla – Pe' rez, R. A *Regional Approach to Study Technology Transfer Through Foreign direct Investment*, The Electronics Industry in Two Mexican Regions, Research Policy(2008).

143. Kwang W . Jun and Harinder Singh, *The Determinations of Foreign Direct Investment in Development Countries*, Translation Corporations, 1996.

144. Brcadman, H. G. and Sun, X. *The Distribution of Foreign Direct Investment in China*. The World Economy, 1997, 20(3).

参考文献

265

附　录

附表一　变量 ADF 检验—广东省数据

序列 X1(logA) 的 ADF 检验

			t-Statistic	Prob. *
Augmented Dickey-Fuller test statistic			−3.058785	0.0506
Test critical values：	1% level		−3.920350	
	5% level		−3.065585	
	10% level		−2.673459	

序列 X2(logK) 的 ADF 检验

			t-Statistic	Prob. *
Augmented Dickey-Fuller test statistic			0.508063	0.9811
Test critical values：	1% level		−3.920350	
	5% level		−3.065585	
	10% level		−2.673459	

序列 X3(logW) 的 ADF 检验

			t-Statistic	Prob. *
Augmented Dickey-Fuller test statistic			−1.799188	0.3673
Test critical values：	1% level		−3.920350	
	5% level		−3.065585	
	10% level		−2.673459	

序列 Y(logL)的 ADF 检验

			t-Statistic	Prob. *
Augmented Dickey-Fuller test statistic			−0.487020	0.8685
Test critical values:	1% level		−3.959148	
	5% level		−3.081002	
	10% level		−2.681330	

附表二　变量一阶差分的 ADF 检验—广东省数据

序列 X1(logA)一阶差分的 ADF 检验

			t-Statistic	Prob. *
Augmented Dickey-Fuller test statistic			−3.733409	0.0163
Test critical values:	1% level		−4.004425	
	5% level		−3.098896	
	10% level		−2.690439	

序列 X2(logK)一阶差分的 ADF 检验

			t-Statistic	Prob. *
Augmented Dickey-Fuller test statistic			−3.998117	0.0338
Test critical values:	1% level		−4.728363	
	5% level		−3.759743	
	10% level		−3.324976	

序列 X3(logW)一阶差分的 ADF 检验

			t-Statistic	Prob. *
Augmented Dickey-Fuller test statistic			−4.850580	0.0020
Test critical values:	1% level		−3.959148	
	5% level		−3.081002	
	10% level		−2.681330	

序列 Y(logL)一阶差分的 ADF 检验

			t-Statistic	Prob. *
Augmented Dickey-Fuller test statistic			−1.814287	0.6469
Test critical values:	1% level		−4.728363	
	5% level		−3.759743	
	10% level		−3.324976	

附表三　变量二阶差分的 ADF 检验——广东省数据

序列 X1(logA)二阶差分的 ADF 检验

			t-Statistic	Prob. *
Augmented Dickey-Fuller test statistic			−3.533161	0.0285
Test critical values:	1% level		−4.200056	
	5% level		−3.175352	
	10% level		−2.728985	

序列 X2(logK)二阶差分的 ADF 检验

			t-Statistic	Prob. *
Augmented Dickey-Fuller test statistic			−3.779081	0.0150
Test critical values:	1% level		−4.004425	
	5% level		−3.098896	
	10% level		−2.690439	

序列 X3(logW)二阶差分的 ADF 检验

			t-Statistic	Prob. *
Augmented Dickey-Fuller test statistic			−4.041445	0.0094
Test critical values:	1% level		−4.004425	
	5% level		−3.098896	
	10% level		−2.690439	

序列 Y(logL)二阶差分的 ADF 检验

			t-Statistic	Prob. *
Augmented Dickey-Fuller test statistic			-3.617962	0.0200
Test critical values:	1% level		-4.004425	
	5% level		-3.098896	
	10% level		-2.690439	

附表四 变量 ADF 检验——广西壮族自治区数据

序列 X1(logA)的 ADF 检验

			t-Statistic	Prob. *
Augmented Dickey-Fuller test statistic			-0.402667	0.9771
Test critical values:	1% level		-4.667883	
	5% level		-3.733200	
	10% level		-3.310349	

序列 X2(logK)的 ADF 检验

			t-Statistic	Prob. *
Augmented Dickey-Fuller test statistic			0.829614	0.9992
Test critical values:	1% level		-4.667883	
	5% level		-3.733200	
	10% level		-3.310349	

序列 X3(logW)的 ADF 检验

			t-Statistic	Prob. *
Augmented Dickey-Fuller test statistic			-3.425483	0.0855
Test critical values:	1% level		-4.728363	
	5% level		-3.759743	
	10% level		-3.324976	

序列 Y(logL) 的 ADF 检验

			t-Statistic	Prob. *
Augmented Dickey-Fuller test statistic			−2.448985	0.3431
Test critical values:	1% level		−4.800080	
	5% level		−3.791172	
	10% level		−3.342253	

附表五 变量一阶差分的 ADF 检验—广西壮族自治区数据

序列 X1(logA) 一阶差分的 ADF 检验

			t-Statistic	Prob. *
Augmented Dickey-Fuller test statistic			−3.767599	0.0494
Test critical values:	1% level		−4.728363	
	5% level		−3.759743	
	10% level		−3.324976	

序列 X2(logK) 一阶差分的 ADF 检验

			t-Statistic	Prob. *
Augmented Dickey-Fuller test statistic			−4.202343	0.0241
Test critical values:	1% level		−4.728363	
	5% level		−3.759743	
	10% level		−3.324976	

序列 X3(logW) 一阶差分的 ADF 检验

			t-Statistic	Prob. *
Augmented Dickey-Fuller test statistic			−3.105121	0.1425
Test critical values:	1% level		−4.800080	
	5% level		−3.791172	
	10% level		−3.342253	

序列 Y(logL)一阶差分的 ADF 检验

			t-Statistic	Prob. *
Augmented Dickey-Fuller test statistic			−3. 729720	0. 0153
Test critical values:	1% level		−3. 959148	
	5% level		−3. 081002	
	10% level		−2. 681330	

附表六 变量二阶差分的 ADF 检验——广西壮族自治区数据

序列 X1(logA)二阶差分的 ADF 检验

			t-Statistic	Prob. *
Augmented Dickey-Fuller test statistic			−4. 062734	0. 0006
Test critical values:	1% level		−2. 740613	
	5% level		−1. 968430	
	10% level		−1. 604392	

序列 X2(logK)的 ADF 检验

			t-Statistic	Prob. *
Augmented Dickey-Fuller test statistic			−5. 768262	0. 0005
Test critical values:	1% level		−4. 004425	
	5% level		−3. 098896	
	10% level		−2. 690439	

序列 X3(logW)的 ADF 检验

			t-Statistic	Prob. *
Augmented Dickey-Fuller test statistic			−3. 410319	0. 0023
Test critical values:	1% level		−2. 740613	
	5% level		−1. 968430	
	10% level		−1. 604392	

序列 Y(logL)的 ADF 检验

			t-Statistic	Prob. *
Augmented Dickey-Fuller test statistic			-5.242461	0.0001
Test critical values：	1% level		-2.740613	
	5% level		-1.968430	
	10% level		-1.604392	

后　记

"十二五"规划明确提出:"产业结构不合理,就业总量压力和结构性矛盾并存。实现经济社会发展目标,必须紧紧围绕加快转变经济发展方式,统筹兼顾,着力解决经济社会发展中不平衡、不协调、不可持续的问题。"产业结构与就业结构是相互作用,相互影响的。产业结构的不合理,势必影响到就业结构的优化,而就业结构失衡也会对产业结构的升级带来不利的影响。因此,如何解决产业结构和就业结构之间的矛盾问题就显得日益迫切重要。广东、广西、云南、海南四省区与东盟国家毗邻,在地理位置上处于优势,在中国—东盟自由贸易区大背景下研究这四个省区的产业结构与就业协调问题,不仅具有一定的理论意义,而且也带有一定的实践意义,体现了我国新时期国家战略的内在要求,体现了我国经济持续快速健康发展的内在要求。为了找到解决产业结构与就业结构协调的方法和途径,我在这一领域进行了大量的研究,倾注了大量的心血。一份耕耘,一份收获,经过几年的潜心写作,丛书得到出版,这是我多年的劳动结晶,让我心里感到莫大的欣慰。

本研究成果作为国家社科基金重大项目阶段性研究成果之一,回顾课题研究过程,不仅仅是辛苦,更重要的是锻炼了我的科研团队及其参与课题研究的学生们。研究过程中得到了广西大学范祚军教授、潘永教授;广西大学商学院硕士研究生吕建、邹冬初、邵凌波、邓莉云、钟子怡等同学的大力支持和帮助。本研究参阅了大量的参考文献,收集了大量的现实数据,在该专著的写作过程中,得到在此,我向所有为本课题研究、专著出版付出大量努力的同志表示衷心的感谢。

产业结构与就业结构的问题一直受到国内外学者的关注,是值得继续进行深入研究的问题。由于我的知识和能力的有限,难免有不足之处,希望在今后的研究中逐步修改和完善,也期待更多的研究人员来深入研究这一主题,提出宝贵的意见。

陈喜强

2010 年 12 月

后
记

275

责任编辑:骆　蓉
封面设计:周涛勇

图书在版编目(CIP)数据

产业结构调整与就业结构协调研究/陈喜强 著.
　-北京:人民出版社,2011.12
ISBN 978 - 7 - 01 - 010392 - 1

Ⅰ.①产…　Ⅱ.①陈…　Ⅲ.①区域经济-产业结构-研究-中国 ②劳动
　就业-经济结构-研究-中国　Ⅳ.①F127 ②F249.214

中国版本图书馆 CIP 数据核字(2011)第 227114 号

产业结构调整与就业结构协调研究
CHANYE JIEGOU DIAOZHENG YU JIUYE JIEGOU XIETIAO YANJIU

陈喜强　著

人民出版社 出版发行
(100706　北京朝阳门内大街166号)

北京市文林印务有限公司印刷　新华书店经销

2011 年 12 月第 1 版　2011 年 12 月北京第 1 次印刷
开本:700 毫米×1000 毫米 1/16　印张:18.75
字数:298 千字

ISBN 978 - 7 - 01 - 010392 - 1　定价:37.80 元

邮购地址 100706　北京朝阳门内大街 166 号
人民东方图书销售中心　电话 (010)65250042　65289539